古典文獻研究輯刊

三六編

潘美月・杜潔祥 主編

第9冊

群書校補（三編）
——傳世文獻校補（第七冊）

蕭 旭 著

國家圖書館出版品預行編目資料

群書校補（三編）——傳世文獻校補（第七冊）／蕭旭 著 --
初版 -- 新北市：花木蘭文化事業有限公司，2023〔民 112〕
目 4+216 面；19×26 公分
（古典文獻研究輯刊 三六編；第 9 冊）
ISBN 978-626-344-267-2（精裝）

1.CST：古籍 2.CST：校勘

011.08   111022049

古典文獻研究輯刊
三六編 第 九 冊   ISBN：978-626-344-267-2

群書校補（三編）
——傳世文獻校補（第七冊）

作　　者　蕭旭
主　　編　潘美月、杜潔祥
總 編 輯　杜潔祥
副總編輯　楊嘉樂
編輯主任　許郁翎
編　　輯　張雅淋、潘玟靜　美術編輯　陳逸婷
出　　版　花木蘭文化事業有限公司
發 行 人　高小娟
聯絡地址　235 新北市中和區中安街七二號十三樓
　　　　　電話：02-2923-1455／傳真：02-2923-1452
網　　址　http://www.huamulan.tw 信箱 service@huamulans.com
印　　刷　普羅文化出版廣告事業
初　　版　2023 年 3 月
定　　價　三六編 52 冊（精裝）新台幣 140,000 元

群書校補（三編）
——傳世文獻校補（第七冊）

蕭旭 著

《古文苑》校補

今存《古文苑》宋代刊本有韓元吉刻九卷本（無注本）及盛如杞刻廿一卷本（章樵注本）二個系統。明清的刊本或寫本《古文苑》除孫星衍岱南閣叢書本仿刻九卷本外，皆是宋廿一卷本的子本；余所見版本有明成化二十一年張世用刻本、錢熙祚校刻《守山閣叢書》本（附錢熙祚《校勘記》一卷）、嘉慶十四年張海鵬校刻《墨海金壺叢書》本、鄭堯臣輯唐晏刊《龍谿精舍叢書》本、文淵閣《四庫全書》本。

今據《守山閣叢書》本《古文苑》為底本作校補。校勘引用《古文苑》明清各本分別簡稱作「明本」、「墨海本」、「龍谿本」、「四庫本」，引用《渚宮舊事》、《北堂書鈔》、《藝文類聚》、《太平御覽》分別簡稱作「《舊事》」、「《書鈔》」、「《類聚》」、「《御覽》」，各書《四庫全書》皆收錄。《書鈔》依據孔廣陶校刻本，另外，《舊事》余所見版本尚有古鈔本、墨海金壺本、孫星衍校本，《初學記》余所見版本尚有宋紹興十七年刊鈔補本、古香齋本，《類聚》、《御覽》余所見版本尚有宋刊本。如各本相同，則不指明版本。本稿採用伏俊璉先生主編《古文苑校注》（稿本）的意見，都稱作「伏俊璉說」。

卷　一

《石鼓文》校補

《石鼓文》共 10 鼓，自宋人以還，對《石鼓文》的考釋，其重要著作大致有以下數種著作：

　　《古文苑》章樵注，董逌《石鼓文考釋》〔註1〕，施宿《石鼓音》〔註2〕，
王厚之《石鼓文釋音》〔註3〕，元人潘迪《石鼓文音訓》〔註4〕，元人吾丘
衍《周秦刻石釋音》〔註5〕，明人楊慎《石鼓文音釋》〔註6〕，明人陶滋《石
鼓文正誤》〔註7〕，吳玉搢《金石存》〔註8〕，吳東發《石鼓讀》〔註9〕，
任兆麟《石鼓文集釋》〔註10〕，劉凝《周宣王石鼓文定本》〔註11〕，莊述
祖《石鼓然疑》〔註12〕，張德容《石鼓文考辨》〔註13〕，沈梧《石鼓文定
本》〔註14〕，許容《石鼓文鈔》〔註15〕，羅振玉《石鼓文箋》〔註16〕，王國
維《明拓石鼓文跋》〔註17〕，吳廣霈《石鼓文考證》〔註18〕，強運開《石鼓

〔註1〕董逌《石鼓文考釋》，收入《叢書集成初編》第1511冊，中華書局1985年版，
　　　　第21～24頁。
〔註2〕施宿《石鼓音》，收入吾丘衍《周秦刻石釋音》，《叢書集成初編》第1515冊，
　　　　第頁。
〔註3〕王厚之《石鼓文釋音》，百一廬金石叢書。
〔註4〕潘迪《石鼓文音訓》，光緒石印本。
〔註5〕吾丘衍《周秦刻石釋音》，收入《叢書集成初編》第1515冊，第1～3頁。
〔註6〕楊慎《石鼓文音釋》，收入《叢書集成初編》第1515冊，其中卷3是音釋，第
　　　　1～7頁；又收入《四庫全書存目叢書》經部第189冊，齊魯書社年版，第326
　　　　～352頁。
〔註7〕陶滋《石鼓文正誤》，收入《四庫全書存目叢書》經部第189冊，第468～492頁。
〔註8〕吳玉搢《金石存》卷2，收入《叢書集成初編》第1534冊，中華書局1985年
　　　　版，第41～54頁。
〔註9〕吳東發《石鼓讀》，乾隆刊本。
〔註10〕任兆麟《石鼓文集釋》，乾隆刊本。
〔註11〕劉凝《周宣王石鼓文定本》，收入《四庫全書存目叢書》經部第200冊，第401
　　　　～495頁。
〔註12〕莊述祖《石鼓然疑》，收入《叢書集成續編》第6冊，新文豐出版公司1988年
　　　　版，第543～545頁。
〔註13〕張德容《石鼓文考辨》，收入《二銘草堂金石聚》，同治刊本。
〔註14〕沈梧《石鼓文定本》，收入《四庫未收書輯刊》史部第10輯第5冊，北京出版
　　　　社2000年版。其中《石鼓文釋音》、《石鼓文章句注疏》、《石鼓文地名考》三文，
　　　　分別在第617～619、645～697、699～710頁。《地名考》又署名「古華山農」，
　　　　載於《國學雜志》第1～3期，1915年。本文引用《地名考》注明頁碼。
〔註15〕許容《石鼓文鈔》，收入《四庫未收書輯刊》史部第4輯第20冊，第18～58頁。
〔註16〕羅振玉《石鼓文箋》，收入《羅振玉學術論著集》第1集《石鼓文考釋》，上海
　　　　古籍出版社2010年版，第511～539頁；又收入《叢書集成三編》第31冊，
　　　　新文豐出版公司1997年印行，第555～567頁。
〔註17〕王國維《明拓石鼓文跋》，收入《觀堂別集》卷2，河北教育出版社2001年版，
　　　　第825頁。
〔註18〕吳廣霈《石鼓文考證》，瑞安陳氏湫漻齋1931年刊本。

釋文》〔註 19〕，郭沫若《石鼓文研究》〔註 20〕，馬敘倫《石鼓文疏記》、《跋石鼓文研究》〔註 21〕，張政烺《〈獵碣考釋〉初稿》〔註 22〕，沈兼士《石鼓文研究三事質疑》〔註 23〕，羅君惕《秦刻十碣考釋》〔註 24〕，徐寶貴《石鼓文整理研究》〔註 25〕，董珊《石鼓文考證》〔註 26〕。清人王昶《金石萃編》收錄《石鼓文》〔註 27〕，亦有校說。

　　本稿引用以上論著不再注明，引用同一作者其他論著，隨文標注。

　　震鈞《石鼓文集注》，姚大榮《石鼓文足徵記》，張燕昌《石鼓文釋存》，吾皆未見。

一、《車工篇》校補

（1）避車既好，避馬既駓

　　章樵注：好，石本作「孜」。駓，鄭音寶，今作鴇。郭云：「恐是籀文『駒』字。駒，北野良馬名。」

　　按：注「鴇」，當據宋廿一卷本、四庫本作「鴇」。潘迪曰：「駓，從馬缶聲，疑與『阜』音義同，《詩·車攻》『田車既好，四牡孔阜』，說者謂『阜，肥大也』。」《正字通》：「駓，叶好，《字韻》：『鄭音寶，一音阜。』一說音與《詩》『駟鐵孔阜』之『阜』通，言馬肥大也。」其後說當本於潘迪，商承祚說同〔註 28〕。《詩·駉駉》「駉駉孔阜」，段玉裁引此文「我馬既駓」為

〔註 19〕強運開《石鼓釋文》，商務印書館 1935 年版。

〔註 20〕郭沫若《石鼓文研究》，《考古學專刊》甲種第十一號；又收入《郭沫若全集·考古編》卷 9，科學出版社 1982 年版，第 21〜274 頁。其中第 71〜79 頁為注釋。

〔註 21〕馬敘倫《石鼓文疏記》，商務印書館 1935 年版。馬敘倫《跋石鼓文研究》，《東方雜志》第 34 卷 18、19 號合刊，1937 年，第 61〜69 頁。本文引用後者標注頁碼。

〔註 22〕張政烺《〈獵碣考釋〉初稿》，《史學論叢》第 1 期，1934 年，第 1〜74 頁。又收入《張政烺文史論集》，中華書局 2004 年版，第 1〜39 頁。

〔註 23〕沈兼士《石鼓文研究三事質疑》，《輔仁學誌》第 13 卷 1、2 期合刊，1945 年版，第 61〜68 頁。

〔註 24〕羅君惕《秦刻十碣考釋》，齊魯書社 1983 年版。

〔註 25〕徐寶貴《石鼓文整理研究》，中華書局 2008 年版。其中第 760〜865 頁是《石鼓文字考釋》，第 1110〜1400 頁為宋元拓本圖版。

〔註 26〕董珊《石鼓文考證》，復旦大學古文字網站，2009 年 4 月 29 日；後收入《出土文獻與古文字研究》第 3 輯，復旦大學出版社 2010 年版，第 117〜136 頁。

〔註 27〕王昶《金石萃編》卷 1，嘉慶十年刻，同治補修本，收入《續修四庫全書》第 886 冊，上海古籍出版社 2002 年版，第 484〜489 頁。

〔註 28〕商承祚《〈石刻篆文編〉字說（二十七則）》，《中山大學學報》1980 年第 1 期，

證〔註29〕，是亦讀駤為阜也。徐寶貴曰：「駤，《詩‧駉鐵》及《車攻》作『阜』。『駤』當為本字，『阜』為假借字。毛傳：『阜，大也。』朱熹《集傳》：『阜，肥大也。』《集韻》：『騜，馬盛也，或作騅。』『騜』當即『駤』之異體。『避車既好，避馬既駤』與《車攻》『田車既好，四牡孔阜』十分相近。」（P824）徐氏襲取前人之說敷衍成文耳。當以「阜」為本字，「騜」是表示馬肥盛的後出分別俗字，「駤」則是「騜」改易聲符的異體字，徐說偵矣。黃德寬等曰：「石鼓文『駤』，或讀姝。《集韻》：『姝，好也。』石鼓『避車既好，避馬既駤』，對文見義。」〔註30〕考《永樂大典》卷2807引陸法言《廣韻》：「姝，普雷切，好色貌，又普才切。」《集韻》：「妧、姝：好兒，或作姝。一曰：女儀也。」「姝」謂女子容色好，然則「駤」指馬毛色好，黃說不甚切於文義。余謂「駤」讀為儦，字亦借爈字為之，或省作麃，指馬行走有力、健行。《說文》：「儦，行貌。」《詩‧吉日》：「儦儦俟俟，或群或友。」毛傳：「趨則儦儦，行則俟俟。」《釋文》：「儦，本又作麃，又作爈。《廣雅》云：『行也。』」《詩‧清人》：「駟介麃麃。」又「駟介陶陶。」毛傳：「麃麃，武貌。陶陶，驅馳之貌。」「陶」即此文之「駤」，與「麃麃」音轉而變其文。字亦作伾、駊、駓、駤、鄪，《說文》：「伾，有力也。」《廣雅》：「駊駊，走也。」王念孫曰：「《魯頌‧駉篇》：『以車伾伾。』毛傳云：『伾伾，有力也。』《釋文》云：『《字林》作駊，走也。』《說文》『俟』字注引《小雅‧吉日篇》『伾伾俟俟』，《後漢書‧馬融傳》『鄪駓謲謲』，李賢注云：『鄪駓，獸奮迅貌也。』引《韓詩》：『駊駊駓駓，或群或友。』《文選‧西京賦》『群獸駊駓』，李善注引薛君《韓詩章句》云：『趨曰駊駊，行曰駓駓。』《毛詩》作『儦儦俟俟』。《楚辭‧招魂》『敦脄血拇，逐人駊駊些。』王逸注云：『駊駊，走貌也。』駊、駤、伾、鄪、儦五字，並聲近而通用。」〔註31〕梁章鉅說同王氏，又引孫義鈞曰：「《韓詩》之『駊駓』，正字也。毛、許作『伾俟』，假借字也。儦者，伾之轉，為雙聲字。」〔註32〕西周金文《智簋》：「用事，嗣（司）奠（鄭）駤馬。」〔註33〕「駤馬」

第 95 頁。
〔註29〕段玉裁《詩經小學》卷1，收入《續修四庫全書》第64冊，第192頁。
〔註30〕黃德寬等《古文字譜系疏證》，商務印書館2007年版，第697頁。
〔註31〕王念孫《廣雅疏證》，收入徐復主編《廣雅詁林》，江蘇古籍出版社1992年版，第465頁。
〔註32〕梁章鉅《文選旁證》卷3，福建人民出版社2000年版，第58頁。
〔註33〕張光裕「駤」字隸作「駱」，茲據吳鎮烽、王宏源釋文。張光裕《新見智簋銘文對金文研究的意義》，《文物》2000年第6期，第88頁。吳鎮烽《商周青銅

指健馬、壯馬，亦可讀作「寶馬」。

（2）趪𩣡

章樵注：趪，施云：「薛、鄭本皆有此字，碑磨滅不可辨。」𩣡，鄭云：「今作『』，未詳音義，石本有重文。」

按：𩣡，宋九卷本、廿一卷本作「𩣡」，注同。注「」，宋廿一卷本作「」。拓本圖版作「」，當錄作「𩣡」。鼓文當據重文作「趪趪𩣡𩣡」。《說文》：「趪，走意。」惠棟、段玉裁、桂馥、王筠、錢坫、朱駿聲、迮鶴壽並引此文證之〔註 34〕。潘迪曰：「趪，音憲。『𩣡』作『炱』，皆有重文，其義未詳。』或曰：趪，走意。𩣡，眾多也。」《字彙補》：「𩣡，大來切，音臺，煙塵也。」黃德寬等從其說〔註 35〕。吳東發曰：「𩣡作炱，猶檗之省作枱。《玉篇》：『炱，煤烟塵也。』音臺。」王袒從其說。張德容曰：「《說文》：『炱，灰炱煤也。』」《木部》『枱』，籀文從辝作『檗』。《木部》『枲』，籀文從辝作『𣡌』。知『𩣡』為籀文『炱』無疑。『𩣡𩣡』當是塵起之貌。」張氏乃據《字彙補》增成其說耳，吳東發說略同，王袒從吳說。「炱」是火煙所生的煤灰，名詞，「炱炱」沒有塵起貌之義，諸說非是。𩣡，讀作駿，《說文》：「駿，馬行仡仡也。」又「仡，勇壯也。」又「趁，直行也。」本指馬勇壯直行之貌，此則指麀鹿。字亦作俟，已詳上文所引。

（3）即遴即時

章樵注：鄭云：「遴，今作敌，與『禁禦』之禦同。」薛作「我」。

按：郭沫若曰：「遴假為御。時假為塒。即者，就也。即御即塒，言麀鹿已入獵圍。」徐寶貴從其說。郭說未確，《爾雅》：「雞棲於弋為榤，鑿垣而棲為塒。」郭璞注：「今寒鄉穿牆棲雞。」《說文》：「塒，雞棲垣為塒。」是「塒」為鑿牆穿洞的雞窩，非麀鹿所就。即，謂即時、立即。遴，鄭氏讀為禦，是也。時，讀為待。《國語．楚語下》：「帥大讎以憚小國，其誰云待

器銘文暨圖像集成（引得）》，上海古籍出版社 2012 年版。王宏源《殷周金文字寶》，社會科學文獻出版社 2017 年版，第 350 頁。

〔註 34〕惠棟《惠氏讀說文記》，段玉裁《說文解字注》，桂馥《說文解字義證》，王筠《說文解字句讀》，錢坫《說文解字斠詮》，朱駿聲《說文通訓定聲》，迮鶴壽說見王鳴盛《蛾術編》，並收入《說文解字詁林》，中華書局 1988 年版，第 2329 頁。

〔註 35〕黃德寬等《古文字譜系疏證》，商務印書館 2007 年版，第 132 頁。

之？」韋昭注：「待，禦也。」《說苑‧正諫》「待」作「止」。《爾雅》：「止，待也。」是待亦禦也，遮止麋鹿義。

二、《汧殹篇》校補

（1）汧殹沔沔，丞叞淖淵

章樵注：王云：「殹，即『也』字，見《詛楚》及秦斤，下同。」郭云：「讀如繄，語助也。」丞，石本作惡。鄭云：「丞字見秦權。」郭云：「讀如丞，進也。」《詩》：「南有嘉魚，烝然罩罩。」王肅云：「烝，眾也。」叞，石本作「是」。王云：「籀文皮字，借作被音。」文曰「丞被淖淵」，與《尚書》「導菏澤，被孟豬」之「被」同義，郭音彼。淖淵，水之深處也。

按：注「惡」，宋廿一卷本作「惡」。注「讀如丞」之丞，宋廿一卷本作「蒸」。①張政烺曰：「《詩‧新臺》『河水瀰瀰』、『河水浼浼』皆訓盛貌。『沔沔』與之音義並近。」張說是也，方以智已有此說，字亦作「瀰瀰」，音轉又作「浘浘」、「洋洋」〔註36〕。②郭沫若亦曰：「丞，進也。」二郭氏說未允，丞訓進，是進獻義，非進入義。張政烺讀為承，是也。③董珊曰：「『淖淵』可讀為『沼淵』，見《荀子‧王制》『汙池淵沼川澤』。石鼓『淵沼』為押韻而倒文作『淖（沼）淵』。丞讀承，謂汧河上游承接淵沼。」董說是也。皮，「彼」省文。沼，池也。淖淵，即「淵沼」。《三國志‧管輅傳》裴松之注引《輅別傳》：「淵沼之魚，樂其濡溼，不易騰風之鳥。」亦其例。

（2）漫漫又鯊，其斿趣趣

章樵注：鄭本漫云即漫，从萬通作曼。漫漫，水之瀰茫處也。「又」通作「有」。鯊，今作「鯊」，魚名。斿，今作「游」。趣，薛作「散」字。鄭云：「趣即礉字，相于反。」

錢熙祚曰：按天一閣本「漫」字並無重文。錢詹事以「鯊」為「小魚」二字合格，得之。

按：注「从萬」，宋廿一卷本作「以萬」。注「瀰」，宋廿一卷本作「瀰」。注「礉」，宋廿一卷本作「蹾」，《廣川書跋》卷2同，是也。注「相于反」，當據宋廿一卷本作「相千反」。①拓本圖版作「漫又鱻」，「鱻」是「小魚」

〔註36〕參見方以智《通雅》卷9，收入《方以智全書》第1冊，上海古籍出版社1988年版，第377頁。

合文，錢詹事（大昕）說是也，王引之亦釋作「濿又小魚」，讀又為有〔註37〕。
②吳東發曰：「濿，瀨也，古音同。《說文》：『瀨，水流沙上也。』」馬敘倫
說同吳東發，亦謂「濿」以雙聲借為瀨〔註38〕。羅振玉曰：「石鼓文『濿有
小魚』，殆即許書之『砅』字。『砅』或作『濿』。考勉勵之勵，粗糲之糲，蚌
蠣之蠣，許書皆從萬作勱、糲、蠣。以此例之，知『濿』即『濿』矣（《說
文》『勱』注：『讀與厲同』。段先生曰『厲亦萬聲，漢時如此讀』，亦其證也）。
『濿』為淺水，故有小魚。許訓『履石渡水』，亦謂淺水矣。」郭沫若說略
同羅氏。古華山農（沈梧）謂「濿」是地名，指濿池、濿源〔註39〕。徐寶貴
從羅說，又謂吳、馬說亦通〔註40〕。羅振玉、郭沫若說非是，許慎訓濿為履
石渡水，動詞，無淺水義。吳東發、馬敘倫說是也，瀨指砂石上的急流。字
亦省作厲，《漢書·武帝紀》：「下瀨將軍。」顏師古注引臣瓚曰：「瀨，湍也，
吳越謂之瀨，中國謂之磧。《伍子胥書》有下瀨船。」《史記·南越傳》作「下
厲」。《集解》引徐廣曰：「厲，一作瀨。」又引應劭曰：「瀨，水流涉（沙）
上也。」③王昶引錢可盧（引者按：錢大昭）曰：「其句法與『潛有多魚』
相同。」「小魚」當讀作「少魚」，指少量的魚，魚不多。《淮南子·原道篇》：
「期年而漁者爭處湍瀨。」高誘注：「湍瀨，水淺流急少魚之處。」④張政
烺曰：「趍，字從走，散聲，當訓行貌。《漢書·外戚傳》『何姍姍其來遲』，
注：『行貌。』『趍趍』與『姍姍』音義同。《說文》：『汕，魚游水貌。《詩》
曰：「烝然汕汕。」』朱駿聲云：『按《詩》罩罩、汕汕皆重言形況字，魚游
水貌。』（《說文通訓定聲》）則碣文『趍趍』又『汕汕』之假借矣。」考《廣
雅》：「濮濮，眾也。」王念孫曰：「《說文》『鮃』字注云：『烝然鮃鮃。』又
『汕』字注云：『魚游水貌。《詩》曰：「烝然汕汕。」』鮃、罩古字通用。罩
罩、汕汕，蓋皆魚游水之貌。汕汕，群游之貌。『濮濮』與『汕汕』同。《廣
韻》汕、濮二字並所簡切。《石鼓文》：『濿又鯊，其斿趍趍。』『趍趍』與『汕
汕』聲並相近。」〔註41〕此朱、張說所本。

〔註37〕王引之《經傳釋詞》卷2，嶽麓書社1984年版，第62頁。
〔註38〕馬敘倫《跋石鼓文研究》，《東方雜志》第34卷18、19號合刊，1937年，第
　　　　64頁。
〔註39〕古華山農《石鼓文地名考》，《國學雜志》第1期，1915年，第2頁。
〔註40〕徐寶貴《石鼓文整理研究》，第769頁。其說又見《石鼓文考釋五篇》，《出土
　　　　文獻與古文字研究》第6輯，上海古籍出版社2015年版，第414頁。
〔註41〕王念孫《廣雅疏證》，收入徐復主編《廣雅詁林》，第475頁。

（3）帛魚鱳鱳，其蓝氐鮮

章樵注：帛，以帛從水，古文「泊」字，今省，水之淺處也。鄭云：「鱳，音洛。《集韻》云：『白色也。』」薛作「鱳」字。《說文》：「鱳，魚名。」蓝，鄭云：「蓝亦作蓝，讀與『俎豆』之俎同。」施云：「按《說文》：『醢也。』」按：鱳即鱳字，音歷。的鱳，白兒。言泊中之魚鱳鱳然潔白，登之於俎甚鮮也。

按：注「以帛」，宋廿一卷本作「从帛」。鱳鱳，宋廿一卷本同，宋九卷本作「鱳鱳」。蓝，宋廿一卷本、墨海本同，宋九卷本作「蓝」，明本作「蓝」，龍谿本作「蓝」，王昶《金石萃編》卷1亦作「蓝」。①《困學紀聞》卷20：「《石鼓文》：『帛魚鱳鱳』又云：『有鱄有鮊。』即白魚也。」潘迪曰：「今按鱳字音鱳，白貌。帛即白字。言白魚鱳鱳然潔白。」②蓝，拓本圖版作「蓝」，即「蓝」，明人梅鼎祚《皇霸文紀》卷3正釋作「蓝」。龍谿本及王昶、郭沫若釋作「蓝」，同「蓝」。宋九卷本作「蓝」，即「蓝」字異構。王昶引錢氏（引者按：錢大昕）曰：「蓝，當是『筵』字。」郭沫若曰：「蓝字舊或釋葅，或釋筵，又或釋涎，均側重食魚一面着想，不知此石通體所敘者乃游魚之樂，非食魚之樂也。郭昌宗釋盜，至確。《汗簡》有『盜』字作『盜』，云出《碧落碑》。此復從竹，乃繇文，以盜多聚於萑苻也。意為小魚在水中盜食，狀甚鮮明。」但郭氏解作「小魚在水中盜食」，則未是。蓝，讀為逃，指魚在水中竄游。《詩·巧言》毛傳：「盜，逃也。」孔疏引《風俗通》：「盜，逃也，言其晝伏夜奔，逃避人也。」這是聲訓。郭店楚簡《老子》甲本簡1「眺賊無有」，今本第19章「眺」作「盜」。上博簡《容成氏》簡42「側逃」即「賊盜」。上博簡《凡物流形》簡26「惻惡」即「賊盜」。千里馬名「盜驪」，音轉亦作「駣驪」。皆其通借之證。③氐，讀為至，極也。

（4）其豆孔庶，羉之毚毚

章樵注：豆，石本作「朒」。郭云：「朒，今作『朒』，乞及反。《博雅》：『朕謂之朒。』」鄭作「豆」字。羉，郭云：「籀文『孌』字。」鄭云：「羉，謨官反，施網也。毚，舊注丑若反。相如《大人賦》『休毚』，奔走也。」

按：注「休毚」，宋廿一卷本作「休奐」。「朒」字二見金文，都是人名用字（《集成》10385、11669）。羉，宋九卷本同，宋廿一卷本、明本正文誤作「孌」，注文作「羉」。毚毚，宋廿一卷本、明成化本、龍谿本、墨海本、四

庫本同，王昶《金石萃編》卷1亦同，宋九卷本作「⿰夔夔」，即「夔夔」。章樵注引《大人賦》「休夔」，宋廿一卷本作「休夔」。《史記》作「忧夔」，《漢書》作「忧夔」。「休」當是「忧」形譌。①拓本圖版作「⿰扌肎」，確是「朋」字。鄭、章作「豆」者，據《詩·楚茨》「為豆孔庶」改耳。王昶引錢氏（引者按：錢大昕）曰：「朋，即『湆』字。」嚴可均曰：「『朒』即《儀禮》『湆』字。」〔註42〕任大椿曰：「《五經文字》云：『湆從泣下月，大羹也。湆從泣下日，幽濕也。』今《士昏禮》釋文作『湆』，則所云大羹從月者也。陳竹厂曰：『湆，《廣雅》作胉，《石鼓文》作朒，並從肉立聲，經典相承作湆，蓋從肉泣聲耳。』」〔註43〕趙烈文亦釋為「湆」，吳東發釋為「望」，許莊釋為「夜」（讀為舍），郭沫若釋「景」（同「影」）。黃德寬等曰：「朒，或疑『昱』之異文。《說文》：『昱，明日也。』《石鼓文》『朒』，或讀昱。」〔註44〕任大椿謂「湆」、「湆」字異，段玉裁、徐灝則謂二字同〔註45〕，茲不作辨正，但「湆」同「胉」，指羹汁，此說則從郭忠恕說化出。諸說都不合文義。「⿰扌肎」所從當是「月」，非「肉」，疑「朒」是「音」字，讀作揞，字亦作罯（罯）。《說文》：「罯，覆也。」蔣斧印本《唐韻殘卷》：「罯，覆蓋。」S.617《俗務要名林》：「罯，覆物。」揞之言揜也、掩也，「罯（罯）」是以網覆物的分別字，轉為名詞，則指魚網、鳥網，今俗稱作撒網。P.2011王仁昫《刊謬補缺切韻》：「罯，魚網。」字亦作罨，《說文》：「罨，罕也。」蔣斧印本《唐韻殘卷》：「罨，魚網。」P.2011王仁昫《刊謬補缺切韻》：「罨，細罔（網）。」《玉篇》：「罨，罕也，以罔（網）魚也。」《廣韻》：「罨，鳥網。」《御覽》卷834引《風土記》：「罨如罧而小歛口，從水上掩而取者也。」其說語源是「掩而取」，至確。②羉，拓本圖版作「⿰糸羉」，即「䜌」，董逌、郭忠恕都說是籀文「䜌」，則亦當是釋「䜌」。明本誤作「䜌」。鄭氏蓋以「䜌」作「羉」的借字。徐寶貴曰：「䜌，在此當指魚餌。」其說皆非是。䜌，讀為攣。《說文》：「攣，係也。」《易·小畜》：「有孚攣如。」《釋文》引馬融曰：「攣，連也。」

〔註42〕嚴可均《鐵橋漫稿》卷9《文類七·石鼓文》，收入《續修四庫全書》第1489冊，第54頁。

〔註43〕任大椿《字林考逸》卷3，收入《續修四庫全書》第236冊，第23頁。

〔註44〕黃德寬等《古文字譜系疏證》，商務印書館2007年版，第3865頁。

〔註45〕段玉裁《說文解字注》，徐灝《說文解字注箋》，並收入《說文解字詁林》，第11084頁。徐灝說又見《通介堂經說》卷16，收入《四庫全書》第177冊，第144頁。

《集解》引虞翻曰：「攣，引也。」謂係而牽引之。③龜龜，拓本圖版作「🦎」，確是「龜」字重文。「龜」字常見於西周金文〔註46〕。焦竑謂「龜」即「決」字〔註47〕，則是認為其字當從夬聲字也。唐蘭曰：「『鼛鼛鼝鼝』或曰『鼝鼝鼛鼛』，鐘銘恆言也。『鼛』字當從泉皀聲，與《說文》『皀，讀若薄』同。則『鼛鼛鼝鼝』乃雙聲疊語，猶云蓬薄、旁薄，形容豐盛之詞也。」〔註48〕郭沫若曰：「《士父鐘》『龜龜鼝鼝』，它器多作『鼛鼛鼝鼝』，均從皀聲之字，與『鼝』字當為雙聲聯語，猶勃勃蓬蓬、礴礴磅磅也。攣之龜龜，謂以攣飼魚，魚即龜龜然奔赴。」郭沫若又曰：「《士父鐘》『龜』所從者為『史』字毫無可疑。《石鼓文》『龜』字與『庶』、『趖』為韻，知在魚部。它器均作『鼛』，唐蘭謂『鼛當如皀讀若薄，與鼝為雙聲』，今知『龜』在魚部，則又與『薄』為疊韻。唐說與余各得其半。『鼛』從泉皀聲，當是『浡潏』之浡，盛也，湧也。『龜』從史皀聲，當是『簿書』之簿。鼝鼝鼛鼛，當以『鼛』為本字，『龜』乃借字也。」〔註49〕唐、郭說是也，但郭氏解「攣之」為以攣飼魚，「龜龜」為奔赴，則不可取。句言魚網很多，牽引之則魚龜龜然奔走也。④《史記·司馬相如傳》《大人賦》：「蜩蟉偃蹇，怵奐以梁倚。」《漢書》作「怵奐」。《集解》引《漢書音義》：「怵奐，走也。」《索隱》引張揖曰：「怵奐，奔走。」又引韋昭曰：「奐音答略反。《相如傳》云『倏奐遠去』，奐，視也。」顏師古注：「怵音黜。奐音丑若反。」「丑若反」即「答略反」，作此音乃同「皀」字。今本《史記·司馬相如傳》《上林賦》作「儵敻遠去」，《漢書》、《文選》同，郭璞曰：「儵忽長逝也。」李善注引曹大家《幽通賦》注曰：「敻，遠也。」顏師古注：「儵然敻然，疾遠貌。」「休」當是「怵」形譌。「奐」、「敻」都是疾走義，疑都是「奐」形譌。奐之言趹也，趍也，決也，疾馳貌。《說文》：「趹，馬行貌。」《玉篇殘卷》「緎」字條引《淮南子》許慎注：「趹，疾也。」《廣雅》：「趍，疾也。」蔣斧印本《唐韻殘卷》：「趹，馬行疾皃。」P.2011王仁昫《刊謬補缺切韻》：「趹，疾行，〔亦作〕趹。」《大人賦》「怵奐」亦當

〔註46〕參見董蓮池《新金文編》，作家出版社2011年版，第1400～1401頁。

〔註47〕焦竑《俗書刊誤》卷7《略記字始》，收入《四庫全書》第228冊，第571頁。

〔註48〕唐蘭《周王䥯鐘考》，收入《唐蘭先生金文論集》，紫禁城出版社1995年版，第38頁。

〔註49〕郭沫若《兩周金文辭大系考釋》，東京文求堂1935年出版，第128～129頁。又第53頁說略同。

作「怳奐」，猶言驚而奔走也。《上林賦》「儵夐」或「倏奐」當作「倏奐」，郭璞注「儵忽長逝」是也。韋昭注「奐，視也」，「奐」無視訓，則所見本是「夐」字，《廣雅》：「夐夐，視也。」

（5）汪汪趞趞，其魚隹可

章樵注：汪，郭云：「籀文洋字。」鄭云：「音汗，今作瀚。」趞，鄭云：「博。或云：即遄字。」

按：汪汪趞趞，明本同，《廣川書跋》卷2亦同；宋九卷本、廿一卷本、龍龕本「汪」作「汪」，注同。作「汪」是也，故鄭氏云「音汗，今作瀚」。檢拓本字形作「▨▨▨」，正當釋作「汪汪趞趞」，潘迪、王世貞《弇州四部稿》卷168、王昶《金石萃編》卷1釋文不誤。方以智曰：「《石鼓詩》：『汪汪趞趞。』『汪』即『洋』，『趞』即『搏』。」〔註50〕胡文英曰：「趞趞：音團。《石鼓文》：『汪汪趞趞。』案：趞趞，圈行貌，吳中謂旋轉而行曰趞趞遄（音戰）。」〔註51〕《正字通》：「《石鼓文》郭註：『汪，籀文洋字。』按《石鼓》『鱻之奐，汪汪趞趞』，釋作瀚，古借汗。舊本譌从汗，非。」又「鄭云：『趞作博，或云即遄字。』按石鼓『汪汪趞趞』，焦竑音搏。一說趞、搏通，度官切，音團。通作專。博非搏義，遄非團音，並誤。」三氏釋上字得之，下字釋作「趞」，皆非是。郭沫若曰：「均當是行動之意，猶言趕趕赴赴也。」汪，讀為赶。《說文》：「赶，舉尾走也。」趞，讀為逋。《說文》：「逋，亡也。」《廣雅》：「逋，竄也。」汪汪趞趞，言魚見到漁網而四散逃竄。

三、《田車篇》校補

（1）避戎陣止世阹

章樵注：施云：「鄭本『戎』字作『我』，下有『陣止』二字。今考碑本，此闕，非有磨滅。『戎世』二字，上下相承，不容有『陣止』字於其間。」鄭作「阹」，潘云疑作「陸」。施云：「又疑為跌字。」薛作「陜」籀文。

錢熙祚曰：「陣止」二字並衍，當依天一閣本刪去。

按：郭沫若釋作「避戎止陜」，徐寶貴從郭說，又謂「陜」是「陳」異體，亦作「夷」，引《廣雅》「陜陜，險也」、《廣韻》「陜，陜陜，險阻」說之。徐

〔註50〕方以智《通雅》卷9，收入《方以智全書》第1冊，第369頁。
〔註51〕胡文英《吳下方言考》卷5，收入《續修四庫全書》第195冊，第40頁。

說非是，「瞓陡」是形容詞，而非名詞，戎車止於瞓陡，甚是不辭。檢拓本作「避戎止![字]」，顯然其字不從先，也不從矢。宋九卷本、廿一卷本作「阢」，是也。潘迪曰：「『![陜]』疑作『陸』。」焦竑謂「阢」即「陸」字〔註52〕。《正字通》：「按陸本作坴，籀文。篆作![字]。先即![字]之譌省。舊本因篆誤。」王昶隸作「陜」，注云：「『陜』疑作『陸』。」潘迪等說是也，「坴」從土先聲，「阢」當是「陸」省文，與上句「原（邍）」同義對舉，都指高平之地，陵阜。止，停止。避戎止阢，言吾戎車止於丘陵。古華山農謂「陜」同「扶」，即漢代所置的「扶風」〔註53〕。馬敘倫曰：「陜為陽之轉注異文。《說文》曰：『陽，小障也。』」〔註54〕二氏據誤字說之，亦未得。

（2）其○趩鹵大

章樵注：趩，鄭云：「今作奔，或作走。」鄭本有「鹵」字，在「大」字上，音遫，古「遒」字也。

錢熙祚曰：鹵，天一閣本無此字，當刪去。

按：注「遒」，宋廿一卷本作「直」。趩，張德容從或說釋為「走」，羅振玉從鄭樵釋為「奔」，強運開釋為「赴」，馬敘倫釋為「趨」，張政烺釋為「蹄」。大，郭沫若釋為「夜」，云：「夜，疑叚為逸。」末二字拓本作「![字][字]」，所謂「大」，其右旁還有字符「![符]」，當從郭沫若釋作「夜」，《說文》「夜」作「![夜]」，金文字形亦同。趩，當從舊說釋作「奔」。夜，讀為馱，馬疾走也。字亦作軼、佚，奔馳，奔突。郭沫若讀為逸，逸亦借字（逸本義是逃亡）。《莊子·徐無鬼》：「超軼絕塵。」又《田子方》：「奔逸絕塵。」《列子·仲尼》：「體將僵者，先瓩奔佚。」

（3）○出各亞

章樵注：亞，石本作「![字]」。施云：「《汗簡》作『亞』。古《孝經》作『惡』，蓋二字通用。」

按：注「![字]」，宋廿一卷本作「![亞]」，是也。古華山農曰：「各，古格字。格古通閣，蓋謂閣道也。亞，行相次也（《說文》：『亞，次弟也。』《廣韻》：

〔註52〕焦竑《俗書刊誤》卷7《略記字始》，收入《四庫全書》第228冊，第571頁。

〔註53〕古華山農《石鼓文地名考》，《國學雜志》第1期，1915年，第3頁。

〔註54〕馬敘倫《跋石鼓文研究》，《東方雜志》第34卷18、19號合刊，1937年，第68頁。

『逪，次第行也。』逪、亞通）。」〔註55〕羅振玉曰：「『各』即『來格』之格。」馬敘倫曰：「文曰『□出各亞』。倫按『□』處雖泐，然安本左下有『止』字可辨。則必為从足，或从□，或從辵之字也。上文『其□奔走』，非指人即指禽獸言。此曰『□出各亞』，蓋指人也。『各』為『格』之省文。《說文》：『格，擊也。』『各亞』連文，『亞』借為『兩』。《說文》：『兩，覆也。讀若晉。』兩謂以網覆之。《說文》：『畢，捕鳥覆車也。』『罟，兔罟也。』『罝，兔網也。』甲文有网下作兔、豕等形者，則『罟』『罝』不定覆兔矣。上文曰『麋豕孔庶，麀鹿雉兔』，下文曰『□□□□，執而勿射』，其為『格覆』明矣。」郭沫若曰：「『各亞』當讀為『齟齬』。」古華山農釋「亞」是也。《爾雅》：「亞，次也。」逪是亞後出分化字，《玉篇》「逪，次也，或作亞。」「各」讀如字，是副詞。鼓文言追逐野獸，各有次第。此句與上句「其□趬夜」都是寫人。

（4）執而勿射，○庶趬趬，君子迺樂

　　章樵注：趬，《說文》：「動也。」郭云：「走也。」鄭云：「與『趖』同。」

　　錢熙祚曰：按天一閣本空處是「多」字。

　　按：趬，字亦作踔，音轉作躍。《大戴禮記·勸學》：「騏驥一踔，不能千里（十步）。」《荀子·勸學》「踔」作「躍」。字亦作趠，《說文》：「趠，踊也。」

四、《鑾車篇》校補

（1）○○鑾車，崒敕真○

　　章樵注：崒，石本作「常」。施云：「《說文》：『呼骨反，疾也。』」薛作「鐾」字。鄭云：「即『拜』字。敕，即策字，並見《義雲章》。」真，薛作「真」。鄭云：「即填字，亦作鎮。」

　　按：注「常」，宋廿一卷本作「崒」，《廣川書跋》卷2作「常」。注「鐾」，宋廿一卷本作「華」，與薛季宣《浪語集》卷31《岐陽石鼓記》合。崒，宋九卷本、廿一卷本作「崒」，《廣川書跋》卷2同。敕，宋廿一卷本同，宋九卷本作「㪍」。檢圖版作「崒㪍真如」，則當釋作「崒㪍真如」。①王國維曰：「丁鼓『㪍』字，案《周禮·春官·巾車》『駹車藿蔽，然禖髹飾』，注：『故書髹為㪍，杜子春云：㪍讀為桼垸之桼。』此『㪍』正是車飾，即《周禮》

故書『軟』字也。」何琳儀說同王國維〔註56〕，當是採王說而未作說明。馬敘倫曰：「莝本訓疾（《說文》），乃『卒』之轉注異文（卒即奔跑之跑本字）。『軟』字《說文》未錄，疑即『造次』之次，而『趀』之異文。『莝軟』言車行之倉卒……郭、王說以『莝軟軟』為鑾車之飾，亦可從。」〔註57〕郭沫若曰：「莝，賁飾也。」羅君惕曰：「案郭說是也。《說文》：『餴，从食，莝聲。或作饙。』餴可作饙，則莝亦可作賁矣。《說文》：『賁，飾也。』」「莝軟」當是狀車行疾速。施氏引《說文》「呼骨反，疾也」，今本《說文》作「莝，疾也」，宋廿一卷本作「𡋯」，即「莝」俗譌字，P.3694V《箋注本切韻》引《說文》「𡋯，許物反，疾也」，字正作「𡋯」。《集韻》引《說文》作「𡋯，呼骨切，疾也」，「𡋯」又「𡋯」形變，故又形近而譌作「𡋯」、「𡋯」。考《說文》：「捧，首至地也。從手、莝。莝音忽。」是「莝」當音忽，即「倏忽」之本字。「軟」當是「輊」省形，「輊」俗譌作「𧼯」、「𧼯」，故宋九卷本作「軟」，宋廿一卷本作「敕」。軟，讀為佽。《說文》：「佽，便利也。」又「倢，佽也。」「倢」同「捷」，敏疾也。②沈梧曰：「劉氏作『填如』，釋作『闐如』。」「真如」舊說讀「填如」、「闐如」，是也，猶言「闐闐」。《詩‧采芑》：「振旅闐闐。」鄭玄箋：「至戰止將歸，又振旅伐鼓闐闐然。」《說文》「嗔」字條引作「嗔嗔」。《玄應音義》卷13：「闐闐，又作填，同。《詩》云『振旅闐闐』，言盛皃也。亦群行聲也。」字亦作「填填」，《文選‧籍田賦》：「震震填填，塵騖連天。」李善注引郭璞《爾雅》注：「闐闐，群行聲也。」字亦作「輡輡」，《文選‧魏都賦》：「振旅輡輡。」李善注引《蒼頡篇》：「輡輡，眾車聲也。」

（2）辻駥孔庶，廓𡋯搏搏

　　章樵注：辻，諸家本皆作「徒」字。駥，鄭云：「今作馭。」廓，薛作「廓」。鄭云：「亦作鄠，或云即廓字。」諸家本𡋯，今作宣，上闕一字。施云：「宿本並不見重文，坡城刻本亦無。」

　　錢熙祚曰：「廓」下本空一格，此以重文足之，誤。

　　按：①說「駥」即「馭」，或說即「御」字，形聲俱遠，都沒有理據。

〔註56〕何琳儀《戰國古文字典》，中華書局1998年版，第1265頁。

〔註57〕馬敘倫《跋石鼓文研究》，《東方雜志》第34卷18、19號合刊，1937年，第68頁。

拓本圖版作「⿰⿰」，當隸作「辻騕」。楊慎、焦竑都說「騕」即「駢」字〔註58〕。《正字通》：「《石鼓》無『駥』，從虔非馭義，鄭說不足信。《六書統》有『⿰』，註：『《石鼓文》，音義未詳，一作騕，同上。』據此說，騕譌作⿰，⿰又譌作駥。不知『騕』即《石鼓文》『駢』字也，從駢為正。」楊慎等說合於音理，丙、並一聲之轉，「騕」即「駢」異體字。駕二馬為駢，鼓文作名詞，指駢馬。②廊⿰，宋九卷本、廿一卷本作「廊宣」，當即「廊宣」。搏搏，宋九卷本、廿一卷本作「搏搏」。拓本圖版作「⿰⿰⿰」，則當釋作「廊宣搏」。「宣搏」即「宣博」，廣大眾多。

（3）沓車載衍

章樵注：沓，鄭云：「即『茵』字，《詩》所謂『輶車鸞鑣』，田狩之車也。」載，石本作「甗」，籀文「載」字。衍，今作「道」字。

按：注「茵」，宋廿一卷本作「酋」。沓，宋廿一卷本同，宋九卷本作「沓」。衍，宋九卷本、廿一卷本作「衍」。注「衍」，宋廿一卷本亦作「衍」。拓本圖版作「⿰車⿰⿰」，當釋作「省車甗衍」。「甗」是「載」同音借字。①「沓」字當作「峕」或「峕」，《說文》「省」字形作「⿱」（峕）。《集韻》：「峕，隸作『省』。」強運開曰：「吳東發釋『省』是也。古『省』與『沓』為一字。田獵之有省車，蓋以省察不安，亦猶警蹕之意也。」郭沫若引劉心源曰：「《玉藻》『唯君有黼裘以誓省』，注：『省當為獮。獮，秋田也。』《明堂位》『春社秋省』，注：『省讀為獮。獮，秋田名也。』是則沓車猶言田車也。」強運開說是，《九年衛鼎》：「矩取省車。」亦有「省車」。鍾文烝曰：「沓，公羊作『省』。案《石鼓》『沓車』義作『省車』。」〔註59〕也讀作「省」。②「衍」古有「道」、「行」二讀〔註60〕。鼓文錢大昕、羅振玉讀「行」，與後文「陽」字合韻，張政烺從其說。

（4）趄趄六馬，射之狹

章樵注：鄭云：「趄，即趣字，七走反。《詩》：『蹶維趣馬。』」郭云：

〔註58〕 楊慎《奇字韻》卷 2，焦竑《俗書刊誤》卷 7《略記字始》，並收入《四庫全書》第 228 冊，第 381、571 頁。

〔註59〕 鍾文烝《春秋穀梁經傳補注》卷 7，收入《續修四庫全書》第 132 冊，第 416 頁。

〔註60〕 參看李學勤《說郭店簡「道」字》，《簡帛研究》第 3 輯，廣西教育出版社 1998年版，第 40～43 頁；又收入《重寫學術史》，河北教育出版社 2001 年版，第138～143 頁。

「狱，籀文『族』，古作『𥎊』，小異。」鄭云：「**𥎊**，與李商隱『族』字相近，疑即『族』字，借作鏃耳。」六馬，天子所駕也，趣趣然調和閑習。射則矢鏃之發，舒徐不迫，言皆合禮，有一發五犯之意。

錢熙祚曰：按天一閣本「狱」字下有重文。

按：①拓本圖版作「▨▨馬」，當釋作「趞趞𡘙馬」。郭沫若曰：「趞趞𡘙馬，即《小雅·四牡》之『嘽嘽駱馬』，《說文》疒部別引作『瘏瘏駱馬』者也。（此語《說文》兩引，一在口部『嘽』字下，與今詩同。）趞乃正字，瘏借字，嘽音轉之字。趞、瘏均從多聲，多在哥部，嘽在元部，歌元乃陰陽對轉之聲也。得此知『𡘙』實叚為『駱』。」郭沫若引《詩》「嘽嘽駱馬」說之，大誤。毛傳：「嘽嘽，喘息之貌。馬勞則喘息。」《說文》：「瘏，馬病也。《詩》曰『瘏瘏駱馬。』」又「嘽，喘息也。《詩》曰：『嘽嘽駱馬。』」瘏、嘽一聲之轉，嘽之言單（殫），盡也，指氣力盡。力盡則為疲乏、勞病、喘息，義皆相因。字或作驙，馬勞喘息之專字。《漢書·敘傳》：「王師驙驙。」顏注引《詩》作「驙驙駱馬」。字或作癉、瘴，《爾雅》：「癉，病也。」《詩·板》：「下民卒癉。」毛傳：「癉，病也。」《禮記·緇衣》引《詩》作「癉」。字亦作勯，《呂氏春秋·重己》：「尾絕力勯。」高誘注：「勯，讀曰單。單，盡也。」唐人用「灘」字，今人則用「癱」字。《石鼓》「趞趞𡘙馬」與《詩》「嘽嘽（瘏瘏）駱馬」毫無關係。王筠曰：「馬之奔曰馳，人之奔曰趞，二字同音而義別耳。《石鼓文》『趞趞六馬』，蓋亦奔馳之謂。」〔註61〕商承祚謂「趞趞」即「趨趨」，亦近是；但商氏謂《說文》「瘏瘏」又「趞趞」借字〔註62〕，則誤。𡘙，讀為坴。《說文》：「坴，一曰坴梁。」「坴梁」也作「陸梁」，跳行貌。字亦作𡘙，《說文》：「𡖊，其行𡘙𡘙。」俗字亦作踛，《莊子·馬蹄》：「翹足而陸。」《釋文》引司馬彪曰：「陸，跳也。」《文選·江賦》李善注引《莊子》及司馬彪注並作「踛」字。𡘙馬，跳躍之馬，作名詞用的專字作駷，指良馬。《莊子·馬蹄》《釋文》：「陸，字書作駷。駷，馬健也。」《玉篇》：「駷，健馬也。」蔣斧印本《唐韻殘卷》：「駷，駷良，健馬。」裴務齊《正字本刊謬補缺切韻》、《廣韻》同。「駷良」即「坴（陸）梁」轉語。《集韻》：「駷，驡駷，良馬。」又「驡，驡駷，良馬。」「驡」是「良」音轉。

〔註61〕 王筠《說文解字句讀》，中華書局1988年版，第54頁。
〔註62〕 商承祚《〈石刻篆文編〉字說（二十七則）》，《中山大學學報》1980年第1期，第90頁。

「稂」音轉為「穬」，「狼戾」音轉為「懭悢」，「郎當」音轉為「龍鍾」，皆其證。「驨驪」是「驊騮」倒語。趠趠奔馬，猶言駿馬奔馳。②狹，郭沫若釋作「𥄎」，云：「疑是『誇』之異文。」徐寶貴釋作「袟」，云：「此字乃從矢、失聲的字……袟袟，重言形況字，在此詩句中殆擬發矢之聲或狀發矢之貌。」拓本圖版作「𥏫」，有重文符號，當釋作「鉂鉂」。《汗簡》卷上：「𥏫：族，出《字略》。」「𥏫」即「鉂」。族族，聚集貌。《說文》：「族，矢鋒也，束之族族也。」俗作「簇簇」。

（5）避兔允異

章樵注：「兔」字薛本作「鹿」，鄭本作「兔」。施云：「碑磨滅不可辨。」

按：兔，拓本圖版殘存「隻」字下部，今人考為「隻」，用作「獲」，是也。異，讀為翼，盛也。徐寶貴引《釋名》「異者，異于常也」說之，未允。

五、《霝雨篇》校補

（1）汧殹沰沰，淒淒〇〇

章樵注：汧，即前章所謂汧水。殹，即也字。言君子將乘馬涉水而歸，汧水流泛，不可以涉。

按：吳東發曰：「沰沰，水流貌。」強運開曰：「蓋謂汧水湧盈如水在釜中沸騰之狀也。」馬敘倫曰：「沰為瀞省。《說文》：『瀞，新也。』新謂無垢穢也（《說文》『沰』次『瀞』上，『瀞』下曰『無垢穢也』，瀞即今淨之本字，沰為瀞之轉注字）。蓋南源之水與北源交會成川以後，水乃新耳。」〔註63〕強運開說無據，《說文》：「沰，灌釜也。」沰訓灌釜，是往釜中加水，無沸騰之義。馬敘倫說亦牽附。吳東發說是，沰沰，讀作「濟濟」，音轉亦作「湝湝」，與「淒淒」亦是音轉。

（2）极深吕戶，〇于水一方

章樵注：极，薛作「枝」。鄭云：「即楫字。」施云：「薛、鄭本『以』下有『戶』，碑本磨滅不可辨。」于水一方，足上文或陰或陽意也。

按：①郭沫若曰：「『极』乃假借為『楫』。第四字舊釋『戶』，非是。字當入韻，疑是『簏』之古文，象形。」徐寶貴從郭氏釋「簏」，又曰：「极當

〔註63〕馬敘倫《跋石鼓文研究》，《東方雜志》第 34 卷 18、19 號合刊，1937 年，第 65 頁。

讀為及，可譯為『到』。」拓本圖版作「极深以█」，「戶」是魚部字，與陽
部對轉押韻。郭說疑是「籉（樂）」古文，無據。王昶曰：「同邑任文田云：
『戶即扈字。古戶與扈通，徐鍇訓《說文》引《春秋傳》作「屈蕩扈之」。』
吳兔牀云：『此處戶字當是扈從之義。《上林賦》「扈從縱橫」，晉灼曰：「扈，
大也。」此鼓雖多漫滅，細繹上下文，似言畋狩將歸，而遇零兩從臣多有阻
水濟涉之事，至以驢背負物扈從遠渡深水，故曰「极深以扈，出于水一方
也」。』吳氏說「驢背負物」者，《說文》：「极，驢上負也。」二氏說疑亦未
得。古華山農（沈梧）曰：「因霝雨流湧，故极深版插，戶之而行爾。戶，
護也。」〔註64〕沈氏誤以「极」為副詞「極」，又增「版插」以足其說，非
是。极，讀為扱，字亦作汲，引導。戶，讀為洿、汙，亦深也。《廣雅》：「洿，
深也。」《集韻》：「洿，水深謂之洿。」王念孫曰：「《楚辭・天問》『川谷何
洿』，王逸注云：『洿，深也。』《周語》云：『陂唐污庳以鍾其美。』『污』與
『洿』通。」〔註65〕②方，讀為旁。音轉又作浦，《說文》：「浦，水瀕也。」
《韓詩外傳》卷1：「敢置之水浦。」《列女傳》卷6作「水旁」。王念孫曰：
「浦者，旁之轉聲，猶言水旁耳。」〔註66〕鼓文言引導於水之深處，而從水
旁上岸。

（3）勿○○止，其奔其敔

　　章樵注：鄭云：「敔，今作禦。」

　　按：敔，宋九卷本同，宋廿一卷本作「敔」。「敔」是「敔」形譌，「敔」
同「敔」。拓本圖版作「█」，即「敔」，「敔」之古字。徐寶貴曰：「《說文》：
『敔，禁也。』《龍龕手鑒》：『敔，止也。』其奔其敔，寫人馬時為雨水所阻，
其行動時行時停。」徐說非是，「敔」是禁止義，不是停止。且訓停止，與上
句「勿止」矛盾。敔，讀為禦，駕馬。

六、《作原篇》校補

（1）鼏鼏鳴

　　章樵注：鼏，薛作「庸」。鄭云：「鼏，未詳音義，或云遘字。」諸本無

〔註64〕古華山農《石鼓文地名考》，《國學雜志》第2期，1915年，第2頁。
〔註65〕王念孫《廣雅疏證》，收入徐復主編《廣雅詁林》，江蘇古籍出版社1992年版，
　　　　第219頁。
〔註66〕王念孫《廣雅疏證》，收入徐復主編《廣雅詁林》，第781頁。

重文。

按：郭沫若曰：「古『祇』字，此讀如《詩》之『祈祈』，有舒徐眾多二義。」郭說非是。「鳴」下脫一字**肅肅**，宋九卷本作「**肅肅**」，宋廿一卷本作「**肅肅**」。拓本圖版作「**肅**」，有重文號，即「庸庸」。「庸庸」當是狀聲詞，即「庸庸」，也作「邕邕」、「雍雍」、「廱廱」、「雝雝」、「嗈嗈」、「噰噰」、「嚶嚶」等，《爾雅》：「噰噰，音聲和也。」

（2）為所斿驀

章樵注：驀，薛作「憂」。鄭云：「今作夒。」

按：錢大昕曰：「『斿驀』即『游優』，與『優游』義同。」〔註67〕王昶、羅振玉、郭沫若皆從其說。黃德寬等曰：「石鼓『斿驀』，讀『游敖』。《詩·齊風·載驅》：『齊子游敖。』亦作『遊遨』，《漢書·孝文帝記》：『千里遊遨。』亦作『遊驁』，《呂覽·察今》：『王者乘之遊驁。』」〔註68〕錢氏認為「驀」從憂得聲。黃氏則認為「驀」從夆得聲，夆音敖。錢說是也，下鼓文「驀驀驪驪」，讀作「優優申申」。

七、《而師篇》校補

（1）具奪後

章樵注：奪，施云：「薛本有『碑』字，闕音，碑本磨滅不可辨。」

按：注「碑」，宋廿一卷本作「**涬**」，不可辨識，但決不是「碑」字。郭沫若釋作「具舊信復」。拓本圖版作「**具奪信得**」，當釋作「具奪倍得」。奪，讀為獲。得，讀為叡，字亦作挕、攎。《說文繫傳》：「叡，又取也。」《方言》卷10：「挕、攎，取也。」字亦作虜，上博楚簡（七）《凡物流形》甲本：「得一〔而〕惡（圖）之，女（如）並天下而虜之。」字亦省作且，《老子》第67章：「今舍慈且勇，舍儉且廣，舍後且先，死矣。」王弼注：「且，猶取也。」《古文四聲韻》卷3謂《古老子》「且」字作「虜」。鼓文謂所獵獲禽獸倍於往時。

（2）具肝來

章樵注：肝，石本作「**丂**」。薛作「肝」。鄭作肝，音吁。

〔註67〕錢大昕《石鼓亭記》，《潛研堂文集》卷21，收入《嘉定錢大昕全集》第9冊，江蘇古籍出版社1997年版，第333頁。
〔註68〕黃德寬等《古文字譜系疏證》，商務印書館2007年版，第766頁。

按：注「鄭作肝」之「肝」當從于作「肝」，故音吁也，《廣川書跋》卷2作「旴」。強運開曰：「《呂刑》『王曰吁來』，孔傳云：『吁，歎也。』又云：『馬作于。于，於也。』竊疑鼓言『肝來』，亦即『吁來』也。」拓本圖版作「⬛具⬛來」，當釋作「辻（徒）具肝來」。具，讀為俱。肝，讀為訏、于，《爾雅》：「訏，大也。」《方言》卷1：「訏、于，大也。中齊西楚之間曰訏。于，通語也。」凡從「于」得聲之字多有大義。肝來，猶言大來，言徒眾聚集眾多也。

八、《馬薶篇》校補

（1）驕驕馬薶，晢若

章樵注：若，石本作「𣞐」，薛作「奔」。鄭云：「即若字，古諾字從此。」

按：晢若，拓本圖版作「⬛⬛」，當釋作「蕱=芇=」。徐寶貴曰：「楷楷芇芇，形容草之茂盛貌。」蕱蕱，讀為祁祁，眾多貌。《禮記・緇衣》：「資冬祁寒。」郭店簡「祁」作「旨」，上博簡作「耆」。《集韻》「鮨」或作「鰤」，亦其比。芇芇，讀為峻峻，高大貌。

九、《吾水篇》校補

（1）○○

章樵注：施云：「宿本『丙申』下二字尚可辨，更俟考之。」

按：拓本圖版作「⬛⬛」，二字各有重文符號。當釋作「昱昱親親」，郭沫若釋下字為「薪」誤。

（2）駕

章樵注：駕，石本作「駱」。郭、鄭音駕，籀文。按文，駕字上闕一字。

按：郭沫若釋作「駕夐盒○」，云：「『夐』字羅振玉作『戒』，今就二本觀之，與許書『夐』之古文之作囗者相近。夐，蓋也，駕夐猶言車蓋。」拓本圖版作「⬛⬛⬛黃」，當釋作「駋㷠曧黃」。「駋」即「駕」異體字。「㷠」是「光」古文（《說文》「光」古文作「⬛」），照耀。曧，即「媮」，讀為朱。《山海經・大荒南經》：「離俞。」郭璞注：「即離朱。」《莊子・達生》：「紫衣而朱冠。」《釋文》：「司馬本作『俞冠』。」是其音轉之證。駋㷠曧黃，言其駕照耀著朱黃二色。

（3）左驂�，騯騯

　　章樵注：騯，施云：「五到反，馬怒也。」

　　按：宋廿一卷本「騯」下有重文號，宋九卷本正作「騯騯」，《廣川書跋》卷2同。騯騯，宋九卷本作「騋騋」，《廣川書跋》同。拓本圖版作「右████」，末字下有重文符號，當釋作「右驂騋騋」。《正字通》：「騋，鄭音速。按本文『右驂騋騋』，諧奕，德韻，非速音。本作騋，从矢，矢有急疾意，改從夫，非。騋六書不載，闕可也。」「騋」當是「速」的分別字，從馬、矢會義，從束得聲。

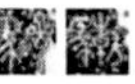

（4）女騋不

　　章樵注：騋，諸本無重文，鄭音邀。女，通作「汝」。

　　按：拓本圖版作「██不████」，當釋作「女不執埶」。下鼓文「〇〇埶窓」亦是此字。「埶」即「埶」字，同「藝」。「埶」是形聲兼會意字，「卂」是聲符，古「執」字，會手執樹木植於土義。

（5）輪霩

　　章樵注：輪，郭云：「籀文翰從飛，鄭音同。」霩，薛作「霈。郭云：「恐是籀文霾字。」鄭云：「即涔字。」

　　按：注「涔」，宋廿一卷本作「霈」。霩，宋九卷本同，宋廿一卷本作「█」。拓本圖版作「██ ██ ██」，末字下有重文符號，當釋作「幡輪霩霩」。郭沫若釋「幡」作「四」，誤也。「幡」同「旛」，旗也。郭忠恕說「輪」同「翰」，是也，指鳥羽。幡輪，旗首裝飾有鳥羽的旗幟。「秒」是「秒（利）」古字，「霩」從利得聲。霩霩，讀為烈烈、飀飀、飅飅、飂飂，《說文》：「飀，烈風也。」P.2011 王仁昫《刊謬補缺切韻》：「飀，烈風。」蔣斧印本《唐韻殘卷》：「飀，風皃。」飀飀，烈風貌。此鼓文狀旌旗在烈風中吹拂貌。郭沫若曰：「翰乃叚為輪，馬毛長者也。」羅君惕曰：「翰，當作白馬解。」徐寶貴從羅說，又云：「████，殆狀四翰之壯盛、肥大之貌。」徐氏臆說耳，「霩霩」無壯盛貌之義。拓本圖版此句下尚有「猋㳺施＝」四字，即「猋㳺施施」。猋㳺，讀作「飄游」。方以智曰：「《石鼓詩》『██ ██』，音宜，旗動也，即『施』字之古篆文。」〔註69〕施施，傾斜貌。烈風吹拂，故旗旛不正。《老子》：「唯

〔註69〕方以智《通雅》卷9，收入《方以智全書》第1冊，上海古籍出版社1988年版，第351頁。

施是畏。」王念孫曰：「施讀為迤。迤，邪也。《淮南・要略篇》：『接徑直施。』高注曰：『施，邪也。』《韓子・解老篇》釋此章之義曰：『所謂大道也者，端道也；所謂貌施也者，邪道也。』此尤其明證矣。」〔註70〕《韓子・解老》：「所謂貌施也者，邪道也。」字亦作迤，《廣雅》：「迤，衺也。」《說文》：「暆，日行暆暆也。」「暆」專指日斜行貌。

（6）余及如

按：郭沫若曰：「行首一字與次行『余』字異構，似尚有殘筆作口，即『金』字，假為今。及，『彶』省，『如』作動詞解，往也。下缺二字蓋示地望。」郭說非是。拓本圖版作「■及如■■」，當釋作「余及如茲又」。如，讀作女、汝。茲又，讀作「滋有」。

（7）周不余及

章樵注：周，石本作「■」。施云：「《說文》『害』字。」鄭云：「周，今省作『周』。」

按：拓本圖版作「■不■■」，當釋作「害不余叕」。害、曷一聲之轉，何也。「叕」是古「友」字，《說文》：「友，同志為友。從二又。相交友也。♯，古文友。♯，亦古文友。」《牆盤》作「♯」，與此鼓字形相近。《廣雅》：「友，親也。」

十、《吳人篇》校補

（1）勿奄勿伏

章樵注：奄，石本作「■」。鄭云：「見《盄和鍾》，通作掩。」伏，石本作「■」，薛作「戉」字，鄭作「仗」字。

按：注「■」，宋廿一卷本作「■」。注「■」，宋廿一卷本作「■」。注「戉」，宋廿一卷本作「伐」。拓本圖版作「勿■勿■」，當釋作「勿竈勿代」。郭沫若曰：「勿竈勿■），『■』字舊多釋『伐』，余以字形及與『亟』、『北』等之部字為韻證之，改釋為『代』。又讀勿為忽，讀竈為牯。審其詩意乃秦公將祠於時，虞人敬戒不忍，慎於選牡，故時而跪東，時而跪西，忽焉牯此，忽焉代彼，即《駟驖》詩『奉時辰牡，辰牡孔碩』之意。」羅君惕以為「奄」

〔註70〕王念孫《讀書雜志》卷16《餘編上》，中國書店1985年版，本卷第13～14頁。所引《淮南》注，當是許慎注。

同「掩」，云：「勿奄勿代者，殆言其事無有能蓋之代之者耳。」羅君惕說誤。
「竃」同「竈」。《說文》：「竃，炊竈也，从穴，鼀省聲。竈，或不省。」竃，
讀為造，猶言作偽。代、替一聲之轉，猶言替換。

（2）中孔𡇒〇

章樵注：籒文「囷」作「𡇒」，見《說文》。

按：中，宋九卷本、廿一卷本作「中」。𡇒，宋九卷本、廿一卷本作「𡇒」。
拓本圖版作「中𡇒孔庶」，當釋作「中𡇒孔庶」。末字「庶」甚清晰。「中」
即「中」字，金文多作此形。「𡇒」是「囷」籒文，從四木在田中會意。

（3）麀鹿麤

章樵注：麤，鄭云：「麤，即疃字，見邾敦、厖敦。」

按：注首字「麤」當作大字，即正文「麤麤」當是重文。麤，宋廿一卷
本作「麤」，下有重文號；宋九卷本作重文「麤麤」。拓本圖版作「麤麤」，
二字各有重文符號，當釋作「燮燮麤麤」。燮燮，讀作「憂憂」、「優優」、「瀀
瀀」，《說文》：「憂，和之行也。《詩》曰：『布政憂憂。』」今《詩·長發》作
「優優」，毛傳：「優優，和也。」《玉篇殘卷》引《詩》作「瀀瀀」。《爾雅》：
「優優，和也。」麤麤，裘錫圭等指出「麤」從東、龘聲，龘從田得聲，田、
申古音相近，讀作「申申」〔註71〕，王輝從其說，並指出「申申」訓和舒貌
〔註72〕，是也。強運開曰：「竊謂『麤』舊釋『疃』，必當有所據。段謂『躔』、
『疃』蓋一字，實本《說文》『躔，踐處』，與『疃』同義……『麤麤』即『躔
躔』，為鹿跡所在處，有踐跡之意。」王泗源曰：「『麤』字薛釋作『疃』，非。
麤，義是田界，看從出形或凹形可知，看口與口形似畺與畕（《說文》部首）
可知。《詩·信南山》『我疆我理』，《緜》『乃疆乃理』，《江漢》『于疆于理』，
都『疆』、『理』並舉。『理』是『麤』的同音假借字。」〔註73〕強運開說「麤」
即「躔」，殊無理據。王泗源說亦誤，且誤「麤」右上部的「東」為「車」。

〔註71〕裘錫圭、李家浩《談曾侯乙墓鐘磬銘文中的幾個字》，收入《裘錫圭學術文集》
卷3，復旦大學出版社2012年版，第59頁。
〔註72〕王輝《古文字通假字典》，中華書局2008年版，第693頁。
〔註73〕王泗源《駁反訓》，收入《楚辭校釋》附錄，人民教育出版社1990年版，第
486頁。

秦惠文王《詛楚文》校補

　　自宋人以還，對《詛楚文》的考釋，大致有以下數種著作：

　　宋人董逌《廣川書跋》卷4〔註74〕，宋人姚寬《西溪叢語》卷上〔註75〕，元人吾丘衍《周秦刻石釋音》〔註76〕，元人周伯琦《詛楚文音釋》〔註77〕，明人楊慎《金石古文》〔註78〕，明人汪砢玉《珊瑚網》卷19，清人吳玉搢《詛楚文音釋》〔註79〕，容庚《詛楚文考釋》〔註80〕，楊樹達《讀容庚君〈古石刻零拾〉》、《詛楚文跋》〔註81〕，郭沫若《詛楚文考釋》〔註82〕，楊寬《讀秦〈詛楚文〉後》、《秦〈詛楚文〉所表演的「詛」的巫術》〔註83〕，姜亮夫《秦詛楚文考釋》〔註84〕，孫作雲《秦〈詛楚文〉釋要》〔註85〕，陳世輝《詛楚文補釋》〔註86〕，史黨社、田靜《郭沫若〈詛楚文考釋〉訂補》〔註87〕。

〔註74〕董逌《廣川書跋》卷4，《叢書集成初編》第1511冊，中華書局1985年版，第41～44頁。

〔註75〕姚寬《西溪叢語》卷上，《學津討原》本第1冊，廣陵書社2008年影印，第240～241頁。

〔註76〕吾丘衍《周秦刻石釋音》，收入《叢書集成初編》第1515冊，中華書局1985年版，第4頁。

〔註77〕周伯琦《詛楚文音釋》，收入《郭沫若全集·考古編》卷9，科學出版社1982年版，第338～341頁。

〔註78〕楊慎《金石古文》卷3，收入《叢書集成初編》第1516冊，中華書局1985年版，第23～25頁。

〔註79〕吳玉搢《金石存》卷2，收入《叢書集成初編》第1534冊，中華書局1985年版，第61～66頁。

〔註80〕容庚《古石刻零拾·詛楚文考釋》，北京琉璃廠來薰閣本，1934年版。

〔註81〕楊樹達《讀容希白君〈古石刻零拾〉》，《考古社刊》第2期，1935年版，第46～48頁；又收入《積微居小學金石論叢》卷5，上海古籍出版社2007年版，第355～356頁。楊樹達《詛楚文跋》，收入《積微居小學述林》卷7，中華書局1983年版，第284～286頁。

〔註82〕郭沫若《詛楚文考釋》，《中國建設》第4卷第6期，1947年版，第28～35頁；又收入《郭沫若全集·考古編》卷9，科學出版社1982年版，第298～313頁。

〔註83〕楊寬《讀秦〈詛楚文〉後》，《中央日報》第7版《文物週刊》第59期，1948年版。楊寬《秦〈詛楚文〉所表演的「詛」的巫術》，《文學遺產》1995年第5期，第28～37頁。

〔註84〕姜亮夫《秦詛楚文考釋——兼釋「亞駝」、「大沈久湫」兩辭》，《蘭州大學學報》1980年第4期，第54～71頁。

〔註85〕孫作雲《秦〈詛楚文〉釋要——兼論〈九歌〉的寫作年代》，《河南師大學報》1982年第1期，第3～13頁。

〔註86〕陳世輝《詛楚文補釋》，《古文字研究》第12輯，1985年版，第397～406頁。

〔註87〕史黨社、田靜《郭沫若〈詛楚文考釋〉訂補》，《文博》1998年第3期，第56

于省吾《雙劍誃吉金文選》坿錄、湯餘惠《戰國銘文選》、趙超《石刻古文字》收有此文〔註88〕，並有解釋。吳鎮烽《商周青銅器銘文暨圖像集成（引得）》有《詛楚文》三刻石錄文〔註89〕。凡引用上述文獻，不再注出處。楊樹達、楊寬各有二文，分別簡稱作（a）（b）以別之。如引用同一作者其他地方的說法，則隨文注明。

（1）又秦嗣王

　　章樵注：又，通作「有」。

　　按：又，宋九卷本作「有」。「又秦」即「有秦」，《秦曾孫駰告華大山明神文》「又秦曾孫小子駰曰」，亦同。清華簡（一）《尹至》簡5：「自西戡西邑，岑亓（其）又夏。」「又夏」即「有夏」。國名、族名前的「有」皆「大」義〔註90〕。郭沫若曰：「凡有虞、有夏、有殷、有周之有，文獻中均作『有』，這裡的『又』當是左右之『右』，言無有出其右者而自尊大也。」郭說「自尊大」非是，也有稱前朝或敵國前加「有」字的文例。

（2）設用吉玉宣璧

　　章樵注：設，籀文「敢」字。宣，古「宣」字，通作「瑄」，璧六寸曰瑄。

　　按：設，宋廿一卷本作「𣪊」，與《說文》「敢」字籀文「𣪊」即「設」形近；宋九卷本作「敢」，姚寬釋文同，是隸定之形。下文「不設曰可」同。宣，宋九卷本作「宣」，姚寬、周伯琦釋文同。容庚曰：「瑄，《說文》新附，蓋古言『宣』，後加玉作『瑄』。」《爾雅》：「璧大六寸謂之宣。」《釋文》：「宣，或作瑄。」「瑄」是表示大玉璧的專字，字亦作珣，《說文》：「珣，玉器。讀若宣。」又「旬，古文作𠣙。」瑄之作珣，猶旬之作𠣙也。

（3）使其宗祝邵鼛布忠

　　章樵注：忠，篆文似作「憨」字，又作「愍」，王本作〇。

　　～60頁。

〔註88〕于省吾《雙劍誃吉金文選》，中華書局1998年影印大業印刷局1932年版，第372～375頁。湯餘惠《戰國銘文選》，吉林大學出版社1993年版，第189～193頁。趙超《石刻古文字》第4章《石刻釋例》，文物出版社2006年版，第58～70頁。

〔註89〕吳鎮烽《商周青銅器銘文暨圖像集成（引得）》，上海古籍出版社2012年版。

〔註90〕參見姜亮夫說；又參見蕭旭《釋「有夏」》，收入《古書虛詞旁釋》，廣陵書社2007年版，第64～66頁。

按：注「〇」，宋廿一卷本亦作「愍」。注語宋九卷本作「篆文似作愍字，又作愍字」。姚寬、吾丘衍釋作「布愍」，周伯琦、汪砢玉釋作「布懇」。吳玉搢曰：「《說文》：『愍，痛也。』《廣川書跋》書作『忠』，誤。」郭沫若釋作「布愍」，讀愍為檄；楊寬、孫作雲、陳世輝、何琳儀、黃德寬、吳鎮烽等都從郭說〔註91〕。姜亮夫謂「愍」同「憿」，解「憿告」為慶幸而得告。姜說義長，《說文》：「憿，幸也。」段玉裁曰：「幸者，吉而免凶也。」〔註92〕猶言冀幸、希望。布愍者，向大神巫咸述說所祈求之事。

（4）絆曰敯敯，袗曰齊盟

章樵注：敯，婚。敯，姻。

按：敯敯，宋九卷本作「昏姻」，姚寬釋作「婚姻」。袗，宋九卷本同，宋廿一卷本、明本、四庫本從示作「祳」，周伯琦釋文同。郭沫若曰：「『絆』與『袗』為對文，絆蓋假為袢。袢，近身衣也。袗乃盛服外衣也。此視呂相《絕秦書》『申之以盟誓，重之以婚姻』，較為藻飾，意即內則以婚姻結其親誼，外則復重之以盟約。」楊樹達（b）曰：「袗當讀為畛。《爾雅》云：『畛，重也。』字或作疹。《詩·雲漢》云：『胡寧瘨我以旱。』《釋文》云『瘨，《韓詩》作疹，重也。』《絕秦書》曰：『申之以盟誓，重之以婚姻。』文以『申』與『重』為對文，申亦重也。袗以齋盟，猶彼云『申之以盟誓』也。余謂古人盟誓，要神為質，必潔齋為之，故云齋盟。……傳文云『齊盟』，假齊為齋耳。杜以『一心』釋『齊』，非也。」陳世輝說同楊氏，亦讀袗為畛。于省吾曰：「絆猶言羈也。袗，同也。」〔註93〕姜亮夫曰：「絆，《說文》訓為馬系。按楊雄《交州牧箴》：『爰自開闢，不羈不絆。』蓋繫足為絆。絆以婚姻者，以婚姻相繫屬，此即人世俗紅絲繫足傳說之所本。『袗』隸變或作『袀』。袗者，《曲禮》『袗絺綌』注：『衣同色也。』按即禮服中之玄衣，故又曰袗玄。《後漢書·輿服志》云：『秦郊祀之服，皆以袗玄，則齋監而服袗。』本秦人之制矣。凡盟誓祭祀必齋戒，故曰齋盟。」陳世輝曰：「吾丘衍《周秦刻石音釋》在『絆』下標一個『縫』字，可見在他看到的拓本中，是有作從糸丰聲的……據《中國歷史參考圖譜》本，這個確是以糸丰聲。『絆』

〔註91〕何琳儀《戰國古文字典》，中華書局 1998 年版，第 330 頁。黃德寬等《古文字譜系疏證》，商務印書館 2007 年版，第 917 頁。
〔註92〕段玉裁《說文解字注》，上海古籍出版社 1981 年版，第 510 頁。
〔註93〕于省吾《雙劍誃吉金文選》，中華書局 1998 年版，第 373 頁。

當是『絉』的異體字……『絆以婚姻』即助以婚姻，絉訓助。」湯餘惠「絆」釋作「絉」，云：「『絉』通『縫』，《廣雅》：『絉，合也。』袗讀為申。」何琳儀「絆」字說同湯氏〔註94〕，當本其說而未注明出處。孫作雲曰：「袗，結也。」趙超曰：「或疑『袗』與『鎮』通。」王挺斌曰：「絆字解為繫結、維繫，袗字可訓為紾。《淮南子·本經》：『菱杼紾抱。』高誘注：『紾，讀紾結之紾。』又『以相繆紾。』高誘注：『相纏結也。』《儀禮·鄉飲酒禮》鄭玄注：『繚猶紾也。』說明紾有纏繞、繞結之義，與絆義相近，可成對文。楊，陳二說有誤。《爾雅》：『袗，重也。』郭注：『謂厚重。』《說文》：『目有所恨而止也。』王筠《句讀》：『《釋言》云：「袗，重也。」案：重者，不敢輕舉妄動也，與「止」義合。』《左傳·隱公三年》：『夫寵而不驕，驕而能降，降而不憾，憾而能袗者，鮮矣。』杜注：『降其身則必恨，恨則思亂，不能自安自重。』所以，這裡的『重』是穩重，自我抑制的意思，而與『重申』的意思不相同，更不是『珍重』的意思。」〔註95〕①「絆」字姜亮夫、于省吾說是，絆繫義。②楊樹達、陳世輝讀袗為袗，王挺斌駁之是也。段玉裁曰：「《左傳》曰：『夫寵而不驕，驕而能降，降而不憾，憾而能袗者鮮矣。』許語蓋古《左傳》說。《釋言》：『袗，重也。』重亦止意。」〔註96〕此王筠說所本。楊樹達所引《韓詩》「疹我以旱」亦此義，言以旱災戒懼之，使有所恨而止也。考《說文》：「紾，轉也。」《淮南子·本經篇》高誘注：「紾，戾也。抱，轉也。」《廣雅》：「軫軶，轉戾也。」「軫」同「紾」，是轉戾、扭結、纏絞義。字亦作抮，《考工記》：「老牛之角紾而昔。」鄭司農曰：「紾讀為抮轉之抮。」《淮南子·原道篇》：「扶搖抮抱羊角而上。」高誘注：「抮抱，引戾也。」「抱」是『袌』形訛，同「軶」〔註97〕。轉戾、扭結、纏絞義用於齊盟不允。湯餘惠讀袗為申，王輝從其說〔註98〕，是也。二字同真部，聲母則章母、書母旁紐雙聲。《說文》：「申，神也。七月陰氣成，體自申束。」

〔註94〕何琳儀《戰國古文字典》，中華書局1998年版，第480頁。

〔註95〕王挺斌《〈詛楚文〉補說》，《漢字文化》2013年第4期，第48頁。

〔註96〕段玉裁《說文解字注》，上海古籍出版社1981年版，第131～132頁。

〔註97〕吳承仕《淮南子許慎、高誘注》，收入《經籍舊音辨證》，中華書局2008年版，第354頁。黃侃《經籍舊音辨證箋識》，附於吳承仕《經籍舊音辨證》，第409頁。黃侃《廣雅箋識》，收入徐復主編《廣雅詁林》，江蘇古籍出版社1992年版，第490頁。北大漢簡（四）《反淫》簡2：「龍門之桐……心紆結而軫軶。」尤為確證。

〔註98〕王輝《古文字通假字典》，中華書局2008年版，第693頁。

引申為約束義。衿已齊盟，言以盟約約束之。《左傳‧成十三年傳》：「申之以盟誓，重之以昏姻。」《國語‧魯語上》：「重之以婚姻，申之以盟誓。」《漢書‧高惠高后文功臣表》：「於是申以丹書之信，重以白馬之盟。」都是其證。金文中字亦作龘，《毛公鼎》：「今余隹龘先王命。」③齊盟，中吳本、絳帖本作「齋盟」。齊盟，猶言同盟。楊樹達、姜亮夫說「盟誓祭祀必齋戒」，史黨社、田靜已訂其誤。

（5）葉萬子孫毋相為不利

章樵注：葉，葉。

按：葉，宋九卷本作「葉」，姚寬釋文同。吳玉搢曰：「鄭樵曰：『葉即葉字。』疑『葉萬』即『萬葉』也。王恭壽云：『古葉、億字通。』」楊樹達曰：「葉字從世聲，葉萬猶言萬世，《秦詛楚文》云：『葉萬子孫毋相為不利。』《禮記‧檀弓下篇》云：『世世萬子孫毋變也。』語意並同也。」又曰：「《王孫遺諸鐘》云：『葉萬孫子，永保鼓之。』《鼄鼄鎛》云：『葉萬至於辭孫子，勿或俞改。』《陳侯午錞》云：『永葉母（毋）忘。』《拍舟》云：『永葉毋出。』諸『葉』字義皆與『世』同，『葉』字本從世聲也。」〔註99〕姜亮夫曰：「『葉』即『世』之繁文，世萬猶萬世。或釋『葉』為『葉』，不詞。」楊、姜說是也，王恭壽讀葉為億，無據。《徐諧尹鉦》：「葉萬子孫，眉壽無彊。」《秦曾孫駰告華大山明神文》：「葉萬子孫，以此為尚（常）。」亦其例。檢孫詒讓曰：「『葉』與『世』同。《公孫龍子》云：『孔穿，孔子之葉也。』《古文苑‧秦詛楚文》云：『葉萬子孫，毋相為不利。』《檀弓》云：『世世萬子孫毋變也。』《毛詩‧長發》傳云：『葉，世也。』」〔註100〕然則孫說又先夫楊、姜矣。

（6）今楚王熊相康回無邍

章樵注：康，讀作庸。邍，道。

按：董逌、姚寬、吾丘衍亦讀康作庸，周伯琦徑釋作「庸」。邍，宋九卷本作「道」，姚寬、吾丘衍、周伯琦釋文同。《汗簡》卷上：「邍：道。《碧落文》。」方以智曰：「康回，言安思回邪也。《久湫文》：『康回無邍。』邍即

〔註99〕楊樹達《鼄鼄鎛跋》、《效卣跋》，收入《積微居金文說》卷4，中華書局1997年版，第83、85頁。
〔註100〕孫詒讓《墨子閒詁》卷7，中華書局2001年版，第195頁。

道。釋者欲改康為庸，非矣。猶《左傳》言『州吁阻兵而安忍』也。《天問》：
『康回憑怒。』即共工。」〔註101〕吳玉搢從方說。容庚、于省吾並取《天問》王逸注曰：「康回，共工名也。」郭沫若曰：「康回猶言虛偽。」楊樹達（b）曰：「康當讀為荒，康、荒二字音近相通。回，邪也。」姜亮夫曰：「《堯典》有『靜言庸違』之語，『庸違』一作『庸回』，回、違同訓。言庸回者，庸訓下，回訓邪惡，故曰無道。……康有空大之義，言其空大僻邪。余主此處當是『康』字，康、庸形近，而致誤也。」趙超說同姜氏，當是取其說而未注明。湯餘惠曰：「康回，即庸回，凡庸邪僻。」「康回」即「庸回」，東、陽旁轉，章樵注是也。惠棟曰：「《楚辭·天問》曰：『康回憑怒。』……《楚辭》所謂『康回』者，即《書》所云『靜言庸違』也……違與回通。回，邪僻也，故《史記》云『共工善言其用僻』，是訓違為僻，與『回』同也。古庸字或作康，故《楚辭》言康回，秦《詛楚文》云：『今楚王熊相康回無道。』董逌釋康為庸，是也。（或云康讀為亢龍之亢，謂亢極邪僻也。）」〔註102〕段玉裁採惠說〔註103〕。惠氏前說是。姜亮夫謂「康、庸形近而誤」，非是。《書·堯典》：「靜言庸違。」《左傳·文公十八年》作「靖譖庸回」，《潛夫論·明闇》作「靖言庸回」。杜預注：「庸，用也。回，邪也。」《史記·五帝本紀》解作「共工善言其用僻。」史遷及杜預皆訓庸為用。

（7）變輸盟刺

章樵注：輸，讀作渝。按《春秋》六年：鄭人來渝平。《左氏傳》作「渝」，《公羊》、《穀梁》作「輸」，二字蓋通用。渝，變也。

按：輸，宋九卷本作「渝」，注：「石作輸。」董逌、姚寬、吾丘衍都讀作「渝」。刺，董逌、吾丘衍釋文同，龍谿本、墨海本同；宋九卷本、廿一卷本、明本、四庫本作「剌」，姚寬、周伯琦釋文同；嚴可均《全上古三代文》卷14作「制」，吳玉搢、容庚、楊樹達（b）、于省吾、楊寬（b）釋文同。吳玉搢曰：「諸家釋作渝，謂變也。按輸有墮訓，《詩》：『載輸爾載。』《春秋·隱六年》：

〔註101〕方以智《通雅》卷4，收入《方以智全書》第1冊，上海古籍出版社1988年版，第198頁。
〔註102〕惠棟《尚書古義》，《九經古義》卷3，收入《叢書集成新編》第10冊，新文豐出版公司1985年版，第170頁。
〔註103〕段玉裁《古文尚書撰異》卷1，收入《四部要籍注疏叢刊》，中華書局1998年版，第1787頁。

『鄭人來輸平。』注：《公羊傳》訓輸平為墮成。《左傳》：『寡君將墮幣。』服虔訓墮為輸，義相通也。此云輸盟，即墮盟意，不必借用渝。」郭沫若、楊樹達、姜亮夫說同吳氏，郭氏引《詩・正月》「載輸爾載」鄭玄箋：「輸，墮也。」楊樹達（ｂ）又曰：「或讀輸為渝，變也，亦通。『盟制』無義，制當讀為誓。制字古與折音近字通⋯⋯然則此云『變輸盟制，』猶《絕秦書》云『背棄盟誓』也。」①舊讀輸為渝不誤，于省吾、湯餘惠皆從此說。《說文》：「渝，變汙也。」「變輸」同義複用。《左傳・桓公元年》：「盟曰：『渝盟無享國。』」正作本字「渝」。字亦作俞，《鼏綌）鎛》：「勿或俞改。」「俞改」亦同義複用，楊樹達讀俞為諭，非是。《朱子語類》卷83：「鄭人來渝平。渝，變也。蓋魯先與宋好，鄭人卻來渝平，謂變渝舊盟，以從新好也。《公》、《穀》作『輸平』。胡文定謂以物而求平也，恐不然。但言『輸』，則渝之義自在其中。如《秦詛楚文》云：『變輸盟刺。』若字義則是如此，其文意則只是『渝』字也。」惠棟曰：「渝盟猶渝成也，渝成猶渝平也。《秦誓文》（即《詛楚文》）云：『變輸盟刺。』《廣雅》曰：『輸，更也。』『渝』與『輸』同（朱子云）。輸亦訓墮，故《左氏》謂之『更成』，《公羊》謂之『墮成』，其義一耳。」〔註104〕《書・呂刑》：「獄成而孚，輸而孚。」王引之曰：「成與輸相對為文，輸之言渝也，謂變更也。《爾雅》：『渝，變也。』《廣雅》：『輸，更也。』獄辭或有不實，又察其曲直而變更之，後世所謂平反也。獄辭定而人信之，其有變更而人亦信之，所謂民自以為不冤也。故曰『獄成而孚，輸而孚』。《隱六年左傳》：『鄭人來渝平，更成也。』《公羊》、《穀梁》『渝』作『輸』。《秦詛楚文》曰『變輸盟刺』，謂變渝也。是『輸』與『渝』通。《豫》上六曰『成有渝』，是渝與成相反。」〔註105〕吳玉搢所引《春秋・隱六年》「鄭人來輸平」，《左傳》、《史記・十二諸侯年表》作「渝平」，解作「更成」，是左氏明以變更釋之，無庸疑也。《公羊》解作「輸平，猶墮成也。何言乎墮成？敗其成也」，《穀梁》解作「輸者，墮也」者，變更其成，即是墮敗也，此引申之誼。吳氏不引《左傳》，是未會通二義相合也。至於吳、郭二氏所引《左傳》「寡君將墮幣」及《詩》「載輸爾載」，則是輸寫（瀉）義，不是墮敗、毀壞義，二氏又混而為一，亦失察矣。②中吳本《亞駝文》作「𦥑」，《巫咸文》作「𦥑」，郭沫若釋作「豹」，

〔註104〕惠棟《公羊古義上》，《九經古義》卷13，收入《叢書集成初編》第255冊，中華書局1985年影印，第144頁。
〔註105〕王引之《經義述聞》卷4，江蘇古籍出版社1985年版，第105頁。

讀為約，陳世輝申郭說，是也。姜亮夫曰：「此字從束勺聲，蓋即今約束本字。參下『幽豹』同。」楊寬逕釋作「約」。《集韻》：「約，束也，或作豹。」《毛公鼎》也以「豹」作「約」。「豹」誤釋作「剌」，又形譌作「刺」耳。

（8）幽刺親戚

章樵注：親，久湫、亞馳本作「叙」。叙，古文「親」字。戚，「戚」字，漢《戚伯著碑》、《夏承碑》皆用此字法。

按：刺，龍谿本、墨海本、四庫本同，董逌、吾丘衍釋文同；宋九卷本、廿一卷本、明本作「刺」，姚寬、周伯琦、于省吾釋文同。郭沫若釋作「豹」，讀為約，云：「幽約猶幽縊。」趙超從郭說。楊寬（a）逕釋作「約」。釋「約」是，但當訓束縛。郭在貽曰：「幽約殆即幽囚禁約之意。」〔註106〕湯餘惠曰：「幽豹即幽約，幽閉禁制，等於說囚禁。」戚，宋九卷本作「戚」，姚寬釋文同。漢《淳于長夏承碑》：「君之群感，並時繁祉。」「感」即「戚」，亦讀為戚。楊寬（b）指出「《詛楚文》所謂『幽刺親戚』，就指殺比干而言，《史記·宗世家》說『王子比干者亦紂之親戚也』。」

（9）外之則冒改久心，不畏皇天上帝及不顯大神巫咸之光列威神

章樵注：則，則。列，烈。

按：則，宋九卷本作「則」。久，宋九卷本作「人」，注：「篆文似作 又字。」董逌、姚寬、吾丘衍都釋作「久」。于省吾釋作「乎」，容庚釋作「厥」，吳鎮烽所錄《詛楚文》三刻石都作「乎」。乎，讀為厥，代詞，其也。宋九卷本注「篆文似作 又字」，近之，此即「乎」字。「乎」字金文作「 飞 」、「 飞 」，字形與「久」形近，故宋元人誤釋作「久」字。姜亮夫曰：「冒本覆也……引申為假、為亂。冒改者，冒亂改變也。久，故也，即『舊』之同音字。久心，謂世守盟誓之心也。」于省吾曰：「冒，狂妄也，《賈子》謂反讓為冒。」湯餘惠曰：「冒改，猶言昧改，昧心變改的意思。」趙超曰：「『冒』有輕率、冒失義。」姜氏解作「冒亂」，是也，而以引申說之，則誤。冒，讀作眊，字亦作瞀、霿，昏亂也。《漢書·五行志》引《傳》：「思心之不容，是謂不聖，厥咎霿。」《後漢書·五行志》引作「眊」，劉昭注：「《尚書大傳》作『瞀』。

〔註106〕郭在貽《郭沫若〈詛楚文考釋〉補正》，《郭在貽文集》第 3 卷，中華書局 2002 年版，第 427 頁。

鄭玄曰：『瞀與思心之咎同耳，故傳曰眊。眊，亂也。君臣不立則上下亂矣。』《字林》曰：『目少精曰眊。』」

（10）而兼倍十八世之詛盟

章樵注：倍，倍。

按：倍，董逌釋文同；下文又有「倍盟」，宋九卷本都作「倍」，吾丘衍、周伯琦釋文同，姚寬分別釋作「背」、「倍」。「倍」是「倍」改易聲符的異體字，「音」從否得聲。字亦省作「伓」，馬王堆帛書《經法‧四度》：「伓約則窘（窘）。」又《經法‧論約》：「伓天之道，國乃無主。」

（11）率者侯之兵吕臨加我，欲剗伐我社稷

章樵注：者，諸。

按：宋九卷本「者」作「諸」，姚寬釋文同。各本皆作「欲」，董逌、姚寬、吾丘衍、周伯琦、汪砢玉釋文同，吳鎮烽所錄《詛楚文》三刻石都作「欲」字。獨嚴可均《全上古三代文》卷 14 作「郤」。楊樹達（a）謂其字《汝帖》左旁漫漶，而右旁從邑則甚清晰，因改釋作「郤」，屬上句讀。楊樹達（b）釋作「郤」，云：「郤字從邑，乃秦地名，當屬上讀……《絕秦書》云：『迭我殽地……殄滅我費滑，散離我兄弟，撓亂我同盟。』此節襲自彼文，臨加我郤，猶彼云『迭我殽地，殄滅我費滑』也。《說文》云：『郤，晉大夫叔虎邑也。』與此文之『郤』名同而地異。」于省吾釋作釋作「郤」，讀「欲」。商承祚亦釋作「郤」，讀作隙，解作「孔也，空也」〔註107〕。檢其字形中吳本《告巫咸文》作「[字]」，絳帖本作「[字]」，舊釋作「欲」屬下句不誤。「剗伐」也作「踐伐」、「殘伐」、「翦伐」。姜亮夫曰：「剗讀為踐字。」「踐」非本字，姜說失之。當以「翦」為正字，滅也。《小爾雅》：「剗，滅也。」

（12）求蔑瀍皇天上帝及不顯大神巫咸之郵

章樵注：瀍，古「法」字。

按：蔑瀍，董逌、周伯琦釋作「蔑法」，姚寬釋作「篾法」。郭沫若曰：「蔑瀍，蔑廢。」容庚曰：「瀍，禁止也。」楊樹達（a）曰：「瀍字實假作廢字用。蔑瀍謂輕蔑廢棄也（《說文》「懱，輕易也」，乃本字，經傳通用「蔑」。）……

〔註107〕商承祚《〈石刻篆文編〉字說（二十七則）》，《中山大學學報》1980 年第 1 期，第 93 頁。

此『瀳』字正當作『廢』，而『瀳』乃雙聲假借字，至其義當為廢棄，不為禁止。」于省吾曰：「蔑，棄也。瀳，廢。」姜亮夫曰：「『法』作廢字解，蔑廢猶言蔑棄也。」楊寬（b）曰：「『瀳』同『法』，通『廢』。」陳世輝曰：「瀳，古法字，借作廢字。」諸家讀瀳為廢，訓廢棄，是也；而楊樹達讀蔑為懱，訓輕易，則尚未得。于省吾說是，蔑廢，猶言蔑棄、滅棄〔註108〕。「蔑棄」音轉亦作「泯棄」、「昏棄」，《書·牧誓》：「昏棄厥肆祀弗荅。」王引之曰：「昏，蔑也，讀曰泯。昏棄即泯棄也。《昭二十九年左傳》曰：『若泯棄之。』泯棄，猶蔑棄也。《周語》曰：『不共神祇，而蔑棄五則。』泯、蔑聲之轉耳。」〔註109〕《國語·周語下》：「蔑棄五則。」韋昭注：「蔑，滅也。」蔑、滅一聲之轉。《左傳·襄公二十五年》：「今陳忘周之大德，蔑我大惠，棄我姻親，介恃楚眾，以憑陵我敝邑，不可億逞。」蔑亦棄也。下文「呂」當作「祠」，屬上句。郭沫若曰：「卹祠，血食。」姜亮夫曰：「卹借為血。〔血〕祠，即血食祭品也……祠，金文與『食』通，後又或作『血嗣』。」

（13）呂圭玉羲牲

章樵注：羲，犧。

錢熙祚曰：呂，《廣川書跋》作「祠」，九卷本亦作「祠」。

按：宋廿一卷本亦作「祠」，董逌、姚寬、吾丘衍、周伯琦釋文同，吳鎮烽所錄《詛楚文》三刻石都作「祠」。獨嚴可均《全上古三代文》卷14於「呂」字上妄補「祠之」二字，沒有版本根據。

（14）逑取㾯邊城新郢及鄝、長、敦

章樵注：㾯，古「我」字，一作「吾」。鄝，音皇。鄝、王本作「柳」。敦，親。

按：注「柳」，宋廿一卷本作「㹞」，是也。宋九卷本「逑」作「遂」，「㾯」作「吾」，「敦」作「親」。董逌、姚寬、吾丘衍釋作「逑」，周伯琦釋作「遂」。董逌注：「逑，一作逮。」鄝，宋九卷本同，董逌、姚寬、吾丘衍、周伯琦釋作「㹞」。古音於、烏同，故「鄝」又作「㹞」。逑，容庚、于省吾讀作求，楊寬（b）從容氏說。郭沫若釋作「述」，讀作遂。姜亮夫曰：「『述』字當為

〔註108〕季旭昇《說文新證》認為「蔑」的本義就是滅，福建人民出版社2010年版，第301頁。
〔註109〕王引之《經義述聞》卷3，江蘇古籍出版社1985年版，第84頁。

『遂』……此文『述』字作『墜』、作『遂』解，皆可。然以先秦語法論，則作『墜』為適。」宋九卷本作「遂」，「遂」是因事之辭，不是「墜」義。

（15）張矜意怒

章樵注：意，王本作「薏」，籀文「億」字。《說文》云：「滿也。」《左傳》：「以馮陵我敝邑，不可億逞。」

按：所謂「意」字，董逌、姚寬、吾丘衍釋文同。董逌釋作「忢」，注：「音府。《巫咸》本作『薏』，籀文『億』字。」周伯琦釋作「惥」。于省吾釋作「悁」，云：「《集韻》：『悁，小怒也。』悁怒即憤怒也。」字形作「**惥**」，當釋作「惥」，即「恚」字，同「悁」。「忢」同「怀」，即「惥」省文。吳玉搢曰：「《說文》：『薏，滿也。』」楊樹達（a）釋作「**惥**」，云：「《說文》：『薏，滿也。』或作『**意**』，云籀文省。以音近通假字又作『臆』，《方言》卷 13 云：『臆，滿也。』……『**惥**怒』與『憑怒』，其義一也。」郭沫若、姜亮夫並釋作「意」，但說不同。郭氏曰：「矜，矛柄也，舊多誤釋為『矜』。『怒』字乃假為弩。『意』殆是『怖』字之異，在此當讀為部署之部，分布也。」孫作雲、湯餘惠從郭說。姜氏曰：「音當如悁。『意怒』即《楚辭》『憑怒』一詞之異。」于省吾釋《楚辭》說略同姜氏，又謂「意」即「悁」〔註110〕，皆是也，郭說未確。黃德寬等曰：「『恬』與『怀』、『悁』實一字之變……『恬怒』即『悁怒』，文獻亦作『憑怒』……《方言》：『憑，怒也。』」〔註111〕其說蓋本於姜氏、于氏，而未注明出處。「惥」字又見上博簡（一）《孔子詩論》簡 26：「《浴風》，**惥**。」**惥**即「惥」。《浴風》即《谷風》，今毛《詩》有二篇《谷風》，都是寫婦人被棄的詩。孔子以一「惥」字評論之，惥亦怒義〔註112〕。

（16）奮士盛師

按：宋九卷本注：「篆文無此『盛』字。」吳鎮烽所錄《詛楚文》三刻石都無「盛」字。

（17）吕偪偌邊竟

章樵注：偪，王本作「佰」，云：「久湫、亞駝本作『偪』字。」當作『偪』。

〔註110〕于省吾《澤螺居楚辭新證》，中華書局 1982 年版，第 315 頁。
〔註111〕黃德寬《古文字譜系疏證》，商務印書館 2007 年版，第 283 頁。
〔註112〕陳英傑簡文隸作「意」，說即「悁」字，參見《楚簡札記五種》，《漢字研究》
　　　　第 1 輯，學苑出版社 2005 年版，第 475 頁。

啎，我。競，讀作境。

按：偪，董逌、姚寬、吾丘衍、周伯琦釋文同。吳鎮烽所錄《詛楚文》三刻石都釋作「偝」，讀作逼。郭沫若曰：「『偪』與『逼』通。《告巫咸文》作『偝』，亦係通假，然讀為培亦可。」郭氏下說非是。王本作「佰」，即「倍」字，倍、偪一聲之轉。孫作雲謂「《巫咸文》『偪』字誤作『偝』」，則隔於古音矣。

（18）䩯䩱棧輿

章樵注：䩯，王本作「鞈」，讀作鞈，革也。皮去毛曰革。䩱，音俞，刀鞘也。言以革飾刀鞘也。

按：䩯，董逌釋作「䩱」，注：「讀作鞈。」姚寬釋作「鞈」，注：「讀作鞈。」吾丘衍釋作「鞈」，周伯琦釋作「鞟」。吳鎮烽所錄《詛楚文》三刻石都同王本作「鞈」。字形作「𩋋」，釋作「鞈」是，「鞈」是俗譌字，「䩱」、「䩯」又「鞈」形譌。方以智曰：「䩯䩱，即鞈軒（軒）也。《詛楚文》：『䩯䩱棧輿。』釋作『鞈鞟』，即《詩》之所謂『鞈軜』也，以皮飾車內。」〔註113〕方氏「軒」是「軒」誤刻，即下文之「鞟」字。郭沫若曰：「『䩯䩱』與『棧輿』為對文，可知必為一物。案此即所謂鞅䩥或鞈䩥。」楊樹達（b）曰：「按鞈字從會聲，會字從曰合聲，乃對荅之荅本字。《爾雅》云：『俞、會，然也。』會當作此字，而誤為從田，義不可說矣。鞈疑是鞈之或字。《說文》云：『鞈，防汗也。』或釋為鞟，非也。」王大隆曰：「『荅』字卷（引者按：指敦煌寫卷）作『會』。余前謂相承以『會』為古『荅』字，『會』實『會』之譌。今按秦《詛楚文》『䩯䩱棧輿』，『鞈』字從會，是古有『會』字也。至《詛楚文》之『鞈』，以此卷證之，明即『鞈』字，舊釋為鞟，非是。」〔註114〕陳世輝曰：「鞈，當讀鞈。《說文》：『鞈，防汗也。』『䩱』是『褕』的異體字。褕，襜褕也。襜褕簡稱褕，是一種卑賤人穿的短衣。鞈䩱，就是縫上鞈革的襜褕。」湯餘惠、趙超從陳說，湯氏未注明出處。黃德寬等亦說「鞈」同「鞈」，訓作防汗〔註115〕，當本楊氏而未注明出處。陳世輝說「䩱」是「褕」異體字。「褕」是「襜褕」

〔註113〕方以智《通雅》卷35，收入《方以智全書》第1冊，上海古籍出版社1988年版，第1077頁。

〔註114〕王大隆《庚辰叢編本〈楚辭音〉跋》，轉引自王重民《敦煌古籍敘錄》，中華書局1979年版，第282頁。

〔註115〕黃德寬《古文字譜系疏證》，商務印書館2007年版，第3875頁。

省稱，是有可能的〔註116〕，但謂「鞈」指鞈革，則亦非也。李家浩駁斥諸說，指出：「『鞈輸』其實就是『襜褕』。古代『會輸』與『襜褕』音近……頗疑『鞈輸』就是『襜褕』的異體。《左傳·宣公十二年》說楚之先王若敖、蚡冒『篳路藍縷以啟山林』，《昭公十二年》說楚之先王熊繹『篳路藍縷以處草莽』，『篳路』即『柴車』，也就是『棧車』。『鞈（襜）輸（褕）棧輿』與『篳路藍（襤）縷（褸）』的文例相同，唯詞序不同；文義相近，都是指簡樸的衣服和簡陋的車子。」〔註117〕李家浩說是也，「棧輿」即「棧車」，音轉亦作「柴車」。棧之言俴也，剗也，「棧車」與「飾車」相對，指不裝飾的簡陋之車〔註118〕。鍾如雄說「鞈」是「鞈」誤，「鞈」又「襜」、「贛」異體，「鞈輸」即「襜褕」，指圍裙，代指家庭主婦〔註119〕。鍾氏臆造出一個根本不存在的「鞈」字，亂說音轉，於字於義二失之，必不足信。

（19）亨秎楚師

章樵注：亨，古「克」字。秎，王本作「制」，古「制」字。久漱、亞馳本作「劑」。劑，導為反。《爾雅》云：「翦齊也。」楚師，王本作「楚楚」，云：「下一楚字，久漱、亞馳本作師字。」當作「師」。

按：注「王本作制」之「制」，宋廿一卷本作「𥝣」。注「導」，宋廿一卷本作「遵」。亨，董逌釋文同；宋廿一卷本、明本、四庫本作「亨」，姚寬釋文同；宋九卷本作「克」。《說文》「克」作「𠅏」。「亨」亦古「克」字，《隸釋》卷9《繁陽令楊君碑》：「亨壓帝心。」亦作此形，洪适指出「亨」即「克」字。《字彙補》誤釋作「亨」。董逌、姚寬、吾丘衍釋作「劑」，董逌注：《巫咸》本作『秎』，古『制』字。」姚寬注同，惟「秎」作「𠛬」，「𠛬」當是「剒」誤刻。「秎」是古文「利」字，亦省作「秎」。利楚師者，對楚師

〔註116〕《史記·司馬相如傳》《上林賦》：「扡獨繭之褕袘。」《索隱》本作「褕袘」，引張揖曰：「褕，襜褕也。袘，袖也。」此即「襜褕」省稱「褕」之例。《方言》卷4：「襜褕，江淮南楚謂之褆襦，自關而西謂之襜褕，其短者謂之裋褕。以布而無緣，敝而紩之謂之襤褸。自關而西謂之祝裶，其敝者謂之緻。」裋之言短也，短的襜褕謂之裋褕，亦是「襜褕」省稱「褕」之例。

〔註117〕李家浩《關於〈詛楚文〉「鞈輸」的釋讀》，《中國語言學》第1輯，山東教育出版社2008年版，第182~188頁；又收入《安徽大學漢語言文字研究叢書·李家浩卷》，安徽大學出版社2013年版，第300~310頁。

〔註118〕參見蕭旭《韓非子校補》，花木蘭文化出版社2015年版，第177~179頁。

〔註119〕鍾如雄《〈詛楚文〉「鞈輸」考釋》，《漢語史研究集刊》第12輯，巴蜀書社2009年版，第348~356頁。

作戰有利也。作「劑」者，郭沫若曰：「『劑』與『翦』同義。《爾雅》：『劑、翦，齊也。』」姜亮夫、郭在貽讀劑為擠，訓推排〔註120〕。饒宗頤讀劑為制〔註121〕。姜、郭讀劑為擠，是也，但當訓滅，字亦作濟。《方言》卷13：「濟，滅也。」郭璞注：「《外傳》曰：『二帝用師以相濟也。』」郭引《外傳》見《國語·晉語四》，韋昭注：「濟字當為擠。擠，滅也。」《莊子·人間世篇》《釋文》、《慧琳音義》卷96引《方言》作「擠，滅也」。字亦省作齊，馬王堆帛書《戰國縱橫家書》：「盧（慮）齊齊而生事于〔秦〕。」又「天下齊齊不侍（待）夏。」上「齊」字讀作擠。

秦始皇《嶧山刻石文》校補

（1）武義直方

按：直方，正直。《逸周書·官人》：「直方而不毀，廉潔而不戾。」也倒言作「方直」，《賈子·道術》：「方直不曲謂之正，反正為邪。」

（2）既獻泰成，乃降專惠，親巡遠方

章樵注：《史記》載《泰山文》「親巡遠方黎民」。國朝大觀中，汶陽劉跂親至泰山絕頂，見其碑，模之以歸，乃作「親軨遠黎」。

按：注「軨」誤，當據宋廿一卷本、明成化本、龍谿精舍叢書本作「軹」，趙明誠《金石錄》卷13同，鄭文寶重刻本字形作「軹」。「軹」即「軹」，同「巡」字。畢沅曰：「鄭文寶所刻『親巡』作『窺軹』。」〔註122〕惠，鄭文寶重刻本字形作「𢾅」，當釋作「專」。畢沅曰：「鄭文寶所刻『專』作『尃』，中變田。」鄭業斆曰：「乃降𢾅惠，『𢾅』之上體，與下『惠』字從叀者異，自是『專』字。『尃』即『溥』字。」〔註123〕專，讀作溥，普也。趙超亦釋作「專」，云：「與『敷』同，分佈意。」〔註124〕所解則誤。

〔註120〕郭在貽《郭沫若〈詛楚文考釋〉補正》，《郭在貽文集》第3卷，中華書局2002年版，第426頁。

〔註121〕饒宗頤《重讀〈離騷〉——談〈離騷〉中的關鍵字「靈」》，《浙江師大學報》2000年第4期，第1頁。

〔註122〕畢沅《關中金石記》卷1，收入《叢書集成初編》第1524冊，中華書局1985年影印，第1頁。下同。

〔註123〕鄭業斆《獨笑齋金石文考》，《中國學報》第4期，1913年版，第2頁。

〔註124〕趙超《石刻古文字》第4章《石刻釋例》，文物出版社2006年版，第73頁。

（3）以開事理

按：事，宋九卷本、廿一卷本作「爭」，是也。鄭文寶重刻本字形作「[圖]」，明嘉靖刻本《山東通志》卷5、阮元《兩浙金石志》卷1、王昶《金石萃編》卷4並錄作「爭」。

（4）攻戰日作，流血於野

按：攻，鄭文寶重刻本字形作「[圖]」，即「功」；王昶《金石萃編》卷4亦作「功」，借字。

（5）世無萬數，阤及五帝

按：①元黃溍《日損齋筆記》：「趙與時《賓退錄》曰：『諺謂物多為無萬數，《漢・成帝紀》語也。』按《繹山碑》云『世無萬數』，則秦時已有此語矣。」范寅《越諺》卷上：「無萬之數，言其極多。《漢書・成帝紀》：『青蠅無萬數。』」《漢書》顏師古注：「言其極多，雖欲以萬數計之而不可得，故云無萬數。」②阤，鄭文寶重刻本字形作「[圖]」，阮元《兩浙金石志》卷1、王昶《金石萃編》卷4並錄作「陀」，是也。明嘉靖刻本《山東通志》卷5錄此文作「降及」，無據。王昶引陳奕禧《金石遺文錄》云：「陀及五帝，即『他』字。楊升菴《金石古文〔錄〕》作『施及五帝』，右旁『他』、『施』雖相似，而左旁方、阜則不同，宜從『他』為近。」鄭業斅曰：「楊用修釋『陀』為『施』，陳子文《金石遺文錄》謂即『他』字，似俱未是。案即『阤』字，亦作『陙』，《周語》『聚不阤崩』，《後漢書・蔡邕傳》注引賈逵注：『小崩曰阤。』《說文》：『阤，小崩也。』《淮南子・繆稱訓》：『岸峭者必陀。』注：『陀，落也。』」劉昌宗《考工記音》讀阤為陀，云『阤、陙、陀三字并通』。陀及五帝，猶言降及五帝，承上『自泰古始』之文而言。（唐盧藏用《紀信碑》云『始皇乘六代之業，窮天下之力，以從其心，阤及二世，薦作昏德』，『阤及』字正祖此碑。）楊氏《金石古文》，錄作『施及五帝』。案賈誼《過秦》云：『施及孝文莊襄王，享國之日淺。』師古曰：『施，延也。』楊蓋據此。但此篆『陀』從阜，不得釋為『施』。余則並疑《過秦》『施』字亦『阤』之譌。」〔註125〕陳奕禧（字子文）說為「他」字，誤也。「阤」訓崩落、降落，讀待可切，此音義與「陙」、「陀」同。鄭業斅訓此文「阤」為「降」，不當。此文「阤」當音

〔註125〕鄭業斅《獨笑齋金石文考》，《中國學報》第4期，1913年版，第3頁。

移，讀為施，實為延。楊慎則徑改作「施」。施，延及也。《莊子・在宥》：「夫施及三王而天下大駭矣。」《釋文》：「施及：以智反。崔云：『延也。』」成玄英疏說同崔氏。賈子《過秦論》「施及孝文莊襄王」，顏師古注「施，延也」不誤，《史記・陳涉世家》作「施」，《始皇本紀》則作「延」。鄭業敩至欲改《賈子》「施」作「陁」，殊誤。《賈子・階級》：「施及庶人，等級分明。」《漢書》「施」作「延」，是賈子自作「施及」，不當輒改。趙超曰：「陀，借作『他』。」〔註126〕亦未達其誼。

卷　二

宋玉《笛賦》校補

　　《初學記》卷 16、《類聚》卷 44、《書鈔》卷 111、《事文類聚》續集卷 23 引此文。

（1）余嘗觀於衡山之陽，見奇篠異幹、罕節間枝之叢生也

　　章樵注：間枝，一本作「簡支」。《禹貢》：「楊州厥貢篠簜。」孔安國注：「篠，竹箭。簜，大竹。」

　　按：章注「篠」未確。「篠」是「條」增旁字，條、幹對言，言長著奇異的枝條、竹幹。本書卷 4 揚雄《蜀都賦》：「其竹則鍾龍笓簹，野篠紛鬯。」章樵註：「條出魯郚山，堪為笙。宋玉《笛賦》：『見奇篠異幹。』」「野篠」亦指鍾龍（竹名）竹之野條。間枝，《文選・洞簫賦》李善注引作「簡支」，與一本合；《初學記》、宋刊《類聚》、《書鈔》、《事文類聚》引作「簡枝」（四庫本《類聚》作「間枝」），《玉海》卷 110 引作「簡文」。「文」是「支」形譌。《文選・南都賦》李善注引宋玉《笛賦》「奇幹」，「幹」亦「幹」增旁字。《書鈔》引「奇篠異幹」作「奇異之幹」，誤。

（2）其處磅磄千仞，絕谿凌皋，隆崛萬丈，盤石雙起

　　章樵注：磅磄，言盤磄也。

　　按：磅磄：宋刊《類聚》引作「旁塘」（四庫本仍作「磅磄」），《文選・長笛賦》李善註引作「磅唐」，《事文類聚》引作「傍塘」。字亦作「旁唐」、「嶸

〔註126〕趙超《石刻古文字》第 4 章《石刻釋例》，文物出版社 2006 年版，第 74 頁。

嵞」、「滂溏」〔註127〕。隆崛：《類聚》引同，《初學記》引作「崇崛」。字亦作「隆屈」、「隆窟」，音轉則作「隆穹」、「隆窮」、「隆強」、「隆崇」，倒言則作「穹隆」、「穹窿」、「穹崇」〔註128〕。凌，《初學記》、《類聚》引作「陵」。盤，《類聚》引作「磐」。

（3）其南則盛夏清微，春陽榮焉

章樵注：微，一作「徹」。春陽榮焉，正陽之氣。

按：「清徹」是形近而譌。清微，狀夏天竹下清涼之微風也。《詩·烝民》毛傳：「清微之風化養萬物者也。」《董子·天容》：「其告之以政令而化，風之清微也。」「陽」指春天陽氣發動，不是陽光。尹灣漢簡《神烏傅（賦）》：「惟此三月，春氣始陽。」榮，茂盛。春陽榮，指春天陽氣旺盛。

（4）其西則涼風遊旋，吸逮存焉

章樵注：吸逮，言吸聚而相逮。逮，一作「逯」。

按：吸逮，《文選補遺》卷31作「吸逐」，注：「力谷切，行也，眾也。」非是。「吸逮」當是「吸遝」形誤。「吸」不讀許及切（xī），當讀蘇合切（sà）。遝，徒合切（tà）。「吸遝」是疊韻連語，狀風疾之聲，此文指風。音轉亦作「靸霅」，《文選·吳都賦》：「靸霅警捷，先驅前塗。」李善注：「靸霅，走疾貌。靸，素合切。霅，徒合切。」此狀走疾之聲。馬行疾之聲曰「駁駘」，亦是同源詞。音轉亦作「颯沓」、「颯遝」，本書宋玉《舞賦》：「駱驛飛散，颯沓合并。」《類聚》卷43引作「颯遝」。《文選·笙賦》：「終嵬峩以蹇愕，又颯遝而繁沸。」劉良注：「嵬峩、蹇愕，聲高直貌。颯遝、繁沸，聲勇起貌。」音轉亦作「拉沓」、「拉搚」、「狇㹟」、「狇獬」、「狇獢」、「玁翔」等形，皆狀疾飛之聲〔註129〕。

（5）將為《陽春》、《北鄙》、《白雪》之曲

章樵注：《陽春》、《白雪》，曲名。《北鄙》，紂樂，肅殺之音。《北鄙》、《白

〔註127〕 參見蕭旭《「狼抗」轉語記》，收入《群書校補（續）》，花木蘭文化出版社2014年版，第2354～2355頁。

〔註128〕 參見王念孫《廣雅疏證》，收入徐復主編《廣雅詁林》，江蘇古籍出版社1992年版，第610頁。符定一《聯緜字典》戌集，中華書局1954年版，第137頁。徐復《變音疊韻詞纂例》，收入《語言文字學叢稿》，江蘇古籍出版社1990年版，第129頁。

〔註129〕 參見蕭旭《「垃圾」考》，收入《群書校補》，廣陵書社2011年版，第1383～1392頁。

雪》謂變殺聲為和聲。

按：北鄙，宋九卷本誤作「其北則鄙」。《書鈔》引亦作「北鄙」，《編珠》卷2、宋刊《初學記》、宋刊《類聚》、《事文類聚》引誤作「北鄭」（四庫本及古香齋本《初學記》、《類聚》引仍作「北鄙」）。「北鄙」也稱作「北里」，本篇下文：「是以檀卿刺鄭聲，周人傷北里也。」章樵注：「北里，即北鄙之音。」《晏子春秋·內篇諫上》：「紂作北里、幽厲之聲。」《史記·殷本紀》：「（紂）於是使師涓作新淫聲，北里之舞，靡靡之樂。」里之言俚，亦鄙也。

（6）望其叢生，見其異形，曰命陪乘，取其雄焉

章樵注：曰，與「粤」通。

按：曰，《書鈔》引作「因」，「曰」是「因」形譌，章注所見本已誤。

（7）於是乃使王爾、公輸之徒合妙意，角較手，遂以為笛。

章樵注：角較手，一本作「較敏手」。

按：「角」、「較」同，作「角較」當是後人旁記異文而混入正文，又脫「敏」字。《書鈔》引作「角擊」，孔廣陶謂今本「擊」誤作「較手」〔註130〕，非是。

（8）命嚴春，使午子，延長頸，奮玉手；摘朱脣，曜皓齒；頳顏臻，玉貌起

章樵注：兩人善音律者。王褒《洞簫賦》：「師襄嚴春不敢竄其巧兮，浸淫叔子遠其類。」《七畧》有莊春，漢避明帝諱，易為嚴。午子，未詳。

按：午子：《文選·洞簫賦》注引《笛賦》作「叔子」。作「午子」是，《書鈔》、《初學記》、《類聚》引同，李善注引作「叔子」者，改字以就《洞簫賦》正文，此李注常例，非異文作「叔子」也。「午子」是人名，其事不可考。古人多以「午」為名，秦印中有「丁午」、「張午」、「焦午」、「和午」、「曹午」、「莊午」等人名，劉釗指出古人常以干支字來取人名〔註131〕。睡虎地秦簡《日書甲種》：「盜者：子，鼠也。盜者兌（銳）口，希（稀）須（鬚），善弄，手黑色，面有黑子焉，疵在耳，臧（藏）於垣內中糞蔡下。多〔名〕鼠、鼴、孔、午、郢。」《史記·田敬仲完世家》齊桓公午，《說苑·尊賢》有「賈

〔註130〕孔廣陶校注本《北堂書鈔》卷111，收入《續修四庫全書》第1212冊，上海古籍出版社2002年版，第511頁。

〔註131〕參見劉釗《關於秦印姓名的初步考察》，收入《書馨集——出土文獻與古文字論集》，上海古籍出版社2013年版，第248～250頁。

午子」，《漢書·東方朔傳》有人名「陳午」，《左傳·襄公三年》祁奚之子名「祁午」，《史記·張耳陳餘傳》有「趙午」，《後漢書·吳漢傳》有「高午」，《晉書·賈充傳》賈充之女名「賈午」，敦煌寫卷 P.2415＋P.2869 有人名「鄧作（午）子」，都是其例。摛，《書鈔》引作「離」。

（9）吟《清商》，追《流徵》

章樵注：皆歌曲也。

按：追，《文選·西京賦》、《長門賦》、《嘯賦》、《燕歌行》、《古詩一十九首》、《七啟》李善注六引並同，《書鈔》（凡二引）、《初學記》引亦同，《類聚》、《事文類聚》引誤作「起」。

（10）纖悲徵痛，毒離肌腸腠理

按：徵，當據宋九卷本、廿一卷本作「微」，《文選補遺》卷 31 亦作「微」。《文選補遺》無「肌腸」二字。離，讀為麗，附著。

（11）度曲羊腸坂，挼殃振奔逸

章樵注：笛聲委蛇，如羊腸坂之車音，忽然振揚，又如掉鞅而駿奔，言曲而肆。殃，即鞅字，馬絆也。

按：「挼」疑「授」形譌，「授」即「撥」俗字。撥，撥開，移除。「撥殃」即「撥鞅」，言拿掉馬絆也。

（12）遊泆志，列絃節

章樵注：散而不亂，絲竹間作，故應絃節。

按：列，讀為履。《左傳·隱公二年》：「紀裂繻來逆女。」《公羊傳》、《谷梁傳》「裂」作「履」，是其音轉之證。履，踏也。言馬之踏步合於音節，與上文「撥鞅」相應。

（13）武毅發，沈憂結

按：沈憂，音轉亦作「湛憂」，《後漢書·張衡傳》《思玄賦》：「私湛憂而深懷兮，思繽紛而不理。」李賢注：「湛，音沈。」《文選》舊注：「湛，深也。」李善注引宋玉此賦。沈、湛、深一音之轉。

（14）聲淫淫以黮黮，氣旁合而爭出

按：淫淫，本字作「尢尢」，《說文》：「尢，淫淫，行貌。」《後漢書·來
歙傳》李賢注、《集韻》引「淫淫」作「尢尢」。《玉篇》：「尢，尢尢，行貌。」
是《說文》本作「尢尢」也。《洞簫賦》「氣旁迕以飛射兮」本於宋玉《笛賦》，
此文「合」當是「午」之誤，朱起鳳說「午、合一聲之轉」〔註132〕，非是。
李善曰：「旁迕，言氣競旁出，遞相逆迕也。飛射，氣出迅疾也。」李善注
以「迕」為「逆迕」，非是。「旁迕」即「旁午」，橫曰旁，縱曰午，是漢以前
人成語。《賈子·匈奴》：「不大興不已，旁午走急數十萬之眾，積於北方，
天下安得食而饟之。」《漢書·霍光傳》：「使者旁午。」如淳曰：「旁午，分
布也。」顏師古曰：「一縱一橫為旁午，猶言交橫也。」《儀禮·大射》：「度
尺而午。」鄭玄注：「一從一橫曰〔旁〕午。」〔註133〕

（15）歌壯士之必往，悲猛勇乎飄疾

按：猛勇，《初學記》、《書鈔》引作「勇猛」。飄疾，也作「剽疾」、「僄
疾」、「驃疾」、「嫖疾」、「漂疾」，本字作「慓疾」，《說文》：「慓，疾也。」

（16）《麥秀》漸漸兮，鳥聲革翼

按：革翼，疑讀作「改易」、「更易」，革、改、更一聲之轉。其歌悲哀，
鳥聲悲鳴，故言鳥聲改易也。《文選補遺》卷31作「鳥聲譁兮」，蓋未得其義
而臆改。

（17）招伯奇於源陰，追申子于晉域

章樵注：源，一作「涼」。

按：《初學記》卷16引作「涼陰」，指凶廬，居喪之所。《漢書·五行志》：
「盡涼陰之哀。」顏師古注：「一說：涼陰，謂居喪之廬也。」字亦作「涼闇」、
「諒闇」、「梁闇」、「諒陰」、「亮陰」、「亮闇」、「梁闇」，皆音同假借。「源」是
形譌字。晉域，《初學記》引作「晉城」。「城」是「域」形譌。

（18）般衍瀾漫終不老兮，雙枝間麗貌甚好兮

按：「般衍」、「瀾漫」狀音樂淋漓盡致貌。「般衍」音轉亦作「反衍」、「畔
衍」，《莊子·秋水》：「是謂反衍。」《釋文》：「反衍，本亦作『畔衍』。李云：

〔註132〕朱起鳳《辭通》，上海古籍出版社1982年版，第1295頁。
〔註133〕「旁」字據吳曾《能改齋漫錄》卷1、《佩韋齋輯聞》卷3引補。

『猶漫衍。』」瀾漫，也作「爛漫」、「爛熳」，《史記·司馬相如列傳》：「所以娛耳目而樂心意者，麗靡爛漫於前，靡曼美色於後。」《列女傳》卷7：「（夏桀）造爛漫之樂。」《金樓子·箴戒篇》作「爛熳」。《御覽》卷87引《帝王世紀》：「（帝桀）為爛漫之樂。」閒麗，《白氏六帖事類集》卷7引作「閑麗」。閒，讀作嫻。《說文》：「嫻，雅也。」《論衡·定賢》：「骨體嫻麗，面色稱媚。」正作本字。字亦省作閒，俗作閑。宋玉《登徒子好色賦》：「玉為人體貌閑麗，口多微詞。」

宋玉《大言賦》校補

《舊事》卷3、《類聚》卷19、《文選補遺》卷31引此文。

（1）王因唏曰：「操是太阿剝一世，流血沖天，車不可以厲。」

章樵注：剝，一作「戮」。唏，叱吒聲也。《詩》：「深則厲。」褰衣涉水也。水至心曰厲。

錢熙祚曰：唏，《渚宮舊事》作「稱」。

按：王因唏曰，《舊事》作「王因曰」，無「唏」字；《類聚》引作「王因稱曰」。錢熙祚失校。《文選補遺》注：「唏，許几切，又許既切，笑也。」是也。《說文》：「唏，笑也。」《舊事》引作「剝」，《類聚》引作「戮」，《文選補遺》作「戮剝」，則誤合異文。

（2）壯士憤兮絕天維，北斗戾兮太山夷

章樵注：憤，一作「頓」。《淮南子》：「共工與顓頊爭為帝，不得，怒而觸不周之山，天維絕，地柱折。」戾，折也。夷，平也。

按：注「拆」，龍谿本作「折」，是也。憤，孫星衍校本、墨海本、四庫本《舊事》同，《文選補遺》亦同，鈔本《舊事》、《編珠》卷1引作「欻」，宋刊《類聚》引作「難」（四庫本作「憤」），《初學記》卷1引作「欻」（古香齋本、四庫本作「欻」），《錦繡萬花谷》前集卷33引《荊楚故事》作「怒」。「欻」同「欻」，猶言暴起。憤，憤怒。「憤」形誤作「債」，因易作同義的「頓」字。作「難」者，尤無義可說。《文選補遺》注：「『戾』字見《左氏襄王十九年》『其必使子產息之，乃猶可以戾』〔註134〕，杜預曰：『戾，定也。』」其說非是。《說文》：「戾，曲也。」扭曲義俗字作「捩」。

〔註134〕引者按：「十九年」當是「二十九年」。

（3）鋸牙雲晞甚大，吐舌萬里唾一世

章樵注：鋸牙，言牙之銛利似鋸，其大如雲。《淮南子》云：「堯之時，窫
窳、封豨、鑿齒皆為民害。三猛獸也。」晞，當作豨。張協《七命》：「蹙封豨，
償馮豕，勾爪摧，鋸牙掉。」

按：注引《淮南子》出《本經篇》，「窫窳」作「猰貐」，古通。孫星衍校
本、四庫本《舊事》作「鋸牙裾雲晞甚大」（《文選補遺》同，墨海本《舊事》
「裾」作「裙」，鈔本《舊事》「雲」上作一缺字）。「鋸牙」亦作「倨牙」，言
其牙倨曲也，章注非是。《說文》：「駮，獸如馬，倨牙，食虎豹。」《集韻》
引作「鋸牙」。也作「居牙」，《淮南子·本經篇》：「句爪居牙。」「□雲晞甚
大」未詳。

（4）長劍耿耿倚天外

章樵注：耿耿，一作「耿介」。外，一作「之外」。

按：耿耿，《文選·思玄賦》舊注引同，《文選·羽獵賦》、《雜體詩》李
善注二引作「耿介」，《舊事》、《類聚》、《書鈔》卷 122、149、《白氏六帖事
類集》卷 4 引亦作「耿介」。《類聚》卷 60 引晉裴景聲《文身劍銘》：「長劍耿
介，體文經武。」《御覽》卷 339 引應璩《書》：「高冠拂雲，長劍耿介。」《法
書要錄》卷 3：「炤灼長劍耿介而倚天，勁矢超忽而無地。」皆本於此文，字
亦作「耿介」。耿介，高聳突兀貌。「耿耿」亦此義，梁庾肩吾《侍宴餞張孝
總應令》：「層臺臨迴漲，耿耿晴煙上。」倚天外，《文選·思玄賦》舊注、《文
選·羽獵賦》李善注、《類聚》引同，《文選·雜體詩》李善注引作「倚天之
外」，《舊事》作「倚乎天外」。

（5）玉曰：「并吞四夷，飲枯河海。跂越九州，無所容止。」

錢熙祚曰：跂，《渚宮舊事》作「跨」。

按：跂，宋九卷本作「跛」，四庫本作「踆」，《類聚》、《文選補遺》、《喻
林》卷 19 引作「跂」。《類說》卷 14 引《啟顏錄》載東方朔大言：「臣跂越九
州，間不容趾，并吞天下，欲枯四海。」本於宋玉此賦。「跂（跛）」、「踆」皆
「跂」形譌。跂，讀為企，舉踵也。句言跂起腳跟即越過九州。《舊事》未達
其誼，臆改作「跨」。「止」是「趾」古字，足趾。句言沒有地方可以容下足趾，
極言身軀之大。

（6）據地跐天，迫不得仰

　　章樵注：得，一作「能」。跐，蹴也。

　　按：據，按著，抓住，即「兩手據地」之據。跐，鈔本《舊事》同，其餘各本《舊事》形誤作「盼」，《文選補遺》作「蹴」。《集韻》：「跐，躄也。」《類篇》同。「躄」當是「蹙」形譌，各本皆譌，《新修絫音引證群籍玉篇》、《重訂直音篇》、《字彙》並承其誤，趙振鐸《集韻校本》亦失校〔註135〕。「蹙」、「蹴」古通。字本作扮，《說文》：「扮，握也。」P.2011王仁昫《刊謬補缺切韻》同。段玉裁注：「《太玄》曰：『地則虛三以扮天之十八也。』扮猶並也。」王筠、朱駿聲均從段說，朱駿聲又曰：「《禮記・祭義》：『夫人繅三盆手。』以『盆』為之。」〔註136〕《太玄》范望注：「扮，猶并也。」《集韻》：「扮，並也。《太玄》：『以扮天十八。』」又「扮，并也，一曰握也。」《戰國策・魏策二》：「恐其伐秦之疑也，又身自醜於秦，扮之，請焚天下之秦符者，臣也。」鮑彪注：「扮，并也，握也，言合諸國。」此文言手據地足握天，故改從足旁作「跐」字，章氏隨文釋義作「蹴」。《管子・立政》：「歲雖凶旱，有所秎穫。」劉績注：「秎，亦穫也。」「秎」亦「扮」分別字，言手握禾而刈取之也〔註137〕。柳建鈺曰：「文獻中與『據地』相對而言者有『承天』、『托天』等，『躄（蹴）』除訓顛仆、跌倒、挫敗等義外，還可訓舉起、翹起……故『跐』當訓躄也。而『蹴』有踩踏、追逐、驚慚不安貌等義，與文義不合。『跐』不當訓蹴。至於『跐』何以訓『躄』義，待考。」〔註138〕其說非是，「跐」無躄義。

宋玉《小言賦》校補

　　《舊事》卷3、《類聚》卷19、《海錄碎事》卷9、《文選補遺》卷31引此文。

（1）載氛埃兮乘剽塵，體輕蚊翼，形微蚤鱗

　　章樵注：塵，一作「輪」。

　　按：載，《類聚》引作「戴」，借字。氛，《海錄碎事》引作「雰」，並讀為

〔註135〕趙振鐸《集韻校本》，上海辭書出版社2012年版，第268頁。

〔註136〕段玉裁《說文解字注》，王筠《說文解字句讀》，朱駿聲《說文通訓定聲》，並收入《說文解字詁林》，中華書局1988年版，第11869～11870頁。

〔註137〕參見王紹蘭《說文段注訂補》，收入《說文解字詁林》，第11870頁。

〔註138〕柳建鈺《〈類篇〉新收字考辨與研究》，遼寧大學出版社2011年版，第216頁。

坋，字亦作坲，塵埃也。《說文》：「坋，塵也。」「氛埃」也作「雰埃」，《文選·西京賦》「消雰埃於中宸」，薛綜注：「雰埃，塵穢也。」又倒作「埃氛」，宋紹興本《抱朴子內篇·暢玄》：「吟嘯蒼崖之間，而萬物化為埃氛。」道藏本、魯藩本作「塵氛」，中村不折藏敦煌本 132 號作「埃芥（芬）」。乘，《類聚》引誤作「垂」。剽，《類聚》、《文選補遺》作「漂」，《舊事》作「飄」。「漂」是「漂」俗字，《說文》：「漂，浮也。」「剽」、「飄」皆借字。

（2）聿遑浮踊，凌雲縱身

章樵注：聿遑，迅疾也。楊雄《校獵賦》：「武騂聿皇。」凌雲，掀張也。《相如傳》：「飄飄有凌雲氣。」言奮身騰踊，不過由鍼眼穿羅巾。

按：浮踊，鈔本《舊事》同，墨海本、孫星衍校本、四庫本《舊事》作「浮涌」，《文選補遺》作「浮踊」。當以作「浮」為是，浮亦涌也。浮之言踩，是「踔」音轉，《方言》卷 1：「踔，跳也。」《說文》、《廣雅》同。涌之言踊，亦跳也。雲，墨海本、四庫本《舊事》作「虛」（孫星衍校本仍作「雲」），《文選補遺》同。

（3）析飛糠以為輿，剖粃糟以為舟

錢熙祚曰：粃糟，《渚宮舊事》作「糟粃」。

按：飛糠，《舊事》、《文選補遺》引作「飛塵」。粃糟，鈔本《舊事》同，錢熙祚所據《舊事》乃後出之本。析，《類聚》、《海錄碎事》引誤作「折」。

（4）蠅蚋眥以顧盼，附蟣蝥而遨遊

章樵注：蚋音芮，蚊類而小。眥，眼也。蟣蝥，飛蟲，形微於蚋。

錢熙祚曰：「蠅」當作「憑」，九卷本尚不誤。

按：蠅蚋眥，明本、墨海本、龍谿本同，宋九卷本、廿一卷本俱作「憑蚋眥」，四庫本作「巢蚋眥」，《舊事》作「憑蚋眥」，《類聚》、《海錄碎事》、《文選補遺》引作「憑蜹眥」。顧盼，宋九卷本、廿一卷本、四庫本作「顧眄」，《類聚》引同，《海錄碎事》、《文選補遺》作「顧眄」，四庫本《舊事》亦作「顧眄」（其餘各本仍作「盼」）。《文選補遺》注：「《玉篇》曰：『眥，目際也。』憑蜹眥以顧眄，謂憑蜹蜹目際以為顧眄爾。此皆小言也。《傳》曰：『爭微利於蜹眥蚊蛜。』『眄眥』即此賦所謂『憑蜹眥以顧眄』是也。蜹者，蜗蜹也。蜗蜹目至小，憑眥者，言憑至小之目而又於目之眥以顧眄耳。」注所引《傳》

曰，未詳所出。「蛃」當是「蚋」形譌。憑，讀為馮。《廣雅》：「馮，登也。」《文選·西征賦》李善注引《廣雅》作「憑」。《荀子·宥坐》：「百仞之山，而豎子馮而游焉，陵遲故也。」《御覽》卷 624 引「馮」作「升」，《說苑·政理》同，升亦登也，借字耳，《韓詩外傳》卷 1 正作「登」。然「蠅」字亦不誤，錢熙祚未達通借。蠅，讀為乘。乘亦登也，升也。《老第 14 章：「繩繩不可名。」敦煌寫卷 P.2255、P.2370、P.2584、S.798、S.6825V《想爾注》本、BD14633、Дx.11964、遂州碑本作「蠅蠅」，P.2329、李榮本作「乘乘」。《老子》第 20 章：「我獨怕兮其未兆，如嬰兒之未孩，乘乘兮若無所歸。」《子華子·北宮子仕》：「古之知道者，泊兮如大羹之未調，譝譝兮如將孩。」《詩·縣》：「其繩則直。」鄭玄箋：「乘，聲之誤，當為『繩』也。」皆「蠅」、「乘」音轉之證。「盼」、「眄」俱為「眄」形譌，三字古籍經常互混。眄，衺視。《玄應音義》卷 1：「顧眄：眠見反。《說文》：『邪視也。』《蒼頡篇》：『旁視也。』《方言》：『自關而西秦晉之間謂視為眄也。』」憑蚋皆以顧眄，言登上蚊蟲的眼眶而顧視。遨遊，《類聚》、《文選補遺》引作「遐遊」。

（5）寧隱微以無準，原存亡而不憂

　　錢熙祚曰：「原」字誤，當依《渚宮舊事》作「渾」。

　　按：鈔本《渚宮舊事》「寧」上有「集」字，墨海本、孫星衍校本、四庫本無。「集」字衍文。鈔本《舊事》仍作「原」，墨海本、孫星衍校本、四庫本《舊事》作「渾」。「原」字不誤，猶言推原、推度。字亦作諓，《廣雅》：「諓，度也。」

（6）二子之言，磊磊皆不小，何如此之為精

　　按：磊磊，「歷歷」、「離離」、「礫礫」之音轉，分明貌。

宋玉《諷賦》校補

（1）為臣炊彫胡之飯，烹露葵之羹，來勸臣食

　　章樵注：《西京雜記》：「顧翱母好食彫胡飯。菰之有米者，長安人謂為彫胡。」

　　按：烹，《編珠》卷 3、《書鈔》卷 144、《類聚》卷 24、《爾雅翼》卷 1、《書敍指南》卷 9、《海錄碎事》卷 6 引同，宋九卷本有注：「烹，一作煮。」《文選·七啟》李善注引作「煮」，又《三月三日率爾成篇》李善注引無此字。

（2）主人之女又為臣歌曰：「內忧惕兮徂玉牀，橫自陳兮君之旁。」

按：忧惕，宋九卷本作「怵惕」，有注：「一本作『怵惕之心兮』。」宋廿一卷本作「林惕」。《類聚》卷 24 引「內忧惕兮」作「怵惕心兮」，《書鈔》卷 133 引作「懷怵惕之心兮」。「林」是「怵」形譌，「惕」是「惕」形譌。旁，《書鈔》卷 133 引同，宋九卷本、廿一卷本、明本、四庫本、龍谿本作「傍」，《類聚》引亦作「傍」。

宋玉《釣賦》校補

《舊事》卷 3、《類聚》卷 24、《海錄碎事》卷 22、《文選補遺》卷 31 引此文。

（1）以三尋之竿，八絲之線

錢熙祚曰：「線」字誤，當依《渚宮舊事》作「綸」。

按：《御覽》卷 814、834 引亦作「綸」。《類聚》、《海錄碎事》引已誤作「線」。

（2）餌若蛆蟓，釣如細鍼

錢熙祚曰：「釣」當作「鉤」，九卷本尚不誤。

按：蛆蟓，《舊事》同，《御覽》卷 834 引形誤作「蛆蟓」。錢說「釣」當作「鉤」是也，但宋九卷本亦誤作「釣」，錢氏失檢。宋廿一卷本、四庫本作「鉤」，龍谿本作「鉤」，《舊事》、《御覽》、《文選補遺》引作「鉤」，下文云「其鉤非鍼」（宋九卷本「鉤」誤作「釣」），「鉤」是「鉤」俗字。鍼，鈔本、墨海本《舊事》作「針」（孫星衍校本作「鍼」），《御覽》引亦作「針」。

（3）以出三赤之魚於數仞之水中

按：《類聚》、《舊事》、《御覽》卷 834、《海錄碎事》、《文選補遺》引作「尺」。赤，讀作尺，古同音通假。《風俗通·正失》：「封者立石高一丈二赤。」《史記·封禪書》《正義》、《意林》卷 4 引作「尺」。《埤雅》卷 6 引《禽經》：「雛上無尋，鶬上無常，雉上有丈，鷁上有赤。」「赤」皆借字。

（4）夫玄洲芳水餌，挂繳鉤，其意不可得，退而牽行，下觸清泥，上則波颻，玄洲因水勢而施之，頡之頏之，委縱收斂，與魚沈浮，及其解弛，因而獲之

章樵注：上「之」，一作「枝」。

按：「施」當作「拖」，言隨水勢而拖動釣竿，與上文「牽引」相應。一本「之」作「枝」誤，《海錄碎事》、《文選補遺》引作「施技」亦誤。頹，宋九卷本誤作「頑」。弛，讀為惰。「逶迱」、「蹉跎」、「委惰」是一語之轉，是其證也。「解弛」即「懈惰」，猶言鬆懈。字亦作「解弛」，《漢書·趙充國傳》：「虜久屯聚，解弛。」顏師古曰：「解讀曰懈。弛，放也。」《御覽》卷 308 引作「解弛」。

（5）王曰：「迅哉說乎！其釣不可見也。」

錢熙祚曰：「迅」字誤，當依《渚宮舊事》作「迂」。

按：《文選補遺》引亦作「迂」。

（6）其鈎可謂拘矣

章樵注：拘音拘，引也。一本作「善」。

錢熙祚曰：拘，《渚宮舊事》作「均」。尋上下文，蓋以紉與均韻，芳與強韻。

黃侃曰：「拘」當為「竭」〔註 139〕。

按：注「拘」，宋廿一卷本、明本、四庫本誤作「的」，龍谿本誤作「怐」。鈎，《類聚》引誤作「釣」。拘，鈔本《舊事》同，墨海本、孫星衍校本、四庫本《舊事》作「均」，《文選補遺》亦作「均」。章注引一本作「善」，《類聚》引亦作「善」。「均」是「拘」形譌，此非韻語。「拘」同「拘」，讀為坸（坸），巧善也，與「巧」亦一聲之轉〔註 140〕。

（7）功成而不隳，名立而不改

按：《鹽鐵論·遵道》：「是以功成而不隳，名立而不頓。」「頓」形誤作「頔」，又以同音易作「改」。頓亦隳也。隳，《舊事》、《類聚》引作「墜」。

（8）樂不役勤，獲不當費

黃侃曰：役，張惠言改為「復」〔註 141〕。

〔註 139〕黃侃《文心雕龍札記》，上海古籍出版社 2000 年版，第 66 頁。
〔註 140〕參見蕭旭《〈方言〉「坸，治也」疏證》，《澳門文獻信息學刊》2020 年第 1 期，第 206～211 頁。
〔註 141〕黃侃《文心雕龍札記》，上海古籍出版社 2000 年版，第 66 頁。張惠言說見

按：張惠言所改是也。役，鈔本《舊事》同，墨海本、孫星衍校本、四庫本《舊事》作「復」，《文選補遺》卷31引亦作「復」。復，補償，與下「當」同義。

(9) 王若見堯舜之洪竿，攄禹湯之脩綸，投之於瀆，視之於海，漫漫群
生，孰非吾有

錢熙祚曰：「視」字誤，當依《渚宮舊事》作「沉」。

黃侃曰：見，張惠言改為「建」〔註142〕。

按：見，明本、龍谿本、墨海本、四庫本同；宋九卷本、廿一卷本作「建」，《舊事》、《文選補遺》引同。張惠言所改是也。《家語·六本》：「曾晳怒，建大杖以擊其背。」定縣漢簡《儒家者言》、《說苑·建本》「建」作「援」，《韓詩外傳》卷8作「引」，《後漢書·崔烈傳》李賢注引作「舉」。本字作攄，《說文》：「攄，相援也。」字亦作揵、搴、攓、勴，《廣雅》：「搴，舉也。」《集韻》：「揵，舉也。」俗字作掮。攄，讀為捹，引也。綸，鈔本《舊事》誤作「鱗」。

宋玉《舞賦》校補

（1）駱驛飛散，颯沓合并

章樵注：駱驛，與「絡繹」同。

按：颯沓，《初學記》卷15引作「颴沓」，《類聚》卷43引作「颯遝」，李善本《文選·傅毅·舞賦》作「颯擖」，狀疾飛之聲。

卷　三

賈誼《旱雲賦》校補

《賈長沙集》（簡稱作「《賈集》」）、《文選補遺》卷31、張溥《漢魏六朝百三家集》卷1（簡稱作「《百三家集》」）亦有此文。《類聚》卷100引東方朔《旱頌》略同。

《七十家賦鈔》卷2，收入《續修四庫全書》第1611冊，上海古籍出版社2002年版，第41頁。下同。

〔註142〕黃侃《文心雕龍札記》，上海古籍出版社2000年版，第66頁。

（1）相摶攄而俱興兮，妄倚儷而時有

按：摶，明本、龍谿本同，宋九卷本、宋廿一卷本、四庫本作「搏」。作「搏」是，「搏攄」同義連文。此承上文「象虎驚與龍駭」而言。《戰國策·楚策一》：「此所謂兩虎相搏者也。」《文選·雜體詩》李善註、《御覽》卷 315 引「搏」作「攄」，敦煌寫卷 P.5034V《春秋後語》亦作「攄」。《老子》第 55 章：「毒蟲不螫，猛獸不據，攫鳥不搏。」《鹽鐵論·擊之篇》：「虎兕相據而螻蟻得志。」陳景元《道德真經藏室纂微篇》卷 5 引《老子指歸》：「虎豹欲據，反匿其爪；豺狼欲食，不見其齒。」據，讀為豦，同音通借。《說文》：「豦，鬬相玃不解也。從豕、虍，豕虍之鬬不解也。一曰，虎兩足舉。」妄，空也，徒也。倚儷，讀為「奇麗」，狀如龍虎相鬥壯觀之雲也。此言雲如龍虎相搏擊而興起，徒然常有奇麗之雲，而不下雨。

（2）遂積聚而給沓兮，相紛薄而慷慨

錢熙祚曰：「給」字誤，《文選》謝玄暉《敬亭山詩》注引作「合」。

按：《賈集》、《百三家集》亦作「合沓」。「紛薄」同「紛泊」，紛雜、紛沓貌。《文選·蜀都賦》：「毛群陸離，羽族紛泊。」劉淵林注：「紛泊，飛薄也。」呂延濟注：「紛泊，飛揚也。」字亦作「芬泊」、「芬馞」、「紛勃（孛攵）」。音轉又作「芬茀」，《漢書·揚雄傳》《甘泉賦》：「香芬茀以窮隆兮，擊薄櫨而將榮。」

（3）陰陽分而不相得兮，更惟貪邪而狼戾

章樵注：陰陽乖睽而不合，在位者又為貪邪狼戾之政以干之，何以感召天地之和？

按：貪邪，《賈集》、《文選補遺》、《百三家集》作「貪婪」。狼戾，當作「狠戾」，即「很戾」，乖戾也。古籍「狠戾」每訛作「狼戾」。

（4）或深潛而閉藏兮，爭離而並逝

按：《賈集》、《文選補遺》、《百三家集》「離」作「離刺」，當據補「刺」字，與上文「正重沓而並起」文例相同。離刺，猶言乖離。《三國志·諸葛瑾傳》：「自古至今，安有四五人把持刑柄而不離刺轉相蹄齧者也？」

（5）隆盛暑而無聊兮，煎砂石而爛渭

章樵注：渭水枯竭，至於焦爛。

按：盛，《文選補遺》誤作「益」。爛渭，《書鈔》卷 156 引作「爛煟」，《賈集》、《文選補遺》、《百三家集》作「爛煟」。《文選補遺》注：「煟，于貴切，光貌。」解作光貌不辭。渭、煟、煨，方向東讀作潰〔註143〕，是也。潰亦爛也。

（6）湯風至而含熱兮，群生悶滿而愁憒

章樵注：湯風，溫風也。《月令》：「六月節，溫風至。」

按：含，宋九卷本作「合」，注：「一作含。」上句，《賈集》、《文選補遺》、《百三家集》作「陽風吸習熇熇」，東方朔《旱頌》同；《書鈔》卷 156 引作「陽風至而含熱」。《靈樞經·論勇》：「春青風，夏陽風，秋涼風，冬寒風。」「陽風」是指春天的風，所謂春陽發生也。指夏風之「陽風」當作「湯風」。馬王堆帛書《去穀食氣》：「夏食一去湯風，和以朝暇（霞）、行（沆）瀣（瀣）……〔湯風者〕，口風也，熱而中人者也。」又《十問》：「夏避湯風。」《御覽》卷 9 引《山海經》：「大極山東有溫水，湯風，不可過也。」也稱作「溫風」，《逸周書·時訓解》：「小暑之日，溫風至；立秋之日，涼風至。」《禮記·月令》：「季夏之月……溫風始至。」也稱作「炎風」，《淮南子·時則篇》：「南方之極，自北戶孫之外，貫顓頊之國，南至委火，炎風之野，赤帝祝融之所司者，萬二千里。」《後漢書·張衡傳》《思玄賦》：「溫風翕其增熱兮，怒鬱邑其難聊。」李賢注：「溫風，炎風也。《淮南子》云云。」也稱作「融風」，《呂氏春秋·有始》：「東北曰炎風。」高誘注：「炎風，艮氣所生，一曰融風。」吸習，同「翕習」。《文選·魯靈光殿賦》：「祥風翕習以颯灑。」又《鵬鵡賦》：「飛不飄颺，翔不翕習。」二例李善注並曰：「翕習，盛貌。」《後漢書·馬融傳》《廣成頌》：「翕習春風，含津吐榮。」翕、習音義同，《論語·八佾》：「樂其可知也已，始作翕如也。」何晏注：「翕如，盛也。」皇侃疏：「翕，習也，言正樂初奏，其聲翕習而盛也。」重言則曰「翕翕」或「習習」。字或作「熻熠」，《類聚》卷 1 晉·陸沖《風賦》：「猥熻熠以盈扉，洌纏縣以結幕。」此例亦以狀炎風。字亦作「歙習」，《抱朴子·勤求》：「凡夫不識妍蚩，共為吹揚，增長妖妄，為彼巧偽之人，虛生華譽，歙習遂廣，莫能甄別。」悶滿，《文選補遺》作「悶懣」，東方朔《旱頌》作「閔懣」。閔、悶一音之轉，「滿」是「懣」省借。

〔註143〕方向東《賈誼集匯校集解》，河海大學出版社 2000 年版，第 441 頁。

（7）畎畝枯槁而失澤兮，壤石相聚而為害

　　章樵注：雨既不至，壤石為風日所暴，皆能吸畎畝之滋潤以害苗。

　　按：上句，《文選補遺》作「壠畝枯槁而允布」，東方朔《旱頌》同。允布，遍布。

（8）農夫垂拱而無聊兮，釋其鉏耨而下淚

　　按：無聊，宋九卷本作「無事」，《文選補遺》同。東方朔《旱頌》作「無為」，義同。作「無聊」與上文「隆盛暑而無聊兮」犯複。《賈集》、《文選補遺》、《百三家集》下句作「釋其耰鉏而下涕」，東方朔《旱頌》同。

（9）憂疆畔之遇害兮，痛皇天之靡惠

　　章樵注：疆，一作「壤」。

　　按：遇害，《賈集》、《文選補遺》、《百三家集》作「遭禍」，東方朔《旱頌》同。惠，《文選補遺》作「濟」，《旱頌》同。

（10）陰氣辟而留滯兮，厭暴至而沈没

　　按：厭，宋九卷本、宋廿一卷本、明本、四庫本作「猒」，《文選補遺》同。至，《賈集》、《文選補遺》作「戾」。「戾」為「至」音誤。辟，讀為襞，卷疊，引申為積聚。《漢書·司馬相如傳》：「襞積褰縐。」襞亦積也。《史記·扁鵲倉公傳》：「夫悍藥入中，則邪氣辟矣。」《索隱》：「辟，猶聚也。」「猒」同「厭」。言陰氣積聚而留滯，擔心大雨猛烈下落，終至於沉没也。

（11）惜旱大劇，何辜于天

　　按：惜旱，宋九卷本誤作「惜葉」，《文選補遺》、《百三家集》作「作孽」。

（12）憭兮慓兮，以鬱怫兮

　　按：慓，當據宋九卷本、宋廿一卷本、四庫本作「慄。」憭慄，字亦作「憭栗」、「潦冽」、「潦烈」、「繚戾」、「繚悷」、「繚悷」等形。鬱怫，字亦作「鬱拂」，倒言也作「怫鬱」，音轉又作「勃鬱」。

董仲舒《士不遇賦》校補

　　《類聚》卷30引此文。

（1）嗟乎嗟乎，遐哉邈矣

錢熙祚曰：嗟乎嗟乎，當作「嗚呼嗟乎」，九卷本尚不誤。

按：宋廿一卷本、龍谿本亦作「嗚呼嗟乎」，《類聚》引同。

（2）不出戶庭，庶無過矣

章樵注：《易·節卦》：「不出戶庭，無咎。」

按：過，宋九卷本作「逼」，注：「一作過。」「逼」是形譌，《類聚》引作「過」。

枚乘《梁王菟園賦》校補

有清以還，本篇張惠言、黃侃、古直、聞一多、趙逵夫各有校說〔註144〕，然疑難猶多。顧廣圻曾論道：「竊意宋人錄時，便屬如此脫誤，今更後彼數百年，古書日少，恐竟不能校之使通體文從字順，若枚乘《梁王兔園》、揚雄《蜀都》、王延壽《王孫》、班固《車騎將軍竇北征》等篇，其尤弗能無闕疑者也。」〔註145〕顧氏所舉四篇，加上王延壽《夢賦》、劉向《請雨華山賦》等篇，確實不能通讀。

（1）脩竹檀欒，夾池水，旋菟園，並馳道

按：《文選·吳都賦》：「檀欒嬋娟。」呂向注：「檀欒嬋娟，皆美貌。」又《和王著作登八公山》：「阡眠起雜樹，檀欒蔭修竹。」呂延濟註：「檀欒，竹美貌也。」《古今韻會舉要》：「欒，檀欒，竹貌。」《正字通》：「欒，檀欒，竹陰濃貌。」諸說未得語源，所解未切。檀欒，當即「團欒」音轉，圓匝貌，環繞貌。《玄應音義》卷4：「團欒：團圓也，圓匝也。」字也作「團圞」，《玉

〔註144〕張惠言《七十家賦鈔》卷2，收入《續修四庫全書》第1611冊，上海古籍出版社2002年版，第43～44頁。黃侃《文心雕龍札記（續）》，《華國月刊》第3卷第3冊，1926年版，第4～5頁；黃侃關於《文心雕龍》的論文後結集作《文心雕龍札記》一書，華東師大出版社1996年、上海古籍出版社2000年分別出版。古直《枚叔〈梁王菟園賦〉箋》，《國學論衡》第3期，1934年版，第1～6頁；同文又刊於《國立中山大學文學院專刊》第2期，1935年版，第315～321頁；本篇引古直說據後出之文。聞一多《璞堂雜業·古文苑》，收入《聞一多全集》卷10，湖北人民出版社1994年版，第489～492頁；本篇引聞一多說未另列出處者皆見此文。趙逵夫《枚乘〈梁王兔園賦〉校議》，《文史》2004年第4輯，第107～120頁。

〔註145〕顧廣圻《與孫淵如觀察論九卷本〈古文苑〉書》，收入《顧千里集》卷7，中華書局2007年版，第125頁。

篇》：「圞，團圞也。」又作「團圛」、「團欒」、「團孌」、「團亂」、「團攣」，音轉又作「突欒」、「突圞」、「剔欒」，皆「團」之分音詞。《廣弘明集》卷 24 劉孝標《東陽金華山栖志》：「寺觀前皆植脩竹，檀欒蕭颾，被陵緣阜。」又卷 29 梁宣帝《遊七山寺賦》：「既蓊鬱之梧桐，亦檀欒之修竹。」皆本此賦。《慧琳音義》卷 99《廣弘明集》卷 24《音義》：「檀欒：《山海經》云：『雲雨之山有木，名曰欒，黃本赤枝青葉也。』《說文》：『欒，似欄也，從木䜌聲。』䜌音攣。」慧琳以二木名解之，尤為望文生義。朱起鳳曰：「便字古亦讀盤，聲與蟬近。『檀欒』與『蟬蜎』聲亦相近。」〔註 146〕非是。黃侃曰：「旋，迴旋之旋。」古直曰：「『旋』與『還』同，環繞之也。」其說皆是，俗作環，環繞、周繞。並，讀作傍。《類聚》卷 65 脫「道」字，汪紹楹校本斷句作「修竹檀欒，夾池水旋，菀園並馳」〔註 147〕，大誤。

（2）臨廣衍，長宂坂

按：坂，宋廿一卷本、明本同，宋九卷本作「板」。黃侃曰：「『長穴（宂）』二字有誤。」古直曰：「《哀二世賦》：『登陂阤之長坂兮，坌入曾宮之嵳峨。』《史記·秦始皇本紀》：『南臨渭，自雍門以東至涇渭，殿屋複道周閣相屬。』又曰：『周馳為閣道，自殿下直抵南山，表南山之顛以為闕，為複道，自阿房渡渭，屬之咸陽，以象天極閣道，絕漢抵營室也。』此之『複道』，即《哀二世賦》之『長坂』。宜春宮在山上，故複道得被以長坂之名矣。此賦之『長宂坂』，蓋即《史記》所謂『自宮連屬於平臺』之『複道』。平臺疑仿崑崙之平圃，故下句曰『政徑於崑崙』也。《三輔黃圖》池陽宮有長平坂，與此賦之『長宂坂』詞例正同，《說文》：『宂，散也。』複道多而無用，故曰『宂坂』。其長至五十里，故又加『長』字矣。《淮南子·本經訓》：『脩為墻垣甬道相連。』高誘注：『甬道，飛閣複道也。』宂、甬音近，然則謂『長宂坂』為『長甬坂』，亦通。」趙逵夫曰：「『長』乃旁注『宂』字之義者，或校『宂』為『長』，後闌入正文，使兩字並存。今以留『長』字為優。」古直說「長宂坂」指複道，是也。「長宂」其前說是，倒言則作「宂長」。

（3）故徑於崑崙，狠觀相物，芴焉子有，似乎西山

章樵注：徑，一作「正」。狠，音墾。狠觀，猶博觀也。班固《燕然銘》

〔註146〕朱起鳳《辭通》，上海古籍出版社 1982 年版，第 671 頁。

〔註147〕《類聚》（汪紹楹校），上海古籍出版社 1982 年版，第 1162 頁。

「夐其懇兮」，與此狠同意。滋有，言物之多。子，當作「滋」。漢人以箕子之明夷為荄滋，則「滋」、「子」字通。依山置園，故指西山比崑崙。言舊嘗經行崑崙之山，睹物蕃盛。

　　按：宋九卷本注：「觀，一作勸。」《文選補遺》卷 31 作「故行於崑崙之墾，苂兮有似乎西山」，注：「墾，苦狠切，《玉篇》：『耕也，治也。』《國語》：『士不備墾。』墾，發也。《切韻》曰：『墾，耕用力也。』」其改字無據，其注全誤。①黃侃曰：「故，即『坂』字，形近訛。『於』字疑衍。」古直曰：「『故』當為『政』之譌。章樵於『徑』字下注云『一作正』，本為『政』字，故云『一作正』，『正』、『政』通用也。其注於『徑』字下者，傳寫錯互耳。司馬相如《大人賦》『直徑馳乎三危』，與此賦『政徑於崑崙』詞例相同，正訓直，正徑即直徑矣，亦即《始皇本紀》『周馳為閣道，直抵南山』之意也。」趙逵夫曰：「『故』當為『微』字之形誤，連上作『長阪微徑』。『于』應為『兮』字之誤。」黃、古二氏校「故」字，各備一說。徑，直也。言直抵崑崙也。「崑崙」是菀園中仿造之山，非真昆崙山也。②黃侃以「有」字屬下句，云：「狠，即『貌』字。苂，即『物』字之誤。『焉』字涉下而衍。子，『兮』字之誤也。」古直曰：「《漢書·劉向傳》注：『狠，款誠之意。』《司馬遷傳》注：『懇，至誠也。』是『狠』、『懇』通用。《離騷》『覽相觀於四極。』王逸注：『相，視也。』『觀相』即『相觀』倒文。『狠觀相』與『覽相觀』詞例正同矣。孔融《答虞翻書》『又觀相雲物』，即本乎此賦。《荀子·正名篇》：『愚者之言，苂然而粗。』『焉』、『然』古通，『苂然』即『苂焉』也。司馬相如《上林賦》『周覽泛觀，繽紛軋苂』，即此『狠觀相物，苂焉子有』之意。孟康曰：『繽紛，眾盛也。軋苂，緻密也。』《大人賦》：『西望崑崙之軋沕荒忽兮。』張晏曰：『軋沕荒忽，不分明貌也。』孟訓軋苂為緻密，張訓軋沕為不分明，二義似異而實一。緻密之物，視之每不分明也。『子』與『孳』通，『子』、『滋』亦通。《左傳》：『物生而後有象，象而後有滋。』『子有』之義蓋本於此。張平子《西京賦》『林鹿之饒〔註148〕，于何不有？』饒，益有饒也，猶之『子有』、『滋有』矣。」聞一多曰：「『狠』為『貌』之訛，即『貌』字，此讀為邈，遠也。」趙逵夫曰：「『苂焉』為『刎馬』之誤。『似』當為『事』之音譌。」「狠」字黃、聞說是也，貌觀猶言遠視。相物，猶言觀察眾物。「苂焉」古說是也，「苂」即芒苂之苂，苂焉猶言微芒貌、隱

〔註148〕引者按：「鹿」當作「麓」。

約貌。《莊子‧至樂篇》：「芒乎芴乎。」《釋文》：「芴，音忽。」「芴焉」亦同「芴乎」。「子有」章注、古說是也，猶言多有。

（4）西山隑隑，邚焉䧢䧢

章樵注：邚，一作「邵」。隑，玉耒反。隑隑，企立貌。䧢即䧢字，吾回反。䧢䧢，高峻貌。

按：注「玉耒反」，明本、四庫本同，宋廿一卷本作「五來反」，龍谿本作「玉來反」。當作「五來反（ái）」，《文選補遺》卷 31 作「五哀切」，音同。《廣韻》：「隑，五來切，企立。」「隑」即「嵦」字，《玉篇》：「嵦，五來切，山。」此章注所本。①章樵注：「隑隑，企立貌。」黃侃從章說。古直曰：「《哀二世賦》：『臨曲江之隑州。』注：『隑，長也。』」章說誤，古說是也。「隑」當讀渠希切，字亦作碕。《廣雅》：「隑，長也。」《史記‧司馬相如傳》：「臨曲江之隑州。」《集解》引《漢書音義》：「隑，長也。苑中有曲江之象，泉中有長洲也。」《索隱》：「隑，音祈，隑即碕字，謂曲岸頭也。」《文選‧吳都賦》、《江賦》李善注並引許慎《淮南子注》：「碕，長邊也。」長岸謂之隑（碕），此賦複道長坂亦謂之隑，其義一也。字亦作碕，《慧琳音義》卷 94 引《考聲》：「碕，坂也。」「隑隑」即是形容複道長貌。②黃侃曰：「『䧢』即『隗』字，高貌。」古直曰：「『䧢』即『隗』字。二句言西山高長也。《七發》：『邚然足以駭矣。』注：『邚然，驚恐貌。』『焉』、『然』通也。」其說均是也。「䧢䧢」即「嵬嵬」增旁字。《廣雅》：「嵬嵬，高也。」趙逵夫曰：「邚，韓元吉本注：『一作邵。』按：當為『嵒』字之誤。」未是。

（5）卷嶜崣㟏

章樵注：卷嶜，即「巷路」字，山間之蹊徑也。崣㟏，即委蛇字，徑之曲折也。

按：黃侃曰：「『卷嶜』二字有誤。」古直曰：「『卷嶜』即『巷路』，以在山上，故加山字耳。《始皇本紀》：『作甘泉前殿，築甬道，自咸陽屬之。』應劭曰：『築垣牆如街巷。謂於馳道外築牆，天子於中行，外人不見。』『巷路』之義本此也。『崣㟏』即『陂阤』，亦即『倭蛇』。『卷嶜』以漸而高也。」章、古說「卷嶜即巷路」至精至確，錢鍾書說「《古文苑》章樵注聊勝於無而已」〔註149〕，豈其然乎？「卷嶜」即「巷路」之加旁字。「巷路」是漢人

〔註149〕錢鍾書《管錐編》第 3 冊，中華書局 1986 年版，第 160 頁。

習語，指街巷之路。《論衡·論死》：「滿堂盈廷，填塞巷路。」《後漢書·賈
琮傳》：「百姓以安，巷路為之歌曰：『賈父來晚，使我先反。』」此賦指山間
小道，故字從山作「巻䠟」耳。「婑㣣」即「委移」之加旁字，長而曲折貌。
《楚辭·悲回風》：「軋洋洋之無從兮，馳委移之焉止。」也作「逶移」，劉
向《九歎》：「遵江曲之逶移兮，觸石碕而衡游。」音轉則作「倭蛇」、「委蛇」、
「委佗」、「逶迤」、「蜲蛇」、「逶虵」、「踒跎」、「過迆」、「委隨」等形。《說
文》：「㣣，艸婑㣣。」草長而曲折曰婑㣣，故字從艸；山路長而曲折曰巻䠟，
故字從山，其義一也。章樵注「巻䠟即委蛇」，亦至精至確。

（6）崟巖嵍嵷巋㟏焉

章樵注：崟，音岑。嵍，疑是「巃」字。嵷，即空反。㟏，音鼇。巃嵷巋
㟏，皆山之險怪狀。

按：黃侃曰：「嵍，即『紆』字加山爾。嵷，涉上而誤。㟏，即『巋』字
之誤，『巋』或作『歸』，歸旁俗書或作來，所謂『追來為歸』也；山又誤為
巛。『焉』上有挩。」聞一多曰：「『嵷』疑本作『㠛』（《類篇》有『㠛』字）。
『嵍㠛』即『迂迴』。『㠛』與『隑』、『嵬』、『埃』韻。」古直曰：「羅先生曰：
『嵍』即『紆』字。紆從猶紆繞也。章樵注疑『嵍』即『巃』字，非也。『㟏』
字不見字書，章注云『山之險怪狀』也。」趙逵夫以「㟏焉」屬下「暴熛」
為句，云：「黃校並是也。『巋』字同『紆』字難以組合，當係『隑』字之誤。
『隑』指地勢彎曲處。『熛』當為『驃』字之誤。『㟏』當為『騋』字之誤。
『焉』為『馬』字之誤。『騋馬』指駿馬。」崟巖，也作「岑巖」、「嶔巖」，
倒言又作「巖崟」，山高傾側貌。「嵍嵷巋㟏」疑當作「崔巋㟏嵷」，今本誤
倒。「㟏嵷」東部疊韻連語，「㟏」從邕得聲，章注㟏音鼇，則誤以為從來得
聲。《說文》：「蜙，蝑蜙也。」《玉篇》「蠽」字條作「蚣蜙」。「蝑蜙」亦東部
疊韻連語，與「㟏嵷」同源，古音邕、翁相通。「翁」字影母，本從「公」得
聲，「公」字見母，則「翁」是見母轉影母也。「㟏嵷」是「巃嵷」音轉，「巃」
字來母，古音來母、見母相通。《玉篇殘卷》：「嵷，《上林賦》：『崇山巃嵷崔
嵬。』《埤蒼》：『巃嵷，高皃。』」《文選·上林賦》作「巃嵷崔嵬」，郭璞注：
「皆高峻貌也。」《慧琳音義》卷89亦引《埤蒼》：「巃嵷，高貌也。」字亦
作「蘢茸」，《淮南子·俶真篇》：「繽紛蘢茸。」高誘注：「蘢茸，聚會也。」
又「譬若周雲之蘢茸、遼巢、彭濞而為雨。」高誘注：「蘢茸，聚合也。」

《御覽》卷 8、《事類賦注》卷 2 引作「龍嵸」。「崔巍龘嵸」即《上林賦》之「龍嵸崔嵬」也。

（7）紛紛紜紜，騰踊雲亂，枝葉翬散，摩來幡幡焉

章樵注：幡，與「番」同，音波。《爾雅》：「番番、矯矯，勇也。」

按：幡幡，宋廿一卷本、明本同，宋九卷本作「憣憣」。黃侃指出「亂」、「散」、「幡」為韻，又云：「摩，疑當作『麾』。來，涉上而形誤。」古直曰：「《七發》『其波涌而雲亂擾擾焉，如三軍之騰裝』，又曰『紛紛翼翼，波涌雲亂』，《風賦》『至其將衰也，被麗披離，離散轉移，邸華葉而振氣，徘徊于桂椒之間』，即此賦『紛紛紜紜，騰踊雲亂，枝葉翬散，摩來幡幡』之謂也。李善注：『被麗披離，四散之貌。』紛紜雲亂，四散可知矣。邸，觸也。邸觸華葉，與『枝葉翬散』又同矣。乘賦源出宋玉，於此可見。『翬』、『揮』字通，故《公羊傳》『魯公子翬』，《史記·魯世家》作『揮』。揮，動也，振也，散也。『摩來』蓋即披離分散貌。《詩·巷伯》傳：『翩翩，往來貌。』『幡幡』猶『翩翩』。」宋淳熙八年刻本《文選·吳都賦》：「驚透沸亂，牢落翬散。」李善注引此賦作「上涌雲亂，葉翬散」，宋刊六臣本「上」作「騰」。胡克家曰：「袁本、茶陵本『上』作『騰』，是也。陳云『亂』下有『枝』字，案《古文苑》所載有，陳據之校耳。」〔註150〕胡紹煐曰：「『翬』與『揮』同，《公羊·隱四年》『公子翬』，《魯世家》作『揮』，翬亦散也。《易·乾》六爻『發揮』，《釋文》引王肅云：『揮，散也。』」〔註151〕趙逵夫曰：「『來』當為衍文。」胡說「翬散」是也，古說「幡幡」是也。摩，讀作靡。《說文》：「靡，披靡也。」披靡是靡蔓分散之貌。《廣雅》：「靡，離也。」字亦作麿，《易·中孚》：「吾與爾靡之。」王弼解「靡」作「散」，《釋文》：「靡，本又作麿，同，散也，干同。《埤蒼》作『糜』，云『散也』。陸作繡，京作劘。」字亦作攡，《集韻》：「攡，散也。」摩來幡幡焉，言枝葉飛散而來則翩翩然也。《全漢文》卷 20 斷作：「騰踊雲，亂枝葉，翬散摩來，幡幡焉。」句讀不通，亦失其韻。

（8）谿谷沙石，涸波沸日

按：古直曰：「此仍喻風也。《風賦》曰：『侵淫谿谷，盛怒於土囊之口，

〔註150〕胡克家《文選考異》卷 1，嘉慶十四年刊本，本卷第 12 頁。
〔註151〕胡紹煐《文選箋證》卷 6，黃山書社 2007 年版，第 159 頁。

緣泰山之阿，舞于松柏之下。』又曰：『迴穴衝陵，然後徜徉中庭。』『涸波沸日』猶言迴穴衝陵。」聞一多曰：「『涸』疑『洄』之誤。沸，讀為曜。《淮南子·墜形篇》：『扶木在陽州，日之所曜。』高注：『曜，猶照也。』案謂反射也。字一作拂，《天文篇》：『日……拂於扶桑，是謂晨明。』《楚辭·離騷》：『折若木以拂日兮。』又作費，《招魂》：『晉制犀比，費白日些。』此曰洄波曜日，正謂水波之反射日光。」趙逵夫曰：「涸字，范文瀾所附黃校本作『洄』，而《文心雕龍箚記》所附作『涸』。按：不知范氏自己所改，抑另有所據，然作『洄』是也。『洄波』指旋渦形成之水波。『沸日』形容映在水中的日影因波瀾而跳動，如在沸水中一般。」聞、趙說非是。「涸」字不誤，黃侃原文作「涸」，作「洄」乃范文瀾誤鈔。聞氏所舉例，曜、拂、費，並讀為茀，亦蔽音轉，指遮蔽。《離騷》王逸注：「拂，擊也，一云蔽也。」後說是。朱駿聲曰：「拂，叚借為茀。」〔註152〕姜亮夫曰：「王逸或說為允……按此當為茀之借。」〔註153〕《楚辭·悲回風》：「折若木以蔽光兮。」《易林·渙之睽》：「折若蔽目（日）。」此拂讀為蔽之確證。《史記·屈原傳》：「修路幽拂，道遠忽兮。」《楚辭·懷沙》「拂」作「蔽」〔註154〕。《淮南子·墜形篇》、《天文篇》二文，言太陽蔽於扶桑也。此賦沸亦讀為蔽，言谿谷沙石飛揚，足以乾涸波水，遮蔽日光也。

（9）湲浸疾東流，連焉鱗鱗，陰發緒菲菲

章樵注：溪谷之水疾趨而東。湲，流水也。浸，水所瀰也。字本作浸。既至平衍，復流連焉。徐行鱗鱗，其紋菲菲。

按：注「字本作浸」之「浸」，明本同，宋廿一卷本作「漫」，龍谿本作「濅」。黃侃、聞一多於「流」字斷句；古直屬下「流連」為句，又下句讀作「口陰發，緒菲菲」。黃侃曰：「浸，即『湲』之譌。陰發緒，此三字有誤。」聞一多曰：「『湲』疑『浸』之誤而衍。《說文》：『駸，馬行疾也。』《廣雅》：『駸駸，疾也。』浸疾猶駸疾。」古直曰：「湲浸猶浸淫。疾東則盛怒之謂也。流連猶徜徉也。《楚辭·大司命》：『乘龍兮鱗鱗。』王逸注：『鱗鱗：車

〔註152〕朱駿聲《說文通訓定聲》，武漢市古籍書店 1983 年版，第 626 頁。
〔註153〕姜亮夫《楚辭通故（四）》，收入《姜亮夫全集》卷 4，雲南人民出版社 2002年版，第 199 頁。
〔註154〕上說酌參朱季海《楚辭解故》，上海古籍出版社 1980 年版，第 57 頁。

聲。』《詩》云：『有車轔轔。』《釋文》作『軨』〔註155〕。竊疑『流連焉轔轔』本為『泠泠』，假為『軨軨』，轉為『轔轔』也。《風賦》：『故其風中人，清清泠泠，愈病析酲。』『陰』字上宜奪一字。《楚詞·離騷》：『芳菲菲其襲予。』」趙逯夫曰：「『疾』字衍，原句應作『湲湲東流』。連，當為『漣』字之譌。《說文》：『瀾，或從連。』轔轔，借作『潾潾』。《詩·揚之水》：『白石潾潾。』毛傳：『清澈也。』原文應作『□□□陰，發緒菲菲』。疑所脫第三字為『柳』字。『陰』借為『蔭』。緒，『絮』字之誤。」聞一多說是也，古直說誤。湲之言緩，「湲湲」形容水緩流，不得狀「疾東流」，黃侃說亦誤。然「湲」是「浸」形誤而不是衍文，當讀作「浸浸疾東流」，非「流連」成詞。「浸浸」即「駸駸」區別字，《說文》：「駸，馬行疾也。」《廣雅》：「駸駸，疾也。」此賦狀水流之疾，故改從水旁作「浸浸」，「浸」與訓漬的「浸」同形異字。轔轔，趙逯夫讀作「潾潾」，是也。《說文》：「潾，水生厓石閒潾潾也。」《詩·揚之水》《釋文》：「潾，本又作磷，同。」《玉篇》：「潾，潾潾，清澈也，水在石閒也。」字亦作漣，《玉篇》：「漣，水清皃。」連、轔一聲之轉，故以「轔轔」狀「連焉」。連、瀾亦一聲之轉，趙逯夫說字譌，未是。《釋名》：「風行水波成文曰瀾。瀾，連也，波體轉流相及連也。」「連焉」即水波相連及之貌。連焉轔轔，是說水波相連在石閒清澈地流動。「陰發緒」不詳。菲菲，讀作「斐斐」，狀水流往來不止之皃。《說文》：「斐，往來斐斐也。」字亦作「騑騑」，《漢書·揚雄傳》《反騷》：「斐斐遲遲而周邁。」顏師古注：「斐斐，往來貌也。」此用《詩·四牡》「四牡騑騑，周道倭遲」文，毛傳：「騑騑，行不止之皃。」

（10）誾誾讙擾，昆雞蝭蛙

章樵注：誾誾讙擾，鳥聲之雜。蝭蛙，音題決，一音弟桂，字本作「題鴂」，或作「鵜鴂」，子規鳥也。

按：古直曰：「誾誾，意氣和悅貌，見《禮記·玉藻》注。」聞一多曰：「誾，讀為狺。《楚辭·九辯》：『猛犬狺狺而迎吠兮。』」聞說是矣，而猶未盡。誾誾，爭辯貌。方以智曰：「誾誾、訢訢、言言、齗齗、齦齦。誾誾，爭辨也。子雲曰『後世之誾誾』，即『誾誾』，謂和悅而諍。而《石奮傳》：『僮僕訢訢』。或作『言言』，公紹收入『誾』字下。《禮記》：『三爵而言言斯。』」〔註156〕康

〔註155〕引者按：《詩·車鄰》作「鄰鄰」，《釋文》作「轔」。

〔註156〕引者按：三爵，《禮記·玉藻》原文作「二爵」。

成曰『和敬貌』，無爭辨之義，其兼爭辨者，乃『斷斷』也。斷即齗，《地理志》：『洙泗之間齗齗如也。』《太玄・爭》：『首爭射齗齗。』〔註157〕《劉向傳》：『朝臣齗齗。』顏注：『忿嫉貌。』『斷』自有咬牙爭辨之義，用為雙聲，則隨人以聲取矣。『齗齗』、『斷斷』之聲，亦因『狺狺』來，見《九辨》。子美用『狋狋』。」〔註158〕《廣雅》：「誾誾、嘗嘗，語也。」王念孫曰：「嘗嘗，猶誾誾也。《法言・問神篇》云：『何後世之嘗嘗也。』《史記・魯世家》贊：『洙泗之間，齗齗如也。』徐廣注云：『齗齗爭辯。』《鹽鐵論・國病篇》云：『諸生闇闇爭鹽鐵。』『斷』、『闇』並與『嘗』同。」〔註159〕音轉亦作「訢訢」，《說文》：「訢，諍語訢訢也。」〔註160〕

（11）倉庚密切，別鳥相離，哀鳴其中

章樵注：亦鳥名。《家語》：「恒山之鳥與四子別，其鳴甚哀。」

按：注「恒山」，宋廿一卷本、明本、墨海本同，皆誤；龍谿本作「桓山」，《家語》出《顏回篇》，亦作「桓山」，是也。《說苑・辨物》作「完山」，《御覽》卷487引《說苑》作「九山」，是「丸山」形誤。丸、完、桓一聲之轉。古直曰：「『密切』未詳。《釋鳥》有『密肌』。章樵云『密切亦鳥名』，不知何據也。頗疑『密切』即『親切』，與下句『相離』對文。」聞一多曰：「『密切』疑當作『密肌』，《爾雅・釋鳥》：『密肌，繫英。』《玉篇》作『鷭肌，繼鵝』，又云『鷁，鳥名，似雀。』肌，此作『切』，形近而譌。」趙逵夫曰：「『切』為『肌』字之誤。」「密切」必是鳥名，古說誤，聞、趙說近是。《爾雅釋文》作「鷭肌，繫鵝」，云：「鷭，音密，本今（亦）作密。鵝音英，本今（亦）作英。」《玉篇》：「鷁，鳥名。鳾，同上，鳥如鵲。」《廣韻》：「鳾，繼英，鳥名。」《集韻》：「鷭、鳾、鷁：鷭肌，鳥名，或省，亦作鷁，通作密。」

（12）若乃附巢蹇鸑之傅於列樹也，欐欐若飛雪之重弗麗也

章樵注：附巢、蹇鸑皆水鳥，鷗鷺之屬。欐，所宜切。欐欐，多貌。鳥色

〔註157〕引者按：首爭，《太玄》原文作「次三爭」。

〔註158〕方以智《通雅》卷10，收入《方以智全書》第1冊，上海古籍出版社1988年版，第388頁。

〔註159〕王念孫《廣雅疏證》，收入徐復主編《廣雅詁林》，江蘇古籍出版社1992年版，第458頁。

〔註160〕參見蕭旭《敦煌賦校補》，收入《群書校補》，廣陵書社2011年版，第858頁。

白若飛雪，集樹而弗麗著。麗，是附麗之麗。

按：傳，宋九卷本、宋廿一卷本、四庫本、墨海本、龍谿本同，《文選補遺》卷31亦同，明本、《全漢文》卷20誤作「傳」。①蹇鷔，《文選補遺》作「比翼」，不知何據？古直曰：「『若乃』當為『乃若』。『若附巢』與下『若飛雪』句法一律。章樵云『附巢、蹇鷔皆水鳥，鷗鷺之屬』，不知何所據也。」聞一多曰：「《廣雅·釋鳥》：『背竈、阜峨，萑雀也。』陸璣《毛詩義疏》：『鸖，鸖雀也……一名負釜，一名黑尻，一名背竈，一名阜裙。』『附巢』疑即『背竈』聲之轉。鷔，字書不載，蓋本只作『鼓』。古以鷺飾鼓，疑『蹇鷔』即『鷺』也。蹇、建音近……古飾鷺之鼓即建鼓。『蹇鷔』或即『建鼓』，俟考。」趙逵夫曰：「《龍龕手鑒》：『鷔，鷔之俗字。』按《字彙補》：『鷔與鷔同。』乃指須母鳥餵食之小鳥。鷔因其翅膀未硬，腿軟不能站立，故曰蹇鷔。『附巢』言常在巢中，多不離窩。『傳』乃『傳』字之誤。」「若乃」不誤，古說非是。「附巢」疑「鶝鳩」音轉。《方言》卷8：「鳩……或謂之鶝鳩，或謂之鵲鳩，梁宋之閒謂之鶺。」陸璣《毛詩草木鳥獸蟲魚疏》卷下：「雛其，今小鳩也，一名鶝鳩。」《爾雅翼》卷14：「佳鳩……又名鶝鳩，似班鳩……物之拙者，不能為巢，纔架數枝，往往破卵無巢不能居。」此鳥「不能為巢，纔架數枝」，與此賦下文云「巢枝」正合。鷔，讀為雇，字亦作鳲（鳸）、鴳。《說文》：「雇，九雇，農桑候鳥，扈民不婬者也。春雇鳱盾，夏雇竊玄，秋雇竊藍，冬雇竊黃，棘雇竊丹，行雇唶唶，宵雇嘖嘖，桑雇竊脂，老雇鴳也。鴳，雇或從雩。鳸，籀文雇，從鳥。」《爾雅》：「鳸，鴳。」郭璞注：「今鴳雀。」「鴳」同「鷃」，老雇為鷃，故稱作「鷃雇」，此賦「蹇鷔」疑即「鷃雇」音轉。②章樵注：「欐欐，多貌。」《文選補遺》作「攡攡」，注：「力的切，《玉篇》云：『指劃也。』《上林賦》：『攢立叢倚，連卷攡危。』〔註161〕唐劉良曰：『攡，謂木之重疊累積盤結傾欹貌。』司馬彪曰：『攡危，枝重累也。』〔註162〕黃侃曰：『欐，讀與筵同。重弗麗，三字有誤。』」古直曰：「『欐』當為『纚』。《文選·景福殿賦》注：『纚，相連之貌。』」章、黃、古說「欐欐」是也，然未探本。欐欐，讀作「邐邐」，連延不絕貌。《說文》：「邐，行邐邐也。」字亦作「纚纚」、「灑灑」，連續不斷貌，眾多貌。《史記·司馬相如列傳》：「車案行，騎就隊，纚乎淫淫，班乎裔裔。」《集解》引郭璞曰：「皆群行貌也。」《漢書》顏師古

〔註161〕引者按：《文選》「攡」作「欐」，下同。
〔註162〕引者按：李善注引「枝」作「支」。

注：「纚音屣。」「纚乎」即「纚纚」。《韓子・難言》：「所以難言者，言順比滑澤，洋洋纚纚然，則見以為華而不實。」舊注：「纚纚，有編次也。」俗音轉為所蟹反，故「洋洋纚纚」又作「洋洋灑灑」矣。唐・錢珝《客舍寓懷》：「灑灑灘聲晚霽時，客亭風袖半披垂。」音轉亦作「縰縰」、「莚莚」、「莘莘」，《文選・高唐賦》：「縰縰莘莘，若生於鬼，若出於神。」李善注：「縰縰莘莘，眾多之貌。《說文》曰：『纚，冠織也。』『縰』與『纚』同。」縰、莘一聲之轉，故又複言作「縰縰莘莘」也。《樂府詩集》卷18《釣竿》：「竹竿何珊珊，魚尾何簁簁。」《類聚》卷18同，《玉臺新詠》卷1作「莚莚」，即本《詩》「有莘其尾」〔註163〕。「簁簁（莚莚）」即「有莘」，亦即「莘莘」也。《宋書・樂志三》、《樂府詩集》卷41作「何離簁」，非也。劉履《風雅翼》卷10：「嫋嫋、簁簁，並搖動貌。」未得其解。當讀作「欙欙若飛雪之重（微逗）弗麗也」，不是「重弗麗」連文。言飛鳥之多，如連續不斷的飛雪的重複，而不相附麗也。

（13）白鷺鶻桐

按：黃侃曰：「桐，蓋『鵃』字之誤。」古直曰：「『鶻桐』未詳。《左傳》有『鶻鳩』，《釋鳥》有『鶻鵃』，《廣雅》有『鶻鸼』。」聞一多曰：「『鶻桐』即『鶻鵃』。舟、同一聲之轉，本係一字……周、舟聲同也。《爾雅・釋鳥》：『鶌鳩，鶻鵃。』郭注：『似山雀而小〔註164〕，短尾，青黑色，多聲，今江東亦呼為鶻鵃。』一作『鶻雕』，《詩・小宛》傳『鳴鳩，鶻雕』，是也。」聞一多又曰：「周、同二字，古每通用……『鶻桐』即『鶻雕』。」姜亮夫說同聞氏〔註165〕。趙逵夫曰：「桐、鵃古音相近。」「桐」當是「椆」形誤，讀為雕、鵃。「周」、「舟」古同音。「周」、「同」二字形近致譌，非音轉。「鶌」、「鶻」是異體字，古屈、骨音轉。「鶻桐」即「鶻鵃」、「鶻雕」，音轉亦作「鶻鳩」、「鶌鳩」，俗稱作「斑鳩」。

（14）守狗戴勝

章樵注：皆鳥名。守狗，聲似呼盧，戴勝降於桑，以為蠶候。

〔註163〕說本胡紹煐《文選箋證》卷21，黃山書社2007年版，第511頁。
〔註164〕引者按：郭注原文「雀」作「鵲」。
〔註165〕聞一多後說見《楚辭校補》，收入《聞一多全集》卷5，湖北人民出版社1994年版，第217頁。姜亮夫《二招校注》，收入《姜亮夫全集》卷6，雲南人民出版社2002年版，第644頁。

按：黃侃曰：「守，蓋『鴗』字之訛。《爾雅》：『鴗，天狗。』」古直曰：「『守狗』未詳。《釋鳥》：『鴗，天狗。』郭璞注：『小鳥也，青似翠，食魚，江東呼為水狗。』『水』、『守』音近，『守狗』殆即『水狗』矣。」趙逵夫說略同古直。聞一多曰：「『鴗』、『守』形懸無由相誤。『守』蓋『宐』之譌。」字書無「宐」字，有「宐」字，「宐」即「宜」俗字，無義，聞氏未作解釋，不知聞氏何說。黃、古說近是。《爾雅》鄭樵注：「魚狗也，似翡翠而小，青碧可愛。」《爾雅翼》卷 15：「鴗，今此鳥穴土為巢……來人家陂池中竊魚食之，今人謂之翠碧鳥，又謂之魚狗。或曰：小者為魚狗，大者名翠奴。」此鳥「穴土為巢」，與此賦下文云「穴藏」正合。

（15）聲音相聞，喙尾離屬

按：喙，《類聚》卷 65 引作「啄」，即「啄」俗譌字。黃侃徑作「啄」字，曰：「讀為咮。」古直曰：「『啄』當為『喙』，《說文》：『喙，口也。』離屬猶纚屬也。」聞一多曰：「離，連也。」黃、聞說是，「啄」讀陟救切，不讀竹角切，字同「咮」，字亦作「噣」、「注」，喙也。《說文》：「咮，鳥口也。噣，喙也。」《集韻》：「啄，咮也。」又「噣，《說文》：『喙也。』或作咮、注。」元刊本《韓詩外傳》卷 7：「鳥之美羽勾啄者，鳥畏之。」景宋本《御覽》卷 464 引作「啄」，與《類聚》所引此賦正同。《漢書·東方朔傳》：「尻益高者，鶴俯啄也。」顏師古曰：「啄，鳥嘴也。」《韓詩外傳》卷 8：「燕頷而雞啄。」《論衡·累害》：「蜂蠆之黨啄螫懷操。」《易林·井之恒》：「方啄宣口，聖知仁厚。」《節之睽》同。諸「啄」字並同。宋刊本等作「喙」者，義同，字形亦近，疑後人所改。古直讀「離屬」為「纚屬」，是也，然未探本。《文選·上林賦》：「華榱璧璫，輦道纚屬。」五臣本作「灑屬」。李善注引司馬彪曰：「纚屬，連屬也。」《漢書》顏師古注：「纚屬，纚迤相連屬也。纚音力爾反，屬音之欲反。」顏說非是。離，讀為麗。《後漢書·馬融傳》《廣成頌》：「類行並驅，星布麗屬。」實是「連」音轉，麗、連一聲之轉。《莊子·馬蹄》：「當是時也，山無蹊隧，澤無舟梁，萬物群生，連屬其鄉。」

（16）翱翔群熙，交頸接翼

按：古直曰：「熙，戲也。」趙逵夫曰：「『熙』為『嬉』字之借。」本字為娭，《說文》：「娭，戲也。」

（17）闒而未至，徐飛狚猪

　　章樵注：闒，低飛也。狚猪，音颰沓。

　　按：聞一多曰：「『未』疑『來』之訛。」趙逵夫從章注。章、聞說非是，「未」字不誤。闒，《文選補遺》卷31作「闒」，注：「徒合切。」胡文英曰：「闒，音歇。枚乘《兔園賦》：『交頸接翼，闒而未至。』案：闒，集也，吳中謂鳥集曰闒。」〔註166〕胡說非是。「闒」是「闒」俗譌字（俗字「翕」與「弱」相混），音塔，象聲詞，此賦指鳥飛之聲。《韓詩外傳》卷2：「巫馬期喟然仰天而嘆，闒然投鎌於地。」「闒」亦「闒」俗譌字，「闒然」正物墮地之聲。字亦作塌墆、鎝、荅、嗒、嗒、剔〔註167〕。黃侃曰：「狚猪，即『颰沓』。」古直曰：「『狚猙』即『拉搨』也。」二氏說均是也。《廣雅》：「狚猙，飛也。」王念孫曰：「狚猙者，《玉篇》云：『翻翻，飛兒。』又云：『鶍鶍，飛起兒。』又云：『翮，飛兒。』又云：『翔翔，飛兒。』《說文》：『弱，飛盛兒也。』枚乘《梁王菟園賦》云：『徐飛狚猪。』左思《吳都賦》云：『趁趨狚翔。』漢鐃歌《思悲翁篇》云：『拉沓高飛暮安宿。』並字異而義同。」〔註168〕《文選·舞賦》：「拉搨鵾驚。」李善注：「拉搨，飛貌。」胡紹煐曰：「王念孫云云。字又作『颰沓』，本書《舞鶴賦》：『颰沓矜顧。』注：『颰沓，群飛貌。』並『狚猙』之同聲假借字。」〔註169〕

（18）往來霞水，離散而沒合，疾疾紛紛，若塵埃之間白雲也

　　按：宋九卷本注：「霞，一作『露』。」聞一多曰：「《文心雕龍·比興篇》引『疾疾』作『猋猋』，於義為長。『猋紛』雙聲連語。《說文》『飆』重文作『颰』。《文選·西都賦》：『颰颰紛紛，矰繳相纏。』注：『颰颰紛紛，眾多之貌也。』」明刊本《文心雕龍》引作「焱焱紛紛」，楊明照校「焱焱」作「猋猋」，亦引《西都賦》及《說文》為證〔註170〕。聞、楊說是也，「疾疾」是「猋猋」形譌。「猋紛」倒言亦作「紛猋」，本書卷2《舞賦》：「纖縠蛾飛，紛猋若絕。」《文選》李善注：「紛猋，飛揚貌。」間，阻隔，隔斷。趙逵夫

〔註166〕胡文英《吳下方言考》卷12，收入《續修四庫全書》第195冊，上海古籍出版社2002年版，第106頁。

〔註167〕參見蕭旭《〈韓詩外傳〉解詁》，《文史》2017年第4輯，第11～12頁。

〔註168〕王念孫《廣雅疏證》，收入徐復主編《廣雅詁林》，江蘇古籍出版社1992年版，第195頁。

〔註169〕胡紹煐《文選箋證》卷19，黃山書社2007年版，第472頁。

〔註170〕楊明照《增訂文心雕龍校注》，中華書局2000年版，第462～463頁。

曰：「『霞』為『狎』字之誤。『狎水』指在水中嬉戲。」改字無據。

（19）予之幽冥，究之乎無端

按：予之幽冥，《文選補遺》卷 31 作「窮之乎莫殫」，不知所據。黃侃曰：「予，字有誤。」古直曰：「《說文》：『予，相推予也。』〔註171〕予之幽冥，言推之幽冥也。言鳥高飛，推之幽冥，不能窮究其端倪也。」聞一多曰：「疑當作『□之乎幽冥』，與下『究之乎無端』句法一律。『予』為『乎』之訛，又倒在『之』上。」趙逵夫曰：「『予』當為『求』字之形誤。」疑「予」為「野」脫誤，「之」是重文符號之誤。「予之」本作「野野」，黑暗貌。《玉篇》：「野，黑也。」《集韻》同。胡文英曰：「許氏《說文》：『野，黑也。』〔註172〕案：野，不白澤也，吳中謂物之少白光曰『黑野野』。」〔註173〕究，猶言窮極。賦文是說群鳥高飛，如同塵埃阻隔了白雲，黑野野一片好像幽冥，窮盡到了無端涯的天邊。

（20）於是晚春早夏，邯鄲、襄國、易陽之容麗人及其燕飾子，相予雜遝而往欪焉

章樵注：燕飾子，無安而華飾，謂富貴子。

按：襄，明本同，宋九卷本、廿一卷本、四庫本作「襄」，《類聚》卷 65 引亦作「襄」。

易陽之容麗人，《文選補遺》卷 31 作「易涿之麗人」，又「燕飾子」作「燕汾之游子」，皆不知所據。張惠言曰：「《文選·魏都賦》注引枚乘《菟園賦》云：『易陽之容。』」黃侃本「予」作「子」，云：「『予』之訛，讀為與。」古直曰：「左思《魏都賦》：『易陽壯容，衛之雅盾（稚質），邯鄲纙步，趙之鳴瑟。』李善注：『枚乘《兔園賦》曰：易陽之容。』羅先生曰：燕飾，當讀為『燕適』。直案：張惠言本正讀為適。燕適子猶燕安公子也。羅先生曰：『予』、『與』古通。直案：《類聚》卷 65 正引作『與』。羅先生曰：《廣韻》：『欪，至也。』」〔註174〕張惠言徑改作「燕適」，未言所據；黃侃改同。

〔註171〕引者按：《說文》無「相」字。

〔註172〕引者按：《說文》無此文，當是《玉篇》。

〔註173〕胡文英《吳下方言考》卷 3，收入《續修四庫全書》第 195 冊，上海古籍出版社 2002 年版，第 25 頁。

〔註174〕引者按：「雅盾」當作「稚質」，「纙」當作「躧」，「李善注」當是「劉淵林注」。

改「適」字無據，仍取章注。雜遝，《類聚》引作「雜沓」。趙逵夫曰：「『麗人』之『人』為『衣』字之殘。『及其』於此處文意不通，當為『服珥』之誤。『麗衣服珥』為句。『子』字衍。」改字皆無據。

（21）披銜跡蹶

按：聞一多曰：「『蹶』當為『橛』。《莊子・馬蹄篇》：『前有橛飾之患。』《漢書・司馬相如傳》：『銜橛之變。』」古直曰：「披，解也，開也。披銜猶離銜。『跡』同『蹟』，《廣雅》：『蹟，止也。』《廣韻》：『蹶，失足。』披銜跡蹶，言脫銜驚止而失足也。」趙逵夫曰：「『披』當為『鑾』字之音誤。『跡蹶』二字亦誤。」諸說非是。《廣雅》「蹟，止也」，指足所止，即步迹、足迹，名詞。蹶，讀為趉。《說文》：「蹶，一曰跳也。」又「趉，蹶也。」又「蹠，楚人謂跳躍曰蹠。」蔣斧印本《唐韻殘卷》：「趉，跳趉。」蹶亦訓蹈踏（見於舊注甚多，不煩徵引），與「跳躍」義相會。「跡」或體作「蹟」，讀為蹟，字亦作越。《說文》：「蹟，小步也。《詩》曰：『不敢不蹟。』」《繫傳》：「步小而輕也。蹟猶跋踏也。」《說文》：「越，側行也。《詩》曰：『謂地蓋厚，不敢不越。』」《慧琳音義》卷85「蹟地」條引《考聲》：「蹟，履也。」蔣斧印本《唐韻殘卷》：「蹟，蹟地。」《廣韻》：「蹟，蹟地，小步。」指小步側行。披銜跡蹶，指馬加上馬嚼子而小步蹈踏跳躍。

（22）因更陰逐心相秩奔，隧林臨河，怒氣未竭

章樵注：奔，一作「奮」，又「奪」。

按：黃侃曰：「陰逐心相秩奔，六字有誤。隧，與『墮』字同。」古直讀作「因更陰逐，心相秩奪」，云：「羅先生曰：《詩・小戎》：『陰靷鋈續。』毛傳：『陰，撱軌（軓）也。』〔註175〕箋云：『撱軌（軓）在軾前，垂靷上。』《正義》曰：『撱軌（軓）者，謂輿下三面材，以板木橫側車前，所以陰撱此軌（軓），故云撱軌（軓）也。靷者，以皮為之，繫於陰板之上。』《釋名・釋車》：『陰，蔭也，橫側車前，所以蔭等也。』此言馬蹶以後，陰板已敗，因更換新者再事馳逐。更，平聲。奪，《古文苑》作『奔』，章樵注：『一作奮，又奪。』直案：作『奪』是也。《舞賦》『馬材不同，各相傾奪』，『奪』意與此同。『秩』當為『軼』，《楚詞》『軼迅風』，注：『從後出前也。』心相

〔註175〕引者按：「軌」當作「軓」，下同。

軼奪，謂爭先恐後。羅先生曰：《說文》無『隧』字，『隧』即『遂』，下云『亡也』。隧林者，馬怒未竭，因亡入于林而瀕臨於河也，即《擊鼓》詩『爰喪其馬，于林之下』之意。『喪』與『亡』同誼。直案：《左氏・襄二十五年傳》『當陳隧者』，杜注：『隧，徑也。』徑林臨河，謂不由正道而馳也。」趙逵夫曰：「陰，『隨』字之誤。心，『思』字之殘。秩，『佚』字之譌。『佚』通『逸』。」古直讀不成句，但謂「秩」當作「軼」則是也，餘說均誤。趙逵夫說「秩」當作「佚」亦是。此句當作「因更陰逐心相軼奔」。陰，猶言暗中。逐，讀為蓄，聚積、蓄積。《詩・我行其野》：「言采其蓫。」《釋文》：「蓫，本又作蓄。」《文選・七發》：「霜蓄露葵。」李善注：「《毛詩》曰：『我行其野，言采其蓫。』鄭玄曰：『蓫，牛蘈。』與『蓄』音義同也。」此皆逐讀為蓄之證。「陰蓄心」正與上文「水（？）意而未發」相照應。軼奔，猶言逸奔，倒言則作「奔軼」、「奔逸」。《莊子・田子方》：「夫子奔逸絕塵。」《後漢書・逸民列傳》李賢注引作「奔軼」。本書卷 2《笛賦》：「揆狹（軼）振奔逸。」《楚辭・九歎・遠逝》王逸注：「言遂凌乘驚駭之雷，追逐犇軼之電。」亦作「奔佚」，《列子・仲尼》：「體將僵者，先踆犇佚。」《釋文》：「犇佚，音奔逸。」「犇佚」即「奔軼」。亦作「奔趎」，P.2155V：「運後奔趎問訊。」賦言馬意未發，暗中蓄積於心想要奔逸也。隧訓徑無動詞用法。羅說「隧」即「遂」是也，但所釋則誤。遂，進也，猶言進入。竭，當讀為歇。《說文》：「歇，一曰氣越泄。」《廣雅》：「歇，泄也。」猶言散泄。馬王堆漢簡《合陰陽》：「毋使其氣歇。」《淮南子・主術篇》：「是故明主之耳目不勞，精神不竭。」又「精神勞則越，耳目淫則竭。」二例竭亦讀為歇，竭亦越也，散也。

（23）羽蓋繇起，被以紅沫

按：紅沫，《文選補遺》卷 31 誤作「紅抹」。黃侃曰：「繇，『繇』字之訛。」聞一多曰：「『繇』與『搖』通。《九章・抽思》：『願搖起而橫奔兮。』《方言》卷 2：『搖，疾也。』搖起即疾起。沫讀為末，謂流蘇也。」古直曰：「『繇』與『搖』通。羽蓋搖搖欲起，極形怒馳不安之狀。羅先生曰：漢《郊祀歌》『霑赤汗，沫流赭』，即此所謂『紅沫』也。」聞說「繇」字是也。羅說「紅沫」是也，《史記・樂書》《集解》引應劭曰：「大宛馬汗血。霑，濡也。流沫如赭。」

（24）濛濛若雨委雪

按：聞一多曰：「委，讀為浽。《集韻》：『浽，微小雨。』」古直曰：「《七發》『如湯沃雪』，與此『若雨委雪』句法同。《舞賦》曰：『龍驤橫舉，揚鑣飛沫。』沫能被於羽蓋，則由於飛也。『濛濛若雨』表其飛狀，然雨墜不見，而沫則被後仍存，故必濛濛若雨委雪，然後曲盡紅沫被蓋之狀。雨委雪者，殘雪在樹，微雨過之，則委而下。」趙逵夫曰：「似『雨』字前脫一字。」聞說非是。委，墜落，或讀為化。

（25）高冠扁焉，長劍閑焉

按：閑，宋九卷本、廿一卷本、四庫本、龍谿本作「閑」，《類聚》卷 65 引同。張惠言曰：「閑，《文選·宦者傳論》注引作『閒』。」黃侃曰：「扁，即『翩』之省。閒，《文選·宦者傳論》注引作閑，蓋論（讀）為岸。」古直曰：「羅先生曰：扁讀為翩。羅先生曰：四句承上作轉。言馬雖惶駭，人自安閒，極形容其態度之鎮靜也。」趙逵夫曰：「黃說似非。『扁』當為『偏』字之誤……王侯貴族群聚玩至極樂之時將禮法置之腦後，往往衣冠不整。」黃、羅讀扁為翩，是也。《文選補遺》卷 31 正作「翩」字。《楚辭·離騷》：「高余冠之岌岌兮，長余佩之陸離。」又《九章·涉江》：「帶長鋏之陸離兮，冠切雲之崔嵬。」乃枚賦「高冠扁焉，長劍閑焉」所本。閑、閒，讀為嫻，俗作嫻，嫻雅。漢人以高冠長劍形容威儀之美盛、嫻適。《文選》注引作「閒」，乃形譌。

（26）日移樂衰

按：《淮南子·道應篇》：「日中而移。」「移」指太陽西斜。專字作暆，《說文》：「暆，日行暆暆也。」亦省作施，音移。《史記·賈生列傳》《服鳥賦》：「四月孟夏，庚子日施兮。」《越絕書·越絕荊平王內傳》：「日昭昭，侵以施，與子期甫蘆之碕。」字亦作虒，睡虎地秦簡《日書》甲種：「日虒見，令復見之。」字亦作倪、睨，《莊子·天下篇》：「日方中方睨。」《呂氏春秋·序意》：「以日倪而西望知之。」其語源是迆，《說文》：「迆，衺行也。」衰，龍谿本同，《類聚》卷 65、《文選補遺》卷 31 亦同，宋九卷本、廿一卷本作「襄」，明本作「襄」。張惠言曰：「衰，誤作『襄』。」古直曰：「羅先生曰：別本『襄』改作『衰』，案樂果既衰，當倦極思歸，不應再遊。作『衰』者亦非也。《書·皋陶謨》『思日贊襄』，鄭注：『襄之言暢也。』此『襄』字

正當用鄭義。」羅說非是。「衺」即「衰」俗譌字，本書卷 4 楊雄《太玄賦》「物有盛衺」（據二宋本），亦其例。衰，減也。

（27）選擇純熟，挈取含苴

章樵注：苴，與「咀」通。擇芝之軟脆者以自含苴。

按：聞一多曰：「苴，讀為咀。《說文》：『咀，含味也。』」古直曰：「司馬相如《大人賦》：『咀嚼芝英兮嘰瓊華。』含苴猶咀嚼矣，『咀』、『苴』通。」章、聞、古說是，馬王堆帛書《胎產書》：「以方苴時，取蒿、牡、卑（蜱）稍（蛸）三，冶，飲之，必產男。」苴亦讀為咀。挈，讀為折，古音折、丰（韧）相通。趆音轉作趻，觠音轉作觢，瘈音轉作犲，挈音轉作㧁，皆其證。《晏子春秋·內篇諫下》：「挈領而死。」《說苑·立節》：「契領於庭。」《賈子·耳痺》：「大夫種絜領謝室。」《韓子·五蠹》：「折頸而死。」挈、契、絜、折一音之轉〔註176〕。本書卷 12 董仲舒《山川頌》：「持斧則斫，折鐮則艾。」折則讀為挈，亦持也。

（28）煎熬炮炙

按：炮，《類聚》卷 65 引作「炰」，異體字。

（29）袿褉錯紵，連袖方路

按：《文選補遺》卷 31 注：「《思玄賦》曰『揚雜錯之袿徽』，又《南都賦》曰『被服雜錯』，與此賦『袿褉錯紵』同義。」古直曰：「《釋名》：『婦人上服曰袿。』《儀禮·聘禮》注：『褉者，免上衣見褉衣。』《禮記·玉藻》注：『袒而有衣曰褉。』《樂記》注：『褉謂袒上衣而露褉也。』〔註177〕『袿褉錯紵』謂袒袿衣而見褉衣，攜持以行而錯互也。方，比也。方路，比肩而行也。」紵，讀為午，字或作迕，猶言交錯。馬王堆帛書《五行》「許跓」即「吁嗟」，是其音轉之證。錯紵，即「錯迕」，猶言交錯、錯雜。《文選·風賦》：「耼耼雷聲，迴穴錯迕。」李善注：「錯迕，錯雜交迕也。」呂延濟注：「錯迕，交錯也。」方，讀為並，並列。

〔註176〕參見蕭旭《賈子校補》，收入《群書校補（續）》，花木蘭文化出版社 2014 年版，第 689～690 頁。

〔註177〕引者按：所引是孔疏，而非鄭注。

（30）摩眵長髮

章樵注：眵，音移，膏澤也。長，音仗。髮，即「髮」字。謂加髢為高髻也。

按：張惠言曰：「《文選》謝靈運《會吟行》注引作『磨陀長髻』。」〔註178〕黃侃曰：「眵，『陀』之訛。髮，即『髮』之訛。《文選》謝靈運《會吟行》注引作『磨陁長髻』。」〔註179〕古直曰：「羅先生曰：摩讀為靡，摩、靡古通。眵者〔註180〕，『陁』之誤。『陁』與『迆』通。『靡陁』疊韻連語，猶陁靡也。《子虛賦》：『登降陁靡。』〔註181〕《漢書》作『陁靡』〔註182〕。《上林賦》作『施靡』，《甘泉賦》又作『迆靡』〔註183〕，要皆相連貌。下句『便娟』亦疊韻字，證其為『靡陁』益無疑也。髮者，『鬇』之誤字。《說文》：『鬇，髮至眉也。』謂額上髮飾也。直案：《文選》謝靈運《會吟行》注引《兔園賦》正作『靡陀長髻』〔註184〕，羅先生說與之暗合也。」摩眵，諸說讀作「摩陀」、「磨陁」、「靡陁」、「陁靡」、「施靡」、「迆靡」皆是也，連綿詞正言倒言無別。《御覽》卷373引作「摩陁長髻」。《漢書·揚雄傳》《甘泉賦》「施靡虖延屬」，顏注亦云：「施靡，相及貌。屬，連也。」《文選》李善同，五臣本作「迆靡」，李善注：「施靡，相連貌也。」字亦作「靡池」、「靡迆」，《文選·田南樹園激流植援》：「靡池趨下田，迢遰瞰高峯。」李善注引《西京賦》：「澶漫靡池。」《文選·西京賦》作「靡迆」，李善注引《子虛賦》：「登降迆靡。」字亦作「迆纚」、「陁纚」，《文選·洞簫賦》「倚巇迆纚」，五臣本作「陁纚」。李善注：「迆纚，邪平之皃。」又音轉則作「弭迆」、「彌池」、「瀰迤」、「灑池」，《三輔黃圖》卷5引《甘泉賦》作「弭迆」。《文選·蕪城賦》：「灑池平原。」後梁《石彥辭墓誌》：「豪家貴邸，彌池相連。」唐·吳融《古瓦硯賦》：「藏瀰迤之春蕪，耕牛腳下；照青熒之鬼火，戰骨堆邊。」「髮」當是「髮」形譌，黃說是也，《文選》注引作「髻」，《御覽》引作「髻」，皆不可據。

〔註178〕引者按：《選》注原文作「磨陁」。
〔註179〕引者按：《選》注原文「髻」作「髻」。
〔註180〕引者按：古氏原文「眵」誤作「眵」。
〔註181〕引者按：《文選》原文「陁靡」作「陁靡」。
〔註182〕引者按：《漢書》原文作「陁靡」。
〔註183〕引者按：五臣本《文選》作「迆靡」。
〔註184〕引者按：《選》注原文「靡陀」作「磨陁」。

（31）芳溫往來接，神連未結，已諾不分

　　章樵於「接」字下注：此句疑多「來」字。下二句注：所謂色授神予者。

　　按：黃侃讀作「芳溫往來，精神未結」，云：「接，『精』之訛。連，即『神』字訛衍。」古直讀作「芳溫往來接神，連才結已諾不分」〔註185〕，云：「案《呂氏春秋·盡數篇》曰：『大喜、大怒、大憂、大恐、大哀，五者接神則生害矣。』明『接神』一詞古所常用也。《神女賦》：『陳嘉辭而云對兮，吐芬芳其若蘭。精交接以來往兮，心凱康以樂歡。神獨享而未結兮〔註186〕，魂榮榮以無端。㒶然諾其不分兮〔註187〕，喟揚音而哀歎。』『芳溫』二句本此。羅先生曰：『連』當為『憐』。憐，愛也，謂美人愛己之才以相結也。」趙逵夫曰：「『溫』為『旬』字之誤。芳旬往來，寫採桑婦之行動。黃說俱是。結，『接』字之借。」古直引《神女賦》說之，是也，但原文本作「連未結」，古氏誤「未」作「才」，又從羅氏說讀連為憐，解作「愛己之才以相結」，則郢書燕說耳。《神女賦》李善注：「精，神也。未結，猶未相著。」此賦疑當作「芳溫來接，神連未結」，「往」字衍文，言採桑婦人吐芬芳之辭前來交談，神已連上，但未相著。

　　章樵注「色授神予」，當即司馬相如《上林賦》「色授魂與」。

（32）縹併進靖

　　按：黃侃曰：「併，讀為艵。靖，『請』之訛。」聞一多曰：「併，讀為艵，《說文》：『艵，縹色也。縹，帛青白色也。』《楚辭·遠遊》：『玉色頩以脕顏兮。』注：『面目光澤以鮮好也。』《文選·神女賦》：『頩薄怒以自持兮。』注引《方言》：『頩，怒色青貌。』《淮南子·齊俗篇》：『仁發頩以見容。』高注：『頩，色也。』」〔註188〕艵、頩、頩並同。進，讀為津，明潤貌。靖，讀為瀞，今字作淨。」古直曰：「羅先生曰：『縹併』雙聲連語，『進靖』又雙聲而兼疊韻，例無正字，不能字為之釋者也，如『縹渺』、『駢田』之類是矣。《莊子》『駢拇枝指』，《東都賦》『駢部曲』，注皆云『併也』，是『併』與『駢』通。《笙賦》『駢田獵麗』，注：『聚也。』此句亦是進前聚集之意。」「縹艵」從聞一多說，縹艵，青色，指女子微怒之面色，狀其矜持貌。「進靖」從黃

〔註185〕引者按：枚賦原文「才」作「未」。
〔註186〕引者按：《文選》原文「享」作「亨」。
〔註187〕引者按：《文選》原文「㒶」作「含」。
〔註188〕引者按：《淮南子·齊俗篇》當是許慎注。

侃說當作「進請」，猶言上前請語。

（33）儐笑連便

章樵注：儐，音頻。與「顰」同，眉小蹙也。或儐或笑，姿態便媚。

按：黃侃曰：「儐，讀為嚬。」古直曰：「羅先生曰：『儐』當為矉笑，即今俗書之顰笑，《說文》有『矉』無『顰』。『連翩』亦作『聯翩』。」諸說皆是。「連便」即「連翩」。

（34）桑萎蠶饑，中人望奈何

按：古直曰：「《登徒子好色賦》結段云『復稱詩曰：寤春風兮發鮮榮，潔齋俟兮惠音聲，贈我如此兮不如無生』，與此略同。羅先生曰：篇中極言苑囿之廣，則其僭蹂無制之意自見於言外，其敘遊觀至於日移樂襄、極樂到暮，則其流連荒亡之戒深矣。末乃託辭於婦人而以為心哀也，『奈何』一結無限深情。」趙逵夫曰：「『中人』指宮中養蠶之人。」中人，家中的人，指採桑婦人的丈夫。吳均《和蕭洗馬子顯古意》：「中人坐相望，狂夫終未還。」此例「中人」指征夫的妻子。

《枚乘〈梁王菟園賦〉校補》刊於《上古漢語研究》第 3 輯，2019 年出版，第 89～103 頁。

枚乘《忘憂館柳賦》校補

（1）枝透遲而含紫，葉萋萋而吐綠

按：透遲，也作「倭遲」、「委移」、「委施」等形，皆「委隨」、「委蛇」、「透迤」音轉，戰國末期歌韻與支韻分音。此賦用以狀柳枝，則又「婀娜」、「旖旎」轉語，柔弱下垂貌。含，明刊本《西京雜記》卷 4 誤作「舍」。

（2）小臣瞽瞶，與此陳詞

章樵注：與，音預。

按：瞶，宋廿一卷本同，當據明本、墨海本作「瞶」，《西京雜記》卷 4 亦作「瞶」。瞽瞶，耳目不明。

（3）於是鐏盈縹玉之酒，爵獻金漿之醪

章樵注：縹，敷沼反。縹玉，酒色清白而輕黃也。

按：注「清白」當作「青白」。鐏，宋廿一卷本、四庫本作「罇」，《西京雜記》卷4亦作「罇」，《御覽》卷861引《西京雜記》作「樽」，皆「尊」之分別字。《說文》：「尊，酒器也。」縹玉，《說郛》卷94竇華《酒譜》引作「漂玉」。方以智曰：「漂玉、漂醪，漂言其清也。枚乘賦：『尊盈漂玉，爵獻金漿。』『漂玉』見《西京雜記》。元魏太武賜崔浩漂醪。酒清曰漂。」〔註189〕《魏書·崔浩列傳》：「太宗大悅，語至中夜，賜浩御縹醪酒十觚（斛）。」《資治通鑑》卷118胡三省注：「縹，匹紹翻，青白色曰縹。醅酒曰醪。」醪，有汁滓的濁酒。

（4）雋乂英旄，列襟聯袍

章樵注：旄，與「髦」通。

按：雋，明刊本《西京雜記》卷4作「儁」。列，讀為連，一音之轉。《韓詩外傳》卷9：「今日相，即結駟列騎。」《列女傳》卷2「列」作「連」。《說苑·談叢》：「狷獗而活，先人餘烈。」馬王堆帛書《稱》作「先人之連」。《老子》第39章：「天無以清，將恐裂。」馬王堆帛書乙本「裂」作「蓮」。《史記·五帝本紀》《正義》引《帝王世紀》：「神農氏……又曰連山氏，又曰列山氏。」

（5）小臣莫効於鴻毛，空銜鮮而嗽醪

按：抱經堂叢書本《西京雜記》卷4盧文弨校云：「『鮮』疑『觴』字誤。」盧說近是，劉伶《酒德頌》：「先生於是方捧罌承槽，銜杯嗽醪。」文例正同。嗽，讀為軟，吮吸。《說文》：「軟，吮也。」又「軟，軟也。」《玄應音義》卷4、16並引《通俗文》：「含吸曰軟。」俗字亦作㰯、嗽。

（6）雖復河清海竭，終無增景於邊撩

章樵注：邊撩，柳之邊梢也，借諭言細微之事。

按：抱經堂叢書本《西京雜記》卷4盧文弨校云：「章樵云云，今以上『增景』推之，日光照於屋椽之上，蓋末光也。撩，似當從木，椽也。猶言不能增輝螢爝也。」盧說「撩」當作「橑」，是也，橑指屋椽。四庫本《西京雜記》卷4作「邊橑」。

〔註189〕方以智《通雅》卷39，收入《方以智全書》第1冊，上海古籍出版社1988年版，第1177頁。

路喬如《鶴賦》校補

（1）舉脩距而躍躍，奮皓翅之猻猻

章樵注：猻猻，子干反，飛動貌。

按：注「子干反」，宋廿一卷本作「在干反」，明本、龍谿本作「於干反」，四庫本作「孚干反」。當從宋本作「在干反」，底本「子干反」音同。猻猻，宋廿一卷本、明本、四庫本作「狨狨」，《西京雜記》卷4同。抱經堂叢書本《西京雜記》卷4盧文弨校作「猻」，云：「猻，『盞』平，協，舊本作『狨』，誤。」學津討原本、正覺樓叢書本、龍谿本、關中叢書本《西京雜記》卷4皆據盧說改作「猻猻」。盧說是，「猻」字與上「干」合韻。《廣雅》：「猻猻，武也。」《玉篇》：「猻，莊善切，鳥摯擊勢也。」《集韻》：「猻，財干反，鷙攫急疾皃。《揚子》：『鷹隼猻猻。』」又「猻，阻版反，迅飛皃。」所引《揚子》見《法言・孝至》，李軌注：「猻猻，攫撮急疾。」

（2）宛脩頸而顧步，啄沙磧而相懽

按：宛，彎曲。鳥屈頸的專字作「鵷」，音轉亦作「冤」。《列女傳》卷4：「鵷頸獨宿兮，不與眾同。」《類聚》卷90、《御覽》卷441、572、916引「鵷」並作「宛」，敦煌寫卷 P.2526《修文殿御覽》引作「冤」。《漢書・息夫躬傳》《絕命辭》：「冤頸折翼，庸得往兮？」顏師古曰：「冤，屈也。」懽，《西京雜記》卷4作「讙」，抱經堂叢書本《西京雜記》盧文弨校云：「讙，叫噪也。《古文苑》作『懽』，則與末『歡』字複，非也。」

（3）豈忘赤霄之上，忽池籞而盤桓

章樵注：籞，音圉，臨池編竹為之。

按：盤桓，字或作「洀桓」、「般桓」、「槃桓」、「磐桓」、「畔桓」、「盤亙」，與「般旋」、「盤旋」一音之轉。

公孫乘《月賦》校補

（1）隱員巖而似鈎，蔽脩堞而分鏡

按：隱，《西京雜記》卷4同，《文選・翫月城西門廨中》李善注引《西京雜記》作「值」。員，《文選》注、《初學記》卷1、《書鈔》卷150引作「圓」。而分鏡，《西京雜記》同，《初學記》、《書鈔》引作「而如鏡」，《文選》李善注引作「如分鏡」。

羊勝《屏風賦》校補

（1）屏風鞈匝，蔽我君王

章樵注：鞈，古洽反。鞈匝，圍繞貌。

按：鞈匝，《西京雜記》卷4同，《初學記》卷25引亦同，龍谿本作「鞈帀」，《文選補遺》卷33亦作「鞈帀」。宋刊《初學記》卷25引作「鞈而」，是「鞈帀」形譌。字亦作「匼匝」、「合匝」，本字作「匌帀」，《說文》：「匌，帀也。」音轉亦作「合雜」。

（2）飾以文錦，映以流黃

按：飾，《西京雜記》卷4同，《初學記》卷25、《合璧事類備要》外集卷50引作「連」。映，明刊本《西京雜記》作「暎」，俗字。

劉安《屏風賦》校補

《初學記》卷25、《類聚》卷69、《書鈔》卷132引此文。

（1）孤生陋弱，畏金強族

張惠言曰：生，《初學記》作「性」〔註190〕。

按：古香齋本《初學記》、《類聚》引作「性」，宋刊本《初學記》仍作「生」。「生」字是。

（2）飄颻殆危，靡安措足

錢熙祚曰：殆危，二字當依《類聚》乙轉。

按：錢說是也，宋刊《初學記》引作「危貽」（古香齋本作「危殆」），「殆」雖誤作「貽」，然亦足證今本倒。

（3）天啟我心，遭遇徵祿

章樵注：徵祿，猶收錄也。祿，音義與錄同。

按：天，宋刊《初學記》引誤作「大」。徵祿，《類聚》、宋刊《初學記》引作「微祿」。「徵」是「微」形譌，章注據誤本而說，非是。

〔註190〕張惠言《七十家賦鈔》卷3，收入《續修四庫全書》第1611冊，上海古籍出版社2002年版，第51頁。下同。

（4）中郎繕理，收拾捐朴

按：繕理，古香齋本《初學記》引同，宋九卷本作「善理」，《類聚》引作「善治」，宋刊《初學記》引作「結理」。「善」是「繕」借字，「結」是「繕」形譌。捐，宋廿一卷本、明本同，《類聚》、古香齋本《初學記》引亦同，宋九卷本作「損」，宋刊《初學記》引亦作「損」。「損」是「捐」形譌。

（5）大匠攻之，刻彫削斲

按：攻，《初學記》卷 25 引同，《類聚》引作「治」，《書鈔》引作「冶」。「冶」是「治」形譌。刻彫，《初學記》引作「刻雕」，《類聚》引作「彫刻」，《書鈔》引作「雕刻」。

（6）表雖裂剥，心質貞慤

張惠言曰：質，《初學記》作「實」。

按：裂剥，《書鈔》、《初學記》引作「剥裂」。心質貞慤，宋刊《初學記》引同，古香齋本《初學記》、《書鈔》引作「心實質慤」。

（7）等化器類，庇蔭尊屋

按：器類，《類聚》、《初學記》引同，《書鈔》引作「品類」。「品」是「器」形譌。

（8）列在左右，近君頭足

按：列，宋刊《初學記》引作「烈」，借字。

（9）何恩施遇，分好沾渥

張惠言曰：恩，《初學記》作「惠」。

按：「恩」是「惠」形譌。「何」是疑問副詞。漢《曹全碑》：「鄉明治，惠沾渥。」

（10）不逢仁人，永為枯木

按：永，宋刊《初學記》引誤作「求」。枯木，《書鈔》、《類聚》、《初學記》、《白氏六帖事類集》卷 4 引同，《御覽》卷 701 引作「朽木」，乃「朽木」形譌。

中山王《文木賦》校補

（1）恭王大悅，顧盼而笑

按：盼，龍谿本、四庫本同，宋廿一卷本、明本作「眄」；龍谿本、學津討原本、古今逸史本、津逮秘書本、正覺樓叢書本、關中叢書本《西京雜記》卷 6 作「眄」，漢魏叢書本、四部叢刊本作「盼」，四庫本作「盼」。「眄」字是，《文選補遺》卷 33 亦作「眄」。《玄應音義》卷 1：「顧眄：眠見反。《說文》：『邪視也。』《蒼頡篇》：『旁視也。』《方言》：『自關而西秦晉之間謂視為眄也。』」又卷 2：「顧眄：忙見反。《說文》：『邪視也。』《方言》：『自關而西秦晉之間曰眄。』」又卷 11：「顧眄：莫遍反。《說文》：『邪視也。』《三蒼》：『旁視曰眄也。』」

（2）幼雛贏鷇，單雄寡雌，紛紜翔集，嘈嗷鳴啼

按：嘈嗷，形容聲音高。晉王鑒《七夕觀織女詩》：「雲韶何嘈嗷，靈鼓鳴相和。」也倒作「嗷嘈」，梁武帝《古意》：「嗷嘈繞樹上，翩翩集寒枝。」聲音高謂之「嘈嗷」、「嗷嘈」，山峰高謂之「嶆嶅」、「嶅嶆」，其義一也〔註191〕。

（3）隱若天開，豁如地裂

按：開，《西京雜記》卷 6 作「崩」。豁，象聲詞，破裂之聲，《釋名》：「鉞，豁也。所向莫敢當前，豁然破散也。」字亦作舝（書）、騞、劐、劃。

（4）制為屏風，鬱茀穹窿

按：穹窿，明本同，宋廿一卷本、龍谿本、四庫本作「穹隆」，《西京雜記》卷 6 亦作「穹隆」，高貌。

（5）制為枕案，文章璀璨，彪炳渙汗

按：《易·渙》：「九五，渙汗其大號。」《漢書·劉向傳》：「《易》曰：『渙汗其大號。』言號令如汗，汗出而不反者也。」《漢書·楚元王傳》：「渙汗其大號。」顏師古注：「言王者渙然大發號令，如汗之出也。」顏師古從劉向說，非是。「渙汗」是「渙爛」音轉，也作「煥爛」、「煥爛」、「奐爛」、「渙瀾」、

〔註191〕 參見蕭旭《越王劍名義考》，收入《群書校補（續）》，花木蘭文化出版社 2014 年版，第 2019～2021 頁。

「渙瀾」、「煥斕」、「換爛」等形〔註192〕。

（6）製為盤盂，采玩蜘蝏

按：蜘蝏，明本、墨海本同，宋廿一卷本、四庫本作「蜘蹰」，龍谿本作「跚蹰」；明刊本、古今逸史本《西京雜記》卷6作「蜘蹰」，學津討原本、津逮秘書本、四庫本作「跚蹰」。《說文繫傳》「槃」字條引《西京雜記》作「製為槃杅（一本「杅」誤作「杆」），米既跚蹰」。「盤」是「槃」俗字，俗字亦作「柈」。《說文》：「槃，承槃也。」今稱作「托盤」。「米既」是「采玩」形譌。「蜘蹰」也作「跚跦」、「蜘跦」、「躊躇」、「跦躇」、「踟蹰」、「跢跦」、「跢蹰」等形，《說文》作「跱踞」。「䗪䗪（蜘蛛）」之名義取乎此，言其行走猶豫不前也。

司馬相如《美人賦》校補

《類聚》卷18、《初學記》卷19、《樂府詩集》卷76引此文。

（1）相如美則美矣，然服色容冶妖麗

章樵注：妖，一作姣。

按：妖，《類聚》引作「妓」，是「姣」形譌。《集韻》：「姣，好也，亦作妖。」「姣麗」亦是形容服色。張衡《南都賦》：「男女姣服，駱驛繽紛。」傅毅《舞賦》：「姣服極麗，姁媮致態。」

（2）臣之東鄰，有一女子，雲髮豐豔，蛾眉皓齒

章樵注：《詩》：「鬒髮如雲。」又「螓首蛾眉，齒如瓠犀」。

錢熙祚曰：雲，《初學記》作「玄」，《御覽》卷381同。

按：雲，宋九卷本、廿一卷本同，《類聚》引亦作「玄」。二字於義俱通。疑舊本當從唐宋類書所引作「玄」，形近誤作「云」，又易作「雲」。玄髮，黑髮。魏文帝《答繁欽書》：「素顏玄髮，皓齒丹唇。」晉潘岳《皇女誄》：「玄髮儵曜，蛾眉連娟。」亦以「玄髮」與「皓齒」、「蛾眉」屬文。

（3）上宮閒館，寂寞雲虛

章樵注：上，一作「離」。

按：上，《文選‧石闕銘》李善注、《類聚》引同，《初學記》、《御覽》卷381引作「離」。離宮，別處所置之宮，非所常居者也。閒，宋九卷本、廿一卷本、明本作「間」。《初學記》、《類聚》、《御覽》卷381引「閒」作「閑」，「雲」作「重」。《文選》李善注引下句作「寂寥至虛」。「間」當作「閒」，讀曰閑，言閑靜之館。「雲」、「至」當作「重」。重虛，言虛寂之甚。

（4）門閣晝掩，曖若神居

章樵注：閣，一作「闐」。曖，一作「煥」。

按：「闐」是「闑」形譌，於文無義。閣，《御覽》引作「閤」。「閤」是「閣」形譌。晝，宋刊《初學記》、《御覽》卷381引同，《類聚》引作「盡」。「盡」是「晝」形譌。曖，宋九卷本、廿一卷本、明本同，古香齋本《初學記》引亦同；四庫本作「暖」，宋刊《初學記》、《類聚》、《御覽》卷381引亦作「暖」。「暖」是「曖」形譌。《玉篇》：「曖，隱也。」不分明貌。字本作薆、薆，亦省作愛。《爾雅》：「薆，隱也。」郭璞注：「謂隱蔽。」《方言》卷6：「掩，薆也。」郭璞注：「謂蔽薆也。《詩》曰：『薆而不見。』」今《詩‧靜女》作「愛」。掩、隱一聲之轉。神居，《初學記》、《御覽》卷381引作「仙居」。

（5）芳香芬烈，繡帳高張

按：芬，《文選‧蕪城賦》李善注、《書鈔》卷132、《類聚》引同，《初學記》、《御覽》卷381、《樂府詩集》引作「郁」。

（6）奇葩逸麗，淑質豔光

章樵注：淑，一作「素」。

按：逸麗，亦作「佚麗」，《戰國策‧齊策一》：「形貌昳麗。」「昳麗」亦同。「昳」字古讀徒結切，音轉為逸，曾運乾氏所謂喻四歸定也。淑質，《初學記》、《御覽》卷381引作「素質」，《御覽》卷573引作「素姿」。豔，宋刊《初學記》引作「佳」，四庫本作「豔」。

（7）臣遂撫絃為《幽蘭》、《白雪》之曲

按：蘭，《初學記》、《類聚》引同，《書鈔》卷106、109、《御覽》卷579引作「閑」，《記纂淵海》卷78引作「閒」。《書鈔》卷109「幽閑之曲」條下引此賦，「幽蘭之曲」條下引宋玉《諷賦》。此用宋玉《諷賦》典，作「閑（閒）」

者誤，《書鈔》編者所見已誤，故二出之。《初學記》卷 16 引《琴歷》：「琴曲有……幽蘭、白雪。」《御覽》卷 578 引同。

（8）獨處室兮廓無依，思佳人兮情傷悲

按：廓，《初學記》、《書鈔》卷 106、《類聚》、《樂府詩集》引同，《御覽》卷 573 引作「郎」。「郎」乃「廓」脫誤。

（9）有美人兮來何遲，日既暮兮華色

錢熙祚曰：有美人兮，《御覽》卷 573 引作「彼君子兮」。

按：有美人兮，《初學記》、《類聚》引同，《書鈔》卷 106 引亦作「彼君子兮」。來何遲，《書鈔》引誤作「求何遠」。既，《初學記》引同，《書鈔》、《御覽》卷 573 引作「將」，《書鈔》「日」下又衍「月」字。色，《書鈔》引作「容」，《御覽》引作「髮」。

（10）敢託身兮長自私

按：私，四庫本《初學記》引同，宋刊本、古香齋本《初學記》引作「思」。《書鈔》卷 106 引此句作「願託君兮以自知」。疑「知」字是，形譌作「和」，又形誤作「私」，復音誤作「思」。

（11）時日西夕，玄陰晦冥

按：日，《御覽》卷 12、《事類賦注》卷 3 引作「既」。《廣雅》：「夕，衰也。」西夕，猶言西斜。晦冥，昏暗。音轉亦作「晦盲」，《荀子·賦》：「列星殞墜，旦暮晦盲。」又「闇乎天下之晦盲也。」《呂氏春秋·音初》：「天大風晦盲。」《論衡·書虛篇》、《指瑞篇》皆作「天雨晦冥」。

（12）流風慘冽，素雪飄零

按：流風慘冽，《御覽》卷 12 引作「涼風蕭然」，《事類賦注》卷 3 引作「涼風肅然」。「流」是「涼」形譌。蕭，古音肅。「蕭然」即「肅然」，寒風貌。重言作「蕭蕭」，字也作「颷颷」、「颲颲」、「飅飅」、「謖謖」等形。

（13）金鉔薰香，黼帳低垂

章樵注：鉔，音匝，香毬，衽席間可旋轉者。《西京雜記》：長安巧工丁緩作被中香爐，為機環，轉運四周，而爐體常平。

錢熙祚曰：《文選·別賦》注引作「金爐香薰」。

按：鉔，宋九卷本同，廿一卷本作「鉔」，九卷本注：「一作爐。」《書鈔》卷 135 引作「金爐香薰」，《文選補遺》卷 31 作「金鑪薰香」。方以智曰：「金鉔，香毬也。《西京雜記》曰：『長安巧工丁緩作被中香鑪，環轉而鑪體常平。』《字彙》以為金鉔，丁緩所作，引相如《美人賦》『金鉔薰香』。智按《干祿書》：『帀，正。迊，俗。』且無『匝』字。鄭玄注《周禮》：『五就，五帀也。』……故知『鉔』為後加。」〔註 193〕「鉔」是「帀（匝）」的分別字，取周匝旋轉為義，「毬」字取義亦同。白居易《醉後贈人》：「香毬趁拍迴環匼，花盞抛巡取次。」低，宋九卷本注：「一作高。」《文選·別賦》李善注、《舞賦》李善注、《書鈔》卷 135 引作「周」，《文選補遺》作「高」。作「高」涉上文「黼帳高張」而誤。

（14）裀褥重陳，角枕橫施

按：《類聚》、《文選補遺》卷 31 引作「茵褥重陳」；《書鈔》卷 134「高茵」、「角枕」凡二引都作「高茵重設」，《御覽》卷 707、708 引同。

（15）女乃弛其上服，表其褻衣

按：弛，龍谿本作「弛」，《文選補遺》卷 31 亦作「弛」，二字同。當讀為褫，謂解衣、脫衣。字亦作拖（挓）、扡〔註 194〕。褻，宋九卷本作「藝」，廿一卷本、明本作「褻」，龍谿本作「褻」，《類聚》引作「中」。此字當作「褻」為正字，餘皆俗譌。《廣韻》：「衷，衷衣，褻（褻）衣也。」又「褻，衷衣。」《龍龕手鑑》：「褻，俗。褻，正，衷衣也。」「中衣」即「衷衣」，指內衣。

（16）皓體呈露，弱骨豐肌

按：《文選·洛神賦》：「皓質呈露。」李善注引「體」作「質」。呈，《御覽》卷 375 引誤作「陳」。

（17）臣乃氣服於內，心正於懷

章樵注：氣服，一作「脈定」。

〔註 193〕方以智《通雅》卷 33，收入《方以智全書》第 1 冊，上海古籍出版社 1988 年版，第 1024 頁。

〔註 194〕參見蕭旭《〈說文〉「褫」字音義辨正》，收入《群書校補（續）》，花木蘭文化出版社 2014 年版，第 1839～1850 頁。

按：《類聚》引作「臣脈定於內」，與一本合。

班婕妤《擣素賦》校補

《類聚》卷 85 引此文。

（1）佇風軒而結睇，對愁雲之浮沈

按：結睇，《文選·雪賦》李善注引同。謝惠連《雪賦》：「寒風積，愁雲繁。」李善注引傅玄詩：「浮雲含愁色，悲風坐自歎。」皆自此賦化出。《文選補遺》卷 31 注：「睇，達計切，睇視也。」結睇，猶言凝視。也作「凝睇」，《初學記》卷 3 引唐劉禕之《九成宮秋初應制詩》：「怡神紫氣外，凝睇白雲端。」

（2）若乃廣儲懸月，暉水流清

章樵注：儲，猶除，謂庭除之間。

按：章說是也，「廣除」指宮殿前寬廣的通道。宋刊本《類聚》引作「廣儲懸月，暉木流清」（明刊本同），《樂府詩集》卷 95 引作「廣除縣月，暉木流清」。「木」是「水」形譌，四庫本《類聚》不誤，蓋館臣已校正。

（3）改容飾而相命，卷霜帛而下庭

按：《廣雅》：「容，飾也。」「容飾」是同義複詞。《史記·鄒陽列傳》：「蟠木根柢，輪囷離詭，而為萬乘器者。何則？以左右先為之容也。」此例「容」指修飾器具。

（4）曳羅裙之綺靡，振珠珮之精明

錢熙祚曰：《類聚》「珠」作「瓊」。

按：宋刊《類聚》引作「振瓊珮之精鳴」，明刊本同，「明」作「鳴」，錢氏失校。四庫本《類聚》引同今本，蓋館臣所改

（5）若乃盼睞生姿，動容多製

按：「動容」是秦漢人成語，猶言搖動、動作，容亦動也。《孟子·盡心篇》：「動容周旋中禮者。」《淮南子·脩務篇》：「動容轉曲，便媚擬神。」字亦作「動搈」、「動溶」，《廣雅》：「搈，動也。」王念孫曰：「搈之言踊也。《說文》：『搈，動搈也。』《楚辭·九章》云：『悲秋風之動容兮。』《韓子·揚榷篇》

云：『動之溶之。』溶、搈、容並通。」〔註195〕製，《類聚》引同，四庫本作「致」。製，讀為致，猶言儀容、風致。盼睞，《類聚》引同，《古賦辯體》卷3作「盻睞」，當作「睗睞」。《廣雅》：「睗、睞，視也。」王念孫曰：「《眾經音義》卷6引《倉頡篇》云：『內視曰睞。』古詩云：『睗睞以適意。』《說文》：『親，內視也。』『親』與『睞』同。」〔註196〕王氏所引《古詩》，見《文選・古詩十九首》，《玉臺新詠》卷1同，呂延濟注：「睗睞，邪視也。」《文選・到大司馬記室牋》：「咳唾為恩，睗睞成飾。」《慧琳音義》卷16、45、75、84、94並出「睗睞」條，是「盼」、「盻」當作「睗」，甚明。北大漢簡《蒼頡篇》簡7「往來睗睞」，尤為確證。

（6）皎若明魄之升崖，煥若荷華之昭晣

　　章樵注：晣，音制。

　　按：宋九卷本注：「華，一作『衣』。」昭晣，《文選補遺》卷31作「昭晰」。《說文》：「晣，昭晣，明也。」亦作「昭晢」。《史記・司馬相如傳》：「首惡湮沒，闇昧昭晢。」又作「明慜」，《漢書・五行志》：「有明慜之性。」又《韋賢傳》：「赫赫天子，明慜且仁。」又作「明哲」，《管子・宙合》：「明乃哲，哲乃明，奮乃苓，明哲乃大行。」字從折得聲，俗字作「晰」者，誤。

（7）笑笑移妍，步步生芳

　　按：移，讀為扡、佗。《廣雅》：「扡，加也。」故宮本王仁昫《刊謬補缺切韻》、《廣韻》同。王念孫曰：「扡之言移也，移加之也。《趙策》云：『知伯來請地，不與，必加兵於韓矣。』《韓子・十過篇》『加』作『移』，是『移』與『扡』同義。《玉篇》扡音與紙、與支二切，《集韻》又他可切。《小雅・小弁篇》：『舍彼有罪，子之佗矣。』毛傳云：『佗，加也。』『佗』與『扡』亦聲近義同。」〔註197〕王說是矣，字亦作施、扡、拖（拕），《廣韻》：「扡，加也。」故宮本王仁昫《刊謬補缺切韻》：「拖，加。」移妍，猶言增妍。方以智曰：「『芙芙』通作『緋緋』、『婓婓』。凡夫曰：『班婕妤《擣素賦》「芙芙移妍」，誤作「笑笑」。』則升菴所引《古文苑》誤矣。《九辯》曰：『左朱

〔註195〕王念孫《廣雅疏證》，收入徐復主編《廣雅詁林》，江蘇古籍出版社1992年版，第97頁。
〔註196〕王念孫《廣雅疏證》，收入徐復主編《廣雅詁林》，第81頁。
〔註197〕王念孫《廣雅疏證》，收入徐復主編《廣雅詁林》，第124頁。

雀之茇茇兮。」注：『與「絣絣」同，狀其綏綏茸茸也。』」〔註198〕錄方說備考，方氏所引《九辨（辯）》注不知所出。「𥬇」俗字作「笑」，與「茇」形近易譌。《九辨（辯）》王逸注：「朱雀奉送飛翩翩也。」然則賦文「茇茇」狀燕姜趙女步態翩翩增妍，故下句云「步步生芳」也。

（8）頹肌柔液，音性閑良

章樵注：頹，謂驕怠。液，汗也。

按：《文選補遺》卷 31 注：「頹，頰下也。」其說出《玉篇》，訓頰下不安。「頹」是「穨」俗字，讀為隤。《說文》：「隤，下隊（墜）也。」賦文指肌肉鬆弛下垂。「頹肌」狀其疲勞也。

（9）於是投香杵，扣玫砧

按：扣玫砧，《類聚》引作「叩玫砧」，《樂府詩集》卷 94 引作「加紋砧」，《文選補遺》卷 31、《古賦辨體》卷 3 作「扣玫砧」。扣、叩，讀為敂，擊也。「加」是形誤字。後魏溫子升《搗衣》：「香杵紋砧知近遠，傳聲遞響何淒涼。」句出此賦，亦作「紋砧」。唐張說《延州豆盧使君萬泉縣主薛氏神道碑》：「至乃鶴迴清汎，蠶聚崩雲，月韻玫砧，花穠綵樹。」《文苑英華》卷 933 作「玖砧」。「紋」、「玫」、「玖」都是「玫」誤字。玫，美石。

（10）梧因虛而調遠，柱由貞而響沈

章樵注：因，一作「松」。由，一作「石」。梧桐，琴瑟之質。柱，雁柱也。以喻砧杵。

按：梧因，宋九卷本同，宋刊《類聚》引誤作「格汃」。作「因」是，與下文「由」同義對文。此以「梧」代指琴瑟。柱由，宋九卷本同，宋刊《類聚》引作「掛田」。「掛田」是「柱由」形譌。「柱」指琴瑟上繫弦之木，即「膠柱鼓瑟」之柱。二句以琴瑟、柱比喻搗杵之聲。

（11）或連躍而更投，或暫舒而長卷

按：更，輪流、更遞。卷，《樂府詩集》卷 94 引同，宋刊《類聚》引作「毇」，《韻補》卷 3「本」字條引作「歛」。「毇」、「歛」是「斂」俗字。

〔註198〕方以智《通雅》卷 9，收入《方以智全書》第 1 冊，上海古籍出版社 1988 年版，第 353 頁。

（12）侈長袖於妍袂，綴半月於蘭襟

　　章樵注：袂，亦襟也。袖，猶言就。袂，猶言夬。綴半月，望其圓也。以此表其親手所製，庶君子見而知心。

　　按：袂，明本、龍谿本、墨海本、四庫本同，《類聚》引亦同；宋九卷本、廿一卷本作「袯」。據章樵注「袂亦襟也」，則此字必當作「袯」，「袂」、「袯」均形譌字。《六書故》引唐本《說文》：「袯，一曰前襜。」（今本佚此四字）《繫傳》：「衣袯即襜也，今俗猶言之。」「襜」同「襟」。P.2011王仁昫《刊謬補缺切韻》：「袯，袍襦之類前襟，亦作袆。」《廣韻》：「袯，衣前襟。」朱駿聲曰：「今蘇俗有『袯襟』之語。」〔註199〕注文「袂」，宋廿一卷本作「袯」，亦「袯」形譌。注文「夬」，當據宋廿一卷本作「夫」。

（13）計修路之遐夐，怨芳菲之易泄

　　章樵注：泄，一作「絕」。

　　錢熙祚曰：《類聚》「怨」作「恐」，「芳菲」作「芬芳」。

　　按：計修，《類聚》引作「計脩」，宋九卷本、廿一卷本誤作「訊汎」。泄，散越、散發。言恐芬芳之香氣容易泄散也。一本作「絕」誤。

曹大家《鍼縷賦》校補

（1）性通遠而漸進，博庶物而一貫

　　錢熙祚曰：《御覽》卷830「遠」作「達」。

　　按：《類聚》卷65引作「遠」。博，《類聚》、《御覽》引同，當作「搏」，讀作傅，傅著，連綴。

（2）惟鍼縷之列迹，信廣博而無原

　　按：列，讀為連，連綴、縫連。迹，讀為績，連續。《慧琳音義》卷13：「紡績：下精亦反，《爾雅》：『績，結也，續也。』《說文》：『續也。』」

〔註199〕朱駿聲《說文通訓定聲》，武漢市古籍書店1983年版，第406頁。

卷　四

楊雄《太玄賦》校補

《景迂生集》卷 19、《永樂大典》卷 4940 引此文。

（1）豈愒寵以冒災兮，將噬臍之不及

章樵注：愒，一作「怙」。

按：愒，《永樂大典》引誤作「煨」。《爾雅》：「愒，貪也。」《玉篇》：「愒，貪羨也。」災，宋九卷本、廿一卷本、明本作「灾」，《永樂大典》卷 4940 引同，九卷本注：「一作容。」作「容」誤。噬，《景迂生集》卷 19 作「吮」，《永樂大典》引作「咬」。「咬」是「吮」形譌。

（2）雷隆隆而輒息兮，火猶熾而速滅

章樵注：隆，一作「隱」，非。

按：隆隆，宋九卷本作「隱隱」，注：「一作隆。」《永樂大典》引亦作「隱隱」，《景迂生集》作「隆隱」。一本作「隱隱」不誤，章說非是。《後漢書·天文志》：「有聲如雷隱隱者，兵將怒之征也。」《初學記》卷 2 魏繆襲《喜霽賦》：「雷隱隱而震其響兮，雨霖霖而又隤。」皆是其例。字亦作「轞轞」，音轉作「殷殷」、「磤磤」。《廣雅》：「轞轞，聲也。」又「磤，聲也。」王念孫曰：「轞轞，猶闐闐也。故車聲、雷聲、崩聲、群行聲，皆謂之轞轞。《易林·咸之困》云：『雷車不藏，隱隱西行。』司馬相如《長門賦》云：『雷殷殷而響起兮，聲象君之車音。』並與『轞轞』同。單言之則曰『殷』，《召南·殷其靁》是也。」又云：「磤者，《釋訓》云：『轞轞，聲也。』《眾經音義》卷 8 引《通俗文》云：『雷聲曰磤。』」〔註200〕王氏所引《長門賦》，李善本《文選》、《書鈔》卷 152 作「殷殷」，六臣本《文選》、《文選·舞賦》李善注、《類聚》卷 30 作「隱隱」。劉良注：「隱隱，聲也。」王氏所引《詩·殷其靁》，《釋文》：「殷，音隱。靁，亦作雷。」所引《易林》見《遯之困》，王氏誤記出處。津逮秘書本（汲古閣本）《易林·賁之塞》：「轞轞慎慎，火燒山根。」舊校：「慎慎，一作『墳墳』。」《士禮居叢書》本（黃氏自稱以陸敕先校宋本作底本）、《四部叢刊》影印元刻本、學津討原本、龍谿本作「轞

〔註200〕王念孫《廣雅疏證》，收入徐復主編《廣雅詁林》，江蘇古籍出版社 1992 年版，第 477 頁。

轒墳墳」，《永樂大典》卷 13875 引同。津逮秘書本《易林‧兌之困》：「隱隱煩煩，火燒山根」，《士禮居叢書》本、學津討原本、龍谿本作「隱隱墳墳」，《永樂大典》卷 15143 引同。「慎慎」、「墳墳」、「煩煩」都是「墳墳」形譌，同「闐闐」。《景迂生集》作「隆隱」則是誤合異文。輒。立即、很快。

（3）自夫物有盛衰兮，況人事之所極

按：自夫，明本、四庫本、龍谿本、墨海本同，宋九卷本、廿一卷本作「自天」，《永樂大典》引亦作「自天」，《景迂生集》作「且夫」。作「且夫」是。

（4）薰以芳而致燒兮，膏含肥而見焫

章樵注：《漢書‧龔勝傳》：「薰以香自燒，膏以明自銷。」焫，與「爇」同，而悅反。

按：焫，宋廿一卷本同，宋九卷本、明本作「焫」，《永樂大典》引亦作「焫」，俗譌字。「焫」同「爇」，與「然（燃）」字一音之轉。《莊子‧人間世》：「山木自寇也，膏火自煎也。」《淮南子‧繆稱篇》：「矣（吳）鐸以聲自毀，膏燭以明自鑠。」《文子‧上德》：「老子曰：『鳴鐸以聲自毀，膏燭以明自煎。』」《御覽》卷 459 引《韓子》：「吳鐸以聲自毀，膏燭以明自鑠。」又卷 983 引《蘇子》：「蘭以芳自燒，膏以肥自焫（焫）。」又「薰以芳自燒，不能去其香。」《鹽鐵論‧利議》：「吳鐸以其舌自破，主父偃以其舌自殺。」敦煌寫卷 S.1380《應機抄》引《析言》：「鐸以聲自毀，燭以明自銷。」並足參證。

（5）翠羽嫩而殃身兮，蚌含珠而擘裂。

章樵注：嫩，古「美」字。

按：嫩，《永樂大典》引誤作「微」。殃，宋九卷本注：「一作危。」蚌，《文選‧七啟》李善注引作「蜯」，《永樂大典》引作「蜂」。「蜯」同「蚌」，「蜂」是形譌。《書鈔》卷 99 引《蘇子》：「翠以羽殃身，蜯以珠破（剖）體。」《御覽》卷 983 引《蘇子》：「翠以羽殃身，蚌以珠致破（剖）。」《潛夫論‧遏利》：「象以齒焚身，蚌以珠剖體。」《金樓子‧立言篇下》：「夫翠飾羽而體分，象美牙而身喪，蚌懷珠而致剖，蘭含香而遭焚，膏以明而自煎，桂以蠹而成疾。」《劉子‧韜光》：「故翠以羽自殘，龜以智自害。」並足參證。

（6）指尊選以誘世兮，疾身殁而名滅

　　章樵注：以爵祿、尊選誘天下，故世俗貪名。

　　按：殁，《景迂生集》、《永樂大典》引作「沒」。與以爵祿曰尊，簡能授官曰選。誘，《景迂生集》引誤作「誇」。

（7）納僑、祿於江淮兮，揖松喬於華岳

　　章樵注：僑、祿，二神仙，江淮其得道處。僑，於乾反，又音偃。

　　按：僑，《永樂大典》引同，《景迂生集》作「媽」。揖，宋九卷本誤作「楫」。松，《景迂生集》《永樂大典》引誤作「招」。僑祿

（8）役青要與承戈兮，舞馮夷以作樂

　　章樵注：戈，一作「弋」。青要、承戈，所謂玉女也，充吾役使。馮夷，河伯之字。

　　按：戈，《永樂大典》引作「㇂（弋）」，《景迂生集》引作「代」。①「青要」即「青腰」，也稱作「青女」。《淮南子·天文篇》：「至秋三月，……青女乃出，以降霜雪。」高誘注：「青女，天神，青霄玉女，主霜雪也。」高注「青霄」，《御覽》卷24引同，景宋本作「青媄」，道藏本脫作「青」，《玉燭寶典》卷7、《初學記》卷3（凡二引）引作「青要」，《御覽》卷14、19、《事類賦注》卷3、《事文類聚》前集卷4引作「青天」，《記纂淵海》卷2、《緯略》卷12、《錦繡萬花谷》前集卷2、3、《合璧事類備要》前集卷3、《能改齋漫錄》卷3、《漁隱叢話》後集卷25引作「青腰」。「天」是「夭」形譌，「夭」、「媄」皆「要（腰）」音譌字。「腰」或體作「䯊」，因形譌為「霄」。梁玉繩曰：「『霄』疑『䯊』之譌。」〔註201〕②「承戈」當從一本作「承弋」，玉女名。張震澤指出「承弋」又作「乘弋」〔註202〕，是也，乘、承一聲之轉。《漢書·司馬相如傳》《大人賦》：「載玉女而與之歸。」顏師古注引張揖曰：「玉女，青要、乘弋等也。」又作「承翼」，晉葛洪《神仙傳》卷5：「青腰、承翼，與我為仇。」《韻補》卷2「濡」字條引陰長生《平都觀詩》作「青腰垂翼」，「垂」是「乘」形譌，元趙道一《歷世真仙體道通鑑》卷13正作「乘翼」。《太上老君中經》卷上：「第二十四神仙。東方之神女名曰青腰玉女，南方之神女名曰

〔註201〕梁玉繩說轉引自王秉恩批校莊刻本《淮南鴻烈解》，收入《子藏·道家部·淮南子卷》第21冊，國家圖書館出版社2017年版，第20頁。
〔註202〕張震澤《揚雄集校注》，上海古籍出版社1993年版，第143頁。

－1319－

赤圭玉女，中央之神女名曰黃素玉女，西方之神女名曰白素玉女，北方之神女名曰玄光玉女，左為常陽，右為承翼，此皆玉女之名也。」《楚辭・九思・傷時》：「使素女兮鼓簧，乘戈龢兮謳謠。」舊注：「乘戈，仙人也，和素女而歌也。」洪興祖《補注》：「張晏云：『玉女，青要、乘弋等也。』戈字從弋。」王泗原指出「戈」當作「弋」〔註203〕，是也。《景迂生集》改「弋」作「代」，又改「與」作「以」，乃不得其義而妄改。

楊雄《逐貧賦》校補

《類聚》卷35、《初學記》卷18、《御覽》卷485、《景迂生集》卷19、《容齋續筆》卷15、《事文類聚》別集卷29《文選補遺》卷31引此文。

（1）楊子遁世，離俗獨處

按：世，宋九卷本作「居」，注：「一作世。」《類聚》引作「世」，《御覽》引作「居」。離，《景迂生集》引作「離」，俗譌字。《漢書・溝洫志》：「鑿離崕。」《玉篇殘卷》「厓」字條引「離」作「離」，亦其例。獨，宋九卷本注：「一作隱。」《類聚》引作「隱」，《御覽》引作「獨」。

（2）恩輕毛羽，義薄輕羅

錢熙祚曰：下「輕」，《類聚》作「綺」。

按：宋刊《類聚》仍作「輕」，明刊本、四庫本作「綺」，《山堂肆考》卷232引《類聚》亦作「綺」。《御覽》、《景迂生集》、《容齋續筆》、《事文類聚》、《海錄碎事》卷8、《文選補遺》引並作「輕羅」，是宋元人所見皆作「輕」字，作「綺」乃明清人所改以避複。

（3）進不由德，退不受呵

按：德，《類聚》、《初學記》、《景迂生集》、《容齋續筆》引同，《御覽》引誤作「人」。呵，《類聚》、《御覽》、《景迂生集》引同，《初學記》引作「阿」，《容齋續筆》、《事文類聚》、《文選補遺》引作「訶」。「訶」同「呵」，「阿」是形譌。

（4）人皆稻粱，我獨藜飧

〔註203〕王泗原《楚辭校釋》，人民教育出版社1990年版，第464頁。

按：粱，《類聚》引作「粮」。飡，宋九卷本、廿一卷本、明本作「殮」，龍谿本作「餐」，《類聚》、《景迁生集》、《容齋續筆》引作「飡」，宋刊《初學記》引作「餐」（古香齋本、四庫本作「殮」），《御覽》引作「殮」。當以「餐」為正體，其餘皆俗體。

（5）貧無寶玩，何以接歡

按：接歡，《類聚》、《御覽》、《景迁生集》、《容齋續筆》引同，宋刊《初學記》引作「為懽」，古香齋本、四庫本《初學記》作「為歡」，蓋臆改。

（6）宗室之燕，為樂不槃

按：燕，《類聚》、《御覽》、《景迁生集》、《容齋續筆》引作「宴」，正字。槃，讀為盤，樂也。《類聚》引「槃」誤作「期」。

（7）徒行負賃，出處易衣

章樵注：賃，一作「笈」。

按：賃，《類聚》、《御覽》引同，《初學記》引作「笈」，宋九卷本誤作「債」。《全漢文》卷 52 作「徒行賃笈」，誤合異文成文。

（8）或耘或籽，露體霑肌

按：露體霑肌，宋九卷本、廿一卷本作「霑體露肌」，《類聚》、《御覽》、《景迁生集》、《容齋續筆》引同。

（9）朋友道絕，進官凌遲

按：宋九卷本注：「官，一作亦。」進官凌遲，《類聚》、《景迁生集》、《容齋續筆》引同，宋刊《初學記》引作「進官陸遲」，古香齋本、四庫本《初學記》作「達官陵遲」，《御覽》卷引作「進窅凌遲」。「陸」是「陵」形誤，「窅」是「宦」俗字，又「官」形誤。

（10）舍爾登山，嚴穴隱藏

按：嚴，宋九卷本、廿一卷本、龍谿本作「巖」，宋刊《初學記》引作「岩」，古香齋本、四庫本《初學記》作「巖」，《類聚》引作「嵒」，《御覽》、《景迁生集》、《容齋續筆》引作「巖」。「嚴」是「巖」省借字，「嵒」、「岩」是「巖」異體字。

（11）主人見逐，多言益嗤

　　按：嗤，《類聚》、《御覽》引作「蚩」，省借字。

（12）昔我乃祖，宣其明德

　　按：宣，《類聚》、《御覽》引同，宋九卷本作「宗」，注：「一作宣。」《景迂生集》、《容齋續筆》、《事文類聚》、《文選補遺》引作「崇」。「宗」是「崇」形誤。

（13）瑤臺瓊樹，室屋崇高

　　按：宋九卷本注：「樹，一作室。室，一作華。」《類聚》、《御覽》、《景迂生集》、《容齋續筆》引同一本。崇，《類聚》引同，《御覽》引作「嵩」。

（14）流酒為池，積肉為崤

　　章樵注：崤，山名。

　　按：崤，《御覽》引同，《類聚》引作「肴」，省借字。

（15）處君之家，福祿如山

　　按：家，宋九卷本注：「又『所』。」《御覽》引作「家」，《類聚》引作「所」。

（16）桀跖不顧，貪類不干

　　章樵注：跖，盜跖也。富則桀跖垂涎，貧則貪類不顧。

　　按：類，讀為戾，亦貪也。「貪戾」是同義連文。《禮記·大學》：「一人貪戾，一國作亂。」

（17）人皆重蔽，子獨露居

　　按：宋九卷本注：「蔽，一作閉。」《御覽》引作「蔽」，《類聚》引作「閉」。

（18）攝齊而興，降階下堂

　　按：攝齊而興，《類聚》引誤作「攝齋而與」。齊，讀為齋，字亦作褿。《五經文字》卷中：「衣下曰齋，今經文多借『齊』字代之。」《漢書·朱雲傳》：「攝齋登堂。」顏師古曰：「齋，衣下之裳。」

（19）誓將去汝，適彼首陽

錢熙祚曰：誓，《類聚》作「逝」。

按：《御覽》、《景迂生集》、《容齋續筆》引仍作「誓」。《詩・碩鼠》：「逝將去汝，適彼樂土。」《公羊傳・昭公十五年》徐彥疏引《詩》作「誓」。逝，讀為誓。

（20）長與汝居，終無厭極

按：厭，宋九卷本、廿一卷本作「猒」，《類聚》、《御覽》引同。

楊雄《蜀都賦》校補

《類聚》卷61、《成都文類》卷1引此文。

（1）邛節桃枝，石鱄水螭

章樵注：鮔鱄，魚名。李奇《上林賦》注：「周洛曰鮪，蜀曰鮔鱄。」石鱄，猶石燕、石蟹之類。鮔，音恒。鱄，音曾，又並去聲。《說文》曰：「螭，山神，獸形。」水螭，水中怪獸。蜀守李冰嘗沈石犀以禦水怪。

按：注「音曾」，「曾」是「嘗」形譌。鱄，《說文》作「鮞」〔註204〕。《說文》云：「鮞，鮔鮞也。」又「鮔，〔鮔〕鮞也。」〔註205〕劉洪濤跟我說：「正字當作『鱄』。此音類同『鴻蒙』，蓋大魚。《史記・司馬相如傳》《上林賦》：「蛟龍赤螭，鮔鱄蝀離。」《漢書》、《文選》、《類聚》卷66「蝀離」作「漸離」，李善注引司馬彪曰：「漸離，魚名也。」《說文》：「蝀，蝀離也。」《玉篇》：「蝀，蝀蠦也。」「蝀」當從漸省聲。「水螭」即「蝀離（蠦）」，與指龍的「赤螭」不是一物。戰國人物「高漸離」，《論衡・書虛》作「高漸麗」，離、麗一聲之轉。桂馥曰：「蝀離也者，《廣韻》：『蝀蠦，蟲名。』《漢書・司馬相如傳》：『鮔鱄蝀離。』通作『漸』，《史記》有『高漸離』。」王筠、朱駿聲說略同，段玉裁指出「周人或以漸離為名，取於物為假也」，王筠指出「高漸離蓋以物名為名」〔註206〕。人名「漸離」，魚名「蝀離」，蟲名「蝀蠦」，

〔註204〕參見段玉裁《說文解字注》，桂馥《說文解字義證》，錢坫《說文解字斠詮》，朱駿聲《說文通訓定聲》，並收入丁福保《說文解字詁林》，中華書局1988年版，第11408頁。

〔註205〕當連篆讀，故補一「鮔」字。

〔註206〕段玉裁《說文解字注》，桂馥《說文解字義證》，王筠《說文解字句讀》，王筠《說文釋例》，朱駿聲《說文通訓定聲》，並收入丁福保《說文解字詁林》，第12999頁。桂馥又云：「《史記・刺客列傳》有高漸離，《廣韻》：『蝀蠦，蟲名。』」

當是同一語源，其語源義待考。

（2）南則有犍牂潛夷，昆明莪眉，絕限峞嵣，堪巖亶翔

章樵注：其山高峻，絕限疆域。峞嵣山，俗訛為螳蜋山，在朱提縣西南。堪巖，言山形之窈深。亶翔，言山勢之飛舞。峞嵣，音郎堂。堪，與「嵌」同。亶，即「翾」字，許延反，飛也。

按：峞，宋九卷本誤作「峎」。「峞嵣」是「屼嵣」、「嵀嵣」、「屼嵣」、「砠碭」、「芒碭」、「磄碭」音轉，《廣韻》：「砠，砠碭，山名。」又「嵣，嵣峉，山皃。」《集韻》：「嵣，屼嵣，山名。」倒言則作「嵣峉」、「嵣嶙」、「礱嶙」、「唐嶙」。本形容山形高大貌，因用作山名。堪巖，又作「嵁巖」，音轉亦作「嵌巖」、「嶄巖」、「嶄礨」、「巉巖」、「嶔巖」等形，山高峻貌。「亶」是「翾」省文，《廣雅》：「翾，飛也。」P.2011 王仁昫《刊謬補缺切韻》：「翾，許延反，飛。」又「㚒，許延反，輕舉皃。」「翾」、「㚒」音義並同〔註207〕。翾之言亶，是其分別字，盤旋、回轉之義。

（3）靈山揭其右，離碓被其東

章樵注：離堆，江沱間堆阜名。碓，古堆字。

按：揭，音轉亦作傑，傑出、特立，字亦省作朅。《說文》：「碣，特立之石。」亦可用作動詞或形容詞。《繫傳》：「碣，高舉之貌。」《漢書·揚雄傳》《羽獵賦》：「鴻濛沆茫，碣以崇山。」顏師古曰：「碣，山特立貌。」《文選》李善本作「揭」，注引薛綜《東京賦》注：「揭，猶表也。」《文選·景福殿賦》：「於是碣以高昌崇觀，表以建城峻廬。」五臣本作「揭」，音桀。呂向曰：「揭，特高貌。表，出群而見也。」碣亦表而出之之義。碓，宋九卷本作「堆」，字同。被，讀為陂，傾斜不平。

（4）於近則有瑕英菌芝，玉石江珠

章樵注：皆石之比珠玉者。菌芝，石芝也。《華陽國志》有「光珠穴」。《博物志》曰：「光珠，即江珠也。」又云：「琥珀，一名江珠。」

按：《列子·湯問》：「朽壤之上有菌芝者，生於朝死於晦。」《釋文》：

桂馥《札樸》卷3，中華書局1992年版，第128頁。

〔註207〕參見王念孫《廣雅疏證》，收入徐復主編《廣雅詁林》，江蘇古籍出版社1992
年版，第195頁。

「崔譔云：『糞土之芝也，朝生暮死。』簡文云：『欻生之芝。』」也稱作「朝菌」，《莊子·逍遙遊》：「朝菌不知晦朔，蟪蛄不知春秋。」《釋文》引司馬彪曰：「朝菌，大芝也，天陰生糞上，見日則死，一名日及，故不知月之終始也。」《說苑·善說》：「夫以秦楚之強而報讐於弱薜，譬之猶摩蕭斧而伐朝菌也，必不留行矣。」

（5）遠則有銀鉛錫碧，馬犀象僰

錢熙祚曰：「遠」上脫「於」字，九卷本尚不誤。

按：宋廿一卷本、四庫本「遠」上亦有「於」字，《類聚》、《成都文類》引同。

（6）邛連盧池，滄漫波淪

章樵注：邛，即「邛」字。《西南夷傳》：「邛都縣有邛池，南人以為邛河。」注：「邛河縱廣二十里，深百餘丈。」汶山郡西有北池盧水胡。連，言地勢聯屬。盧池，黑水也。《禹貢》注：「梁州西距黑水。」

按：注「北池」，宋廿一卷本「池」作「地」，是也。「盧池」疑指瀘江水，水黑名盧，專名加水旁作瀘。《水經·若水》：「若水又東北至犍為朱提縣西為瀘江水。」《史記·五帝本紀》《索隱》引作「瀘江水」。

（7）麌麌鹿麏

章樵注：麌麌，音預餘。《說文》：「似鹿而大。」

按：麌，宋九卷本、廿一卷本作「麇」。「麇」是「麋」形譌，「麋」又是「麌」形譌，「麌」乃「麞」俗省字，讀而袞切（nuò）或奴亂切（nuàn），指小鹿。《字彙補》承章樵云「音預」，據誤字注音，非是；又指出「此字宜從鹿」作「麌」，仍未得正字。《說文》：「麞，鹿麌也。從鹿耎聲，讀若偄弱之偄。」「麞」音轉亦作「麕」、「麇」，《說文》是聲訓。段玉裁注：「各本『麌』上有『鹿』字，今依李善刪。《吳都賦》：『翳薈無麌麌。』李善麌音須，引《說文》『麌也』。按《廣韻》『麌』入十一虞，『麞』入二十九換。以許讀若偄訂之，是許本從耎。而從需者，乃轉寫譌俗也。」桂馥曰：「『鹿』字衍。《吳都賦》：『翳薈無麌麌。』李善引《說文》：『麌，麌也。』《集韻》：『麌，麌也。』《廣雅》：『麕，麌也。』揚雄《蜀都賦》：『麌麌鹿麏。』馥謂『麇』即『麌』之省文。讀若偄弱之偄者，曹憲麌音奴侯反，《集韻》音奴亂切，隸體『需』

變作『需』，與『耎』通。《魏書》：『鮮卑有貂豽鼲子，皮毛柔蠕。』《後漢書》作『蝡』。」王筠曰：「《玉篇》同。《吳都賦》譌作『麢』，李注引此文，無『鹿』字。楊雄《蜀都賦》又譌作『麢』。」〔註208〕《廣雅》：「麛，麢也。」王念孫曰：「麢之言偄也，亦弱小之稱。《說文》：『麢，鹿麛也，讀若偄弱之偄。』『麢』與『麢』同，《玉篇》音奴亂切。凡字之從而聲、耎聲、需聲者，聲皆相近。小栗謂之栭，小魚謂之鮞，小雞謂之𪃟，小兔謂之㲋，小鹿謂之麢，其義一也。《吳都賦》云：『翳薈麢麇。』」〔註209〕「麢」是正字，「麢」是俗字，《御覽》卷906引《說文》作「麢」。《廣韻》：「麢，鹿子。」《說文》的釋文「鹿麛也」，「鹿」字不當據李善引刪，段玉裁、桂馥刪之，非是。《御覽》卷906、《鉅宋廣韻》、《集韻》、《類篇》引《說文》皆有「鹿」字。「鹿麛」指鹿之小者，字亦作「鹿麑」，二漢人語。《後漢書・禮儀志》：「躬執弩射牲，牲以鹿麛。」《宋書・禮志》作「鹿麑」。《後漢書・南蠻西南夷傳》：「鹿麑有胎者，其腸中糞亦療毒疾。」「麢」俗字又作「麢」、「麢」，亦譌作「𪊨」。《篆隸萬象名義》：「麢，鹿弭（二字當是『麛』分寫）。」《龍龕手鑑》：「𪊨、麢：二俗。麢：正。儒、須二音，鹿子也。」《字彙補》：「麢，與『麢』同，見《日月燈》。」麢，獸名，似鹿而大，見《說文》。

（8）增嶄重崒，岫石巇崔

章樵注：嶄，鋤銜反，嶄嵒。

按：「岫」是「嵌」省形，山深貌，山石開張貌。巇，宋九卷本作「巇」，龍谿本作「巇」。巇崔，山石高聳貌，當是「藏摧」分別字，倒言也作「摧藏」。

（9）叩巖岭嶙

章樵注：蒼蒼之山，其高隱天。重陰涸寒，冰雪長夏不融。叩之巖崔，其聲岭嶙然。

按：岭，明本、墨海本、四庫本同，宋九卷本、廿一卷本、龍谿本作「岭」，是也。注「岭」亦當據宋廿一卷本、龍谿本作「岭」。注「崔」，當據宋廿一卷

〔註208〕段玉裁《說文解字注》，桂馥《說文解字義證》，王筠《說文解字句讀》，並收入丁福保《說文解字詁林》，第9687頁。

〔註209〕王念孫《廣雅疏證》，收入徐復主編《廣雅詁林》，江蘇古籍出版社1992年版，第1004頁。

本作「崖」。岭嶙，疊韻連語，即「轔轔」轉語。《說文》：「轔，車聲。」《廣雅》：「轔轔、鈴鈴，聲也。」王念孫曰：「《楚辭·九歌》：『乘龍兮轔轔。』王逸注云：『轔轔，車聲。』《秦風·車鄰篇》：『有車鄰鄰。』傳云：『鄰鄰，眾車聲也。』《釋文》本亦作『轔轔』。崔駰《東巡頌》云：『天動雷霆，隱隱轔轔。』鈴鈴，猶轔轔也。《齊風·盧令篇》：『盧令令。』傳云：『令令，纓環聲。』《正義》作『鈴鈴』。《漢書·天文志》云：『地大動鈴鈴然。』《說文》云：『霆，雷餘聲鈴鈴，所以挺出萬物也。』」〔註210〕字亦作「軨軨」，王氏所引《楚辭》「乘龍兮轔轔」及《詩》「有車鄰鄰」，王逸注引《詩》作「有車轔轔」，朱子《集注》：「轔轔，一作『軨軨』。」

（10）崇隆臨柴

章樵注：猶積聚也。柴，音漬。

按：柴，讀為𡲬。《說文》：「𡲬，積也。」即「積」音轉字。

（11）諸徼嵔嶬，五矶參差

章樵注：徼，古弔反。所以巡防諸羌，其處非一。嵔嶬，音垤業，不齊貌。五矶，山名。

按：嶬，宋廿一卷本誤作「峴」。矶，宋九卷本誤作「砜」。嵔嶬，疊韻連語，高貌。《集韻》：「媢，媢婗，無媚。」又「婗，媢婗，無媚，一曰疑不決。」「媢婗」是「嵔嶬」同源詞，由高貌引申為無媚。也作「峗嶬」、「崀岌」、「嶬岌」、「峄嚙」，《文選·海賦》：「則有崇島巨鼇，峄嶬孤亭。」李善注：「峄嶬，高貌。」《集韻》言「水（木）華書作嶬」，所見同今本，吐魯番文書72TAM230：36《海賦》作「峄嚙（嚙）」。《玉篇》：「崀，音昳，崀岌，山兒。」又「岌，魚結切，崀岌。」《鉅宋廣韻》：「崀，嵳岌，山兒。」又作「子蜺」、「揭蘗」、「羯蘗」，《文選·魯靈光殿賦》：「白鹿子蜺於欂櫨，蟠螭宛轉而承楣。」胡紹煐曰：「子蜺，特立貌。『子蜺』與『峄嶬』音義同，本書《海賦》『峄嶬孤亭』是也，亦通作『揭蘗』，下云『飛陛揭蘗』，善注：『揭蘗，高貌。』」〔註211〕本書卷6王延壽《夢賦》：「剖列黶，掣羯蘗。」「羯蘗」同「揭蘗」，指高大之鬼。又作「峓嵲」、「嶻嵲」、「壝霓」，《玉篇殘卷》：「嵲，牛結反。《字指》：『嵲，嶻嵲也。』」又「嶻，徒結反。《字指》：

〔註210〕王念孫《廣雅疏證》，收入徐復主編《廣雅詁林》，第 477 頁。
〔註211〕胡紹煐《文選箋證》卷 13，黃山書社 2007 年版，第 347 頁。

『嶭嶸，小如（而）不安也。』野王案：《西京賦》『直嶭嶸以高居』是也。」
「嶸」是「嵲」形譌，「如」是「而」音譌，宋本《玉篇》不誤，今本《西京
賦》作「壗霓」。P.2011 王仁昫《刊謬補缺切韻》：「嶭，嶭嵲，高皃。」又
「嵲，嶭嵲。」蔣斧印本《唐韻殘卷》同。P.2717《碎金》：「高嶭嵲：乃列
反，五結反。」《集韻》：「嵲，嶭嵲，山高，或作嶭、峴、峉，亦書作嵬。」
又「嶭、崒、崒、峊，山皃，或從窒、從室，亦省。」《文選・西京賦》：「直
壗霓以高居，通天訬以竦峙。」薛綜注：「壗霓，高貌也。」李善注：「壗，
徒結切。霓，五結切。」《御覽》卷 194 引作「撦霓」，「撦」是「壗」形譌。
又作「嶕嶸」、「礑礑」、「巕嶭」、「嵥葉」、「嵥業」、「嶕嶸」、「炭窜」、「捷業」
等形〔註212〕，《說文》：「業，大版也，所以飾縣鐘鼓，捷業如鋸齒，以白畫
之，象其鉬鋙相承也。」《玉篇殘卷》引《字指》：「嵥葉，美好皀（皃）也。」
P.2011 王仁昫《刊謬補缺切韻》：「嵥，嵥業，山皃。」《集韻》：「嶕，嶕嶸，
山皃。」又「礑、嶕，礑礑，山高皃，或從山。」又「嶕，山皃，或作嵥。」
《史記・司馬相如傳》《上林賦》：「嵯峨礑礑，刻削崢嶸。」《索隱》引《埤
蒼》：「礑礑，高皃也。」《漢書》、《文選》作「嶕嶸」。

（12）龍易累嵬，灌榖交倚

按：易，宋九卷本、廿一卷本、龍谿本、四庫本作「陽」。累嵬，疊韻
連語，也作「嶘嵬」、「罍嵬（嵬）」。《慧琳音義》卷 99：「嶘嵬：《考聲》云：
『罍嵬，山皃也。』或作巁、嶧。」《廣韻》：「罍，罍嵬，山狀。」也作「嶪
嵲」，P.2011 王仁昫《刊謬補缺切韻》：「嵲，嶪嵲。」也作「罍嵲」、「縈嵲」，
《玉篇》：「縈，縈嵲，山形。嶪，同上。」《文選・西京賦》：「上林岑以罍
嵲，下斬巖以嵓齬。」《說文》作「縈峚」，云：「縈，〔縈〕峚也。」段玉裁
補「縈」字，云：「『罍嵲』即『縈峚』也。」倒言則作「嵲罍」、「嵬礑」、「嵬
罍」，《廣韻》：「嵲，嵲罍，山皃。」又「嵬，嵬礑也。」《集韻》：「嵬，嵬
罍，山名。」榖，明本、龍谿本、墨海本同，宋九卷本作「❖」，宋廿一卷
本作「❖」，四庫本作「❖」，《揚子雲集》卷 5 作「榖」。《字彙》：「榖，音
義不詳。」「榖」正字，其餘皆俗譌字，俗字亦作「榖」、「榖」。張惠言《七
十家賦鈔》卷 3、嚴可均《全漢文》卷 51 改作「灌榖」〔註213〕，是也。灌

〔註212〕略見胡吉宣《玉篇校釋》，上海古籍出版社 1989 年版，第 4213 頁。
〔註213〕張惠言《七十家賦鈔》卷 3，收入《續修四庫全書》第 1611 冊，上海古籍出
　　　　版社 2002 年版，第 59 頁。下引張說，見第 59～60 頁。

粲，雙聲連語，也作「璀璨」、「璀粲」，音轉亦作「翠粲」、「萃蔡」、「綷縩」。
璀之言玼也，《說文》：「玼，玉色鮮也。《詩》曰：『新臺有玼。』」今本《詩》
作「泚」，《韓詩》作「漼」，云：「鮮皃。」

（13）方彼碑池，岘枷輵嶰

章樵注：《上林賦》：「陂池貏豸。」注：「旁頹相連貌。」輵，苦葛反。嶰，
胡買反。〔山不相連也〕。

　　按：注「山不相連也」據宋廿一卷本補，底本脫。碑池，宋九卷本誤作
「碑地」。①方彼，當讀作「旁被」（宋廿一卷本章注正作此音），猶言廣被、
廣及。張惠言曰：「彼，疑『陂』字。」非是。②碑池，疊韻連語，讀作「陂
池」。《漢書·司馬相如傳》《上林賦》：「陂池貏豸。」顏師古注引郭璞曰：「陂
池，旁積貌也。」字亦作「陂陀」、「陂陁」、「陂陒」、「波池」、「岥岮」、「岥
岮」、「坡陀」、「陁陀」、「陁陒」等形。③《字彙》：「岘，岘枷，眾山森列貌。」
此說非是，下句「礫乎岳岳」章樵注云「總言眾山森列爭高峻之狀」，纔是此
義。「岘」是「軋」增旁俗字，疑是「圠」異體字，P.2011 王仁昫《刊謬補缺
切韻》：「圠，山曲。」「枷」是「加」增旁俗字，重疊也，字亦作「架」。④
章樵注「輵嶰，山不相連也」，其說不知所據。「輵嶰」疑「輵轄」音轉，嶰
從解得聲，轄從害得聲，害從丰得聲，丰聲與解聲字雙聲音轉。「輵轄」是雙
聲疊韻連語，曷、害古亦音轉，字亦作「輵蛒」、「輵礚」、「碣礚」。《史記·
司馬相如列傳》《大人賦》：「跮踱輵轄容以委麗兮。」《漢書》作「輵蛒」。《索
隱》引張揖曰：「輵礚，搖目吐舌也。」《玉篇殘卷》「礚」字條引作「輵礚」，
又引《漢書音義》說同張揖。《漢書·揚雄傳》《長楊賦》：「鳴䡔磬之和，建
碣礚之虡。」顏師古注引孟康曰：「碣礚，刻猛獸為之，故其形碣礚而盛怒也。」
《玉篇殘卷》「輵」字條引作「輵礚」，又引《漢書音義》：「列（刻）猛戰為
虡，故其形輵礚而盛怒也。」《集韻》：「輵，輵轄，轉搖皃。」又「礚，碣礚，
勁怒皃。」《廣韻》：「礚，輵礚，搖目吐舌，又感怨皃。」「感怨」是「盛怒」
之誤。此賦狀山勢盛貌。

（14）礫乎岳岳

章樵注：總言眾山森列爭高峻之狀

　　按：礫，讀為皪，明也。礫乎，猶言皪皪，音轉亦作「歷歷」，分明貌。
岳岳，高聳貌。《文選·魯靈光殿賦》：「神仙岳岳於棟間，玉女闚窗而下視。」

李善注：「岳岳，立貌。」字亦作「嶽嶽」，《漢書・朱雲傳》：「五鹿嶽嶽，朱雲折其角。」顏師古曰：「嶽嶽，長角之貌。」《白氏六帖事類集》卷9引作「岳岳」。字亦作「頢頢」，《說文》：「頢，面前岳岳也。」《玉篇》作「面前頢頢」。「頢」是面前岳岳的專字。蔣斧印本《唐韻殘卷》：「鵒，《說文》云：『面前鵒。』」「鵒」是「頢」形譌，釋文又脫一「鵒」字。《龍龕手鑑》引作「面前頢」，亦脫一字。

（15）於是乎則左沈犂，右羌庭

按：所居之處曰庭。《史記・匈奴列傳》：「而單于之庭直代、雲中。」《索隱》：「謂匈奴所都處為庭。樂彥云：『單于無城郭，不知何以國之，穹廬前地若庭，故云庭。』」《漢書・昭帝紀》：「移中監蘇武前使匈奴，留單于庭，十九歲迺還。」又《李廣傳》：「臣願以少擊眾，步兵五千人，涉單于庭。」皆謂單于之地也。

（16）乃溢乎通溝，洪濤溶洗

按：溶洗，宋九卷本、宋廿一卷本作「溶沈」，是也。「溶沈」是「溶淫」音轉，水大貌。本篇下文云：「涇（淫）淫溶溶，繽紛幼靡。」《漢書・揚雄傳》《羽獵賦》：「沈沈容容。」「沈容」是「溶沈」倒言，亦「淫溶」音轉。《說文》：「尤，淫淫，行貌。」《後漢書・來歙傳》李賢注、《集韻》引「淫淫」作「尤尤」。「沈沈」即「尤尤」，亦即「淫淫」。《慧琳音義》卷41「沈溺」條云：「尤音淫。」一說「溶沈」是「溶沇」形譌。《文選・羽獵賦》：「沈沈溶溶。」胡紹煐曰：「《漢書》作『沈沈容容』，宋祁校云：『沈，蕭該本作沇，音餘水反。』」又引王念孫曰：『蕭本是也。『沇容』雙聲字，謂禽獸眾多貌。上文『萃傱允溶』，《文選》亦作『沇溶』，李注：『沇溶，盛多之貌。』《上林賦》：『沇溶淫鬻。』沇，以水切。溶音容，是其證。『沇』、『沈』草書相似，故沇譌為沈。」〔註214〕

（17）千湲萬谷，合流逆折

按：「湲」疑是「淵」同音借字。淵、谷對舉。伏俊璉疑「湲」是「溪」字之誤。

〔註214〕胡紹煐《文選箋證》卷11，黃山書社2007年版，第292頁。

（18）泌瀄乎爭降

按：泌瀄，宋九卷本作「必瀄」，疊韻連語，波浪相激之聲。《文選・上林賦》：「渾弗宓汩，偪側泌瀄。」李善注引司馬彪曰：「泌瀄，相揳也。」《廣韻》：「泌，泌瀄，水流。」當指水流之聲。字亦作「咇嘰」、「嗶嘰」，《文選・洞簫賦》：「啾咇嘰而將吟兮。」李善注：「咇嘰，聲出皃。」《廣韻》：「咇，咇嘰，多言。」《集韻》：「咇、嗶：咇嘰，聲出皃，或從畢。」

（19）磽石冽巇，紛葰周溥

按：磽，讀為竂，《說文》：「竂，穿也。」《廣雅》：「竂，空也。」「空」即「孔」，猶言穿孔。「磽」是石穿孔的分別字。俗字作寮，《慧琳音義》卷77引《說文》作「寮」，又引《蒼頡篇》：「寮，小空也。」冽，讀為裂。紛葰，即「紛挐」，字亦作「紛如」、「紛挐」、「煩挐」、「繁挐」〔註215〕。

（20）旋溺冤，綏頯慚

水觸石抵山，則波濤洄洑。舟行，人旋溺而死者冤，綏頯而生者懃。

按：注「生者」，宋廿一卷本作「恐者」。旋溺，小便。「溺」同「尿」。旋溺，指因小便而淹死。綏，讀為墮。「頯」是「積」俗字，讀作隤。綏頯，墜落也。張惠言曰：「慚，疑『嶄』字。」未是。《全漢文》卷51作「塹」，尤臆改無據。

（21）博岸敵岬

按：博，讀為搏、拍，擊也。《全漢文》卷51改作「搏」，無版本依據。岬，讀為岬。《文選・吳都賦》：「傾藪薄，倒岬岫。」李善注引《淮南子》注：「岬，山旁。」字亦作砷、峽，《玉篇殘卷》：「岬，仿佯山岬之旁也。左思《吳容》〔註216〕許叔重曰：『岬，山旁也。』左思《吳容（都）賦》：『倒岬岫。』□達〔註217〕曰：『岬，兩山間也。』《埤蒼》為『砷』字，〔在〕《石部》。」又「砷，《埤蒼》：『山側也。』或為『岬』字，在《止（山）部》。」《淮南子・原道篇》：「仿洋於山峽之旁。」高誘注：「兩山之間為峽。」《水經注・江水》引作「山岬」，又引注曰：「岬，山脅也。」敵，讀作敲〔註218〕。

〔註215〕參見朱起鳳《辭通》卷3，上海古籍出版社1982年版，第287頁。
〔註216〕引者按：此四字當作「《淮南子》」，在「仿佯」上，寫者涉下文而誤。
〔註217〕引者按：「□達」二字當作「賈逵」。
〔註218〕此趙家棟博士說。

（22）㴐瀨礚巖

按：㴐，宋九卷本、廿一卷本、明本、四庫本作「淬」。㴐（淬），讀為淬，《廣雅》：「淬，寒也。」字亦作淬，《方言》卷 13：「淬，寒也。」郭璞注：「淬，猶淨也。」「淨」同「瀞」，寒也。㴐瀨，寒冷的急湍。「礚巖」即「巖礚」，P.2011 王仁昫《刊謬補缺切韻》：「礚，巖礚。」《玉篇》、《廣韻》同。

（23）摚汾汾

按：摚，宋九卷本作「橖」。張惠言曰：「疑衍一『汾』字。」此句疑脫一「摚」字。摚摚，讀作「闛闛」。《說文》：「闛，闛闛，盛貌。」亦省作「堂堂」，《論語·子張》：「堂堂乎張也，難與並為仁矣。」《集解》引鄭玄曰：「言子張容儀盛而於仁道薄也。」《文選·劇秦美新》：「況堂堂有新，正丁厥時。」李善注：「堂堂，盛也。《晏子》齊景公曰：『將去此堂堂國者而死乎？』」汾汾，讀作「紛紛」，是水盛貌改易形符的專字。《文選·長楊賦》「汾沄」指水盛貌，即「紛紜」，亦其比。

（24）忽溶闉沛

按：忽溶，讀為「沸涌」。《說文》：「湆，一曰沸涌皃。」字亦作「沸踊」，漢《桂陽太守周憬功勳銘》：「泉肇沸踊，發射其顛。」魏楊脩《神女賦》：「情沸踊而思進，彼嚴厲而靜恭。」闉沛，疑是「滂沛」音轉，雙聲連語，水流大貌。大雨曰「霶霈」，其義一也。音轉又作「澎沛」、「澎湃」、「滂潰」、「澎濞」、「旁溥（磅礡）」、「旁魄」等形。

（25）鉦釘鍾，涌聲薀

按：張惠言曰：「釘鍾，蓋與『町疃』同。」「町疃」指鹿迹，張說未是。鉦，讀為挃，撞挃。「釘鍾」是象聲詞，疑「丁東」、「丁當」音轉。

（26）薄泙龍，歷豐隆

按：泙龍，擬聲詞，疑同「匉訇」、「砰訇」、「軯訇」、「輷訇」、「棚惸」。《文選·西京賦》：「沸卉軯訇。」五臣本作「砰訇」，《玉篇殘卷》「訇」字條引同。薛綜注：「奮迅聲也。」《文選·上林賦》：「砰磅訇礚。」李善注引司馬彪曰：「皆水聲也。」又《東京賦》：「軯礚隱訇。」薛綜注：「鐘鼓之聲也。」「豐隆」指如雷之聲。

（27）雷扶電擊

錢熙祚曰：「扶」字誤，當依九卷本作「抶」。

按：宋廿一卷本亦作「抶」。揚雄《羽獵賦》：「壁壘天旋，神抶電擊。」

（28）鴻康瀁

按：當據宋九卷本作「鴻鴻康瀁」。康瀁，疑「硍磑」音轉，又作「硍磕」。《玉篇殘卷》：「磑，《說文》：『石聲也。』一曰硍磕。」《玉篇》：「硍，硍磕，石聲。」《史記·司馬相如傳》《子虛賦》：「礧石相擊，硍硍磕磕。」《漢書》作「琅琅礚礚」，段玉裁、江沅改「硍」作「硍」，非是，鈕樹玉、徐承慶、朱駿聲已正之〔註219〕。《楚辭·九思·逢尤》：「雷霆兮硍磕，雹霰兮霏霏。」

（29）檜櫨

章樵注：間慮。

錢熙祚曰：字書無「檜」字，當依九卷本作「檐」。

按：章樵注音「間」，當據宋廿一卷本作「閻」。《字彙》：「檜，音義未詳。」《正字通》：「『梠』譌作『檜』，『梠』即《說文》『楣梠』之梠，非木類別有檜也。」錢熙祚說是也，宋廿一卷本作「檐」，即「檐」俗字。章注音閻，「閻」、「檐」同音余廉切，是章注本亦作「檐」也。「檐」同「櫚」，疑「櫨」同音借字。《廣韻》：「櫨，木名。」

（30）枌梧、橿、櫪櫛、楢木、櫻枒信楫叢，俊幹湊集

按：宋九卷本「櫪」誤作「攊」，「楢」誤作「犆」，「櫻」誤作「稷」。楫，宋九卷本、廿一卷本誤作「揖」。當「櫪櫛」二字連文為木名，疊韻連語。《古今韻會舉要》：「櫪，櫪櫛，木名。」其為木名，取離析為義。《說文》：「櫛，櫪櫛也。」又「櫪，櫪櫛，椑（柙）指也。」《玄應音義》卷12：「櫪櫛，《通俗文》：『考囚具謂之櫪櫛。』《字林》：『押其指也。』」押指之考囚具謂之櫪櫛者，言離析其手指之刑具也〔註220〕。《漢書·兒寬傳》顏師古注引張晏曰：「楫，聚也。」楫、輯、集一聲之轉，本字作䌤，《說文》：「䌤，

〔註219〕段玉裁《說文解字注》，江沅《說文釋例》，鈕樹玉《段氏說文注訂》，徐承慶《說文解字注匡謬》，朱駿聲《說文通訓定聲》，並收入丁福保《說文解字詁林》，中華書局1988年版，第9355～9359頁。

〔註220〕參見楊樹達《釋「櫪櫛」》，收入《積微居小學述林》卷1，中華書局1983年版，第16～17頁。

合也。」楄叢，猶言叢聚。「信」字衍文。當「櫻枒楄叢」連文。「櫻」當是「棪」形誤。章樵注「櫻」音即，所見本已誤。棪，即栟櫚樹。張衡《南都賦》：「楈枒栟櫚，柍柘檍檀。」《文選》左思《蜀都賦》：「其樹則有木蘭棪桂，杞櫨椅桐，棪枒楔樅。」劉逵注：「棪枒出蜀，其皮可作繩履。」此賦「櫻枒」即左思《蜀都賦》之「棪枒」，亦即《南都賦》之「楈枒栟櫚」。《說文》：「枒，木也。」王筠曰：「《吳都賦》：『枒葉無陰。』《異物志》：『枒樹似檳榔，無枝條，高十餘丈，葉在其末，如束蒲，實大如瓠，繫在樹顛若挂物也。』《史記》作『胥餘』，《漢書》作『胥邪』。胥與餘、邪疊韻，長言、短言之分。邪、餘皆借字，俗字作梛。」〔註221〕單言曰枒，字亦作梛、椰；複言則曰楈枒、胥餘、胥邪。

（31）枇檕柍楬

　　章樵注：枇，疾貲反。無枇，木名。檕，相稽反，榆屬。

　　按：枇，木名。《廣韻》：「枇，無枇木，一名楡。」「楡」是「梌」形譌。《爾雅》：「梌，無疵。」郭璞注：「梌，梗屬，似豫章。」《釋文》：「疵，本又作梽。《字書》云：『無梽，梌也。』」「無枇」即「無梽」，亦即「無疵」。「柍楬」雙聲兼疊韻，「柍」當非誤字。「柍楬」疑是「趌趨」、「趌趣」轉語。《說文》：「趨，趌趨，怒走也。」蔣斧印本《唐韻殘卷》：「趌，趌趨，走皃。」P.2011王仁昫《刊謬補缺切韻》：「趌，趌趣皃。」《玄應音義》卷15引《纂文》：「趌趣，凶豎也。」此賦狀枇檕二樹倔強貌。

（32）圠沈樘椅，從風推參

　　章樵注：椅，於宜反，梓屬。

　　按：張惠言曰：「『沈』字疑衍。」「圠沈」不辭，疑「圠块」之誤，是「块圠」、「块軋」、「鞅軋」倒言，雙聲連語，正言倒言無別，高下不平皃。樘椅，當作「撐倚」，相互撐持。參，讀為摻。《集韻》：「摻，摻搓，捫也。」推參，推擠摩擦。

（33）溠淫溶

　　按：宋九卷本、廿一卷本「溶」字重文作「溶溶」，是也。張惠言曰：「『溠』字疑衍。」《全漢文》卷51徑改作「淫淫溶溶」，是也，而無說明。

〔註221〕王筠《說文解字句讀》，中華書局1988年版，第202頁。

《文選·子虛賦》:「纚乎淫淫，班乎裔裔。」李善注引司馬彪曰:「皆行貌也。」《史記集解》引郭璞曰:「皆群行貌也。」「淫淫溶溶」即《漢書·揚雄傳》《羽獵賦》「沈沈容容」，又「淫淫與與」，皆即「淫淫裔裔」音轉，是「猶與（豫）」的分言重疊詞也。

（34）繽紛幼靡

章樵注:幼，讀作窈。窈靡，深密也。

按:章說是也。音轉亦作「窈微」、「幽微」，江淹《空青賦》:「若夫邃古之世，汗漫窈微。」《漢書·楊雄傳》《解難》:「若夫閎言崇議，幽微之塗，蓋難與覽者同也。」

（35）野篠紛豈

章樵注:條，出魯郡山，堪為笙。宋玉《笛賦》「見奇篠異幹。」

按:注文，宋廿一卷本「條」作「篠」，「邵」作「郡」，皆是也。篠，讀為條，枝條。紛豈，當據宋九卷本、廿一卷本作「紛㵎」。㵎，讀為暢，盛。

（36）宗生族攢

錢熙祚曰:「攢」當作「攢」，九卷本尚不誤。

按:宋九卷本、廿一卷本、四庫本作「攢」，《類聚》、《成都文類》引同，乃「攢」俗字。明本作「攢」，乃「攢」形譌。

（37）洪溶忿葦，紛揚槁合

錢熙祚曰:九卷本「合」作「翕」。

按:葦，讀為媁。《說文》:「媁，不說（悅）皃。」字亦作愇。《廣雅》:「愇，恨也。」《廣韻》引《字書》同。字亦作違，《史記·屈原傳》《懷沙》:「懲違改忿兮，抑心而自彊。」「忿葦」即屈賦之「忿違」，此賦狀其氣勢之盛。字亦作韋，嶽麓秦簡《為吏治官及黔首》簡48:「不祭（察）所親則韋數至。」睡虎地秦簡《為吏之道》簡24～25、北大秦簡《從政之經》簡V9-41「韋」作「怨」〔註222〕。槁合，龍谿本作「搔合」，當據宋九卷本、廿一卷本、四庫本作「搔翕」。搔翕，雙聲連語，音轉亦作「騷屑」、「搔屑」、「搔

〔註222〕北大秦簡《從政之經》釋文見朱鳳瀚《北大藏秦簡〈從政之經〉述要》，《文物》2012 年第 6 期，第 77 頁。

雪」，風聲。《楚辭·九歎》：「風騷屑以搖木兮。」王逸注：「騷屑，風聲貌。」
謝靈運《山居賦》：「寒風兮搔屑，面陽兮常熱。」P.3821：「百歲歸原去不來，
慕（暮）風搔屑石松哀。」S.2947 同，S.5549 作「搔雪」。音轉亦作「飀飀」、
「蕭索」、「蕭瑟」、「蕭颯」、「騷殺」、「衰殺」、「蕭屑」〔註223〕。

（38）結根才業，填衍野

錢熙祚曰：「逈」當作「迴」，九卷本尚不誤。

按：張惠言曰：「業，蓋與『嶪』同。」才，讀為在。業，讀為隒。《玉
篇殘卷》：「隒，《蒼頡篇》：『隒，廄（厳）之（也），危也。』野王案：今並
為業字。」《宋本玉篇》作「隒，險也，危也，今作業」。此賦指險危之處。
《文選·蜀都賦》：「其封域之內則有原隰墳衍，通望彌博，演以潛沫，漫以
綠洛。」「墳衍」當據唐寫本作「填衍」。《唐鈔文選集注彙存》卷 8 載李善
注：「填，徒見反。衍，以戰反。」（今存各本佚此注）據其音徒見反，則正
是「填」字。音轉亦作「駢衍」，《漢書·楊雄傳》《羽獵賦》：「駢衍佖路。」
顏師古注：「駢衍，言其並廣大也。」逈，宋九卷本、廿一卷本、四庫本作
「迴」，即「迴」俗譌字。《慧琳音義》卷 1：「迴出，上聲字，古文作回，象
國邑，從口，從辵。今俗從向者，非也。」又卷 21：「迴曜，《爾雅》曰：『迴，
遠也。』」今《爾雅》作「迴」。皆是其例。

（39）於氾則汪汪漾漾，積土崇隄

章樵注：氾，淺水蕩也。

按：《爾雅》：「水決之澤為汧，決復入為氾。」《說文》：「氾，水別復入
水也。」汪汪，宋九卷本、廿一卷本誤作「注注」。「汪汪漾漾」是「汪漾」
重文，水盛貌。音轉亦作「汪洋」，《楚辭·九懷·蓄英》：「臨淵兮汪洋，顧
林兮忽荒。」王逸注：「瞻望大川，廣無極也。」洪興祖補注：「汪洋，晃養
二音。」又音轉作「滉瀁」、「滉漾」、「莽洋」、「漭瀁」、「漭蕩」、「莽瀁」、
「漭瀁」、「潤瀁」、「罔養」等形〔註224〕。

〔註223〕 略見方以智《通雅》卷 6，收入《方以智全書》第 1 冊，上海古籍出版社 1988
　　　　年版，第 253 頁。然方說未盡。
〔註224〕 參見蕭旭《「狼抗」轉語記》，收入《群書校補（續）》，花木蘭文化出版社 2014
　　　　年版，第 2347～2352 頁。

（40）其中則有翡翠鴛鴦，裛鷁鸐鷺

章樵注：皆水鳥名。

按：裛，疑「鳧」之誤，野鴨。鳧鷁鸐鷺，四種水鳥名。

（41）霋鶤鸘鵝

章樵注：鶤，音昆，鶤雞。鸘鵝，音宿霜，長頸，綠色，形似鴈。

按：霋，讀為鸂。《廣韻》：「鸂，水鳥。」其鳥以聲得名。宋羅願《新安志》卷2：「鸂，兩翼白，其鳴自呼，好在田中。」

（42）黿鱓鼉龜，眾鱗鯣鱄

章樵注：鯣鱄，逕墮。言其眾多，猶雜逕也。

按：注「墮」，宋廿一卷本作「憻」。鯣鱄，張震澤讀作「蹀躞」，往來小步貌〔註225〕。倒言之為「躞蹀」，又作「蹂蹀」

（43）兩江珥其市，九橋帶其流

章樵注：《史記》：李冰穿二江成都中，皆可行舟，名曰兩江。其實穿二渠引江水以壯形勢，且以溉田耳。珥，言江水旁貫其市。貂蟬附耳曰珥，虹蜺抱日亦曰珥。

按：珥，《水經注·江水》、《文選·蜀都賦》劉淵林注引同，宋九卷本作「飾」，宋刊《類聚》引亦作「飾」（四庫本仍作「珥」）。市，《類聚》引同，《水經注》、《文選》注引作「前」，《全漢文》卷51據改，是也，「市」當是「前」形譌。

（44）武儋鎮都，刻削成藪

章樵注：武儋山在成都西北，為都之鎮，舊《記》言蜀王開明遣五丁力士負土成之。藪，音廉，又音斂，草木叢蔓也。

按：藪，宋九卷本、廿一卷本作「蔌」，注文廿一卷本亦同。張惠言曰：「『蔌』字疑誤。」蔌，疑「嶵」形譌。「嶵」同「嶮」，指山險。

（45）并石石屏，圻岑倚從

章樵注：屏，古犀字，與棲同。圻，渠希反。山傍石也。從，讀作徙。

按：屏，宋九卷本、廿一卷本作「屏」，《全漢文》卷 51 同，注云：「未詳。」張惠言於下「石」字下曰：「字疑誤。」章樵說「屏，古犀字」，不知所據。疑「屏」、「屏」都是「屏」俗譌字，「并石石屏」本作「并石礕礕」，「礕」誤分作「石屏」，又脫一「礕」字。「礕」即「屏」的增旁俗字，此寫「并石」，故增石旁。并石，相并列之石。《慧琳音義》卷 77 引《漢書音義》：「屏，不齊也。」屏，讀作僟。《說文》：「僟，僟互，不齊也。」礕礕，山石不齊貌。字亦作巇、嶃、磜（嶄）、峻、碊、棧。听，讀為傾。《水經注·汶水》引《從征記》：「或傾岑阻徑，或迴巖絕谷。」山小而高曰岑。「倚從」是「倚徙」形譌。

（46）眾物駭目，單不知所禦

章樵注：言山川所產之富。單，與「殫」同，盡也。

按：駭目，猶言驚駭眼目。《御覽》卷 914 引《幽明錄》：「須臾，雲晦雷發，驚耳駭目。」劉孝標《東陽金華山栖志》：「電擊雷吼，駭目驚魂。」單，讀作憚，驚懼也，與「駭目」相應，章注非是。禦，抵禦。句言驚懼而不知所措。

（47）枇杷杜樤

章樵注：樤，「榛」同。

按：樤，字亦作「榛」，皆「亲」同音借字。《說文》：「亲，果，實如小栗。《春秋傳》曰：『女摯不過亲栗。』」段玉裁曰：「《周禮·籩人》、《記·曲禮》《內則》、《左傳》、《毛詩》字皆作『榛』，假借字也。榛行而亲廢矣……《蜀都賦》作『樤』。」〔註226〕

（48）旁支何若，英絡其間

章樵注：言果木繁多。支，與「枝」通。何，讀作阿。

按：章注甚是，「何若」是「阿那」、「猗那」、「婀娜」音轉，亦即《石鼓文》「亞箬其華」之「亞箬」音轉。英絡，當作「莫絡」，同義連文的疊韻連語，連接不斷也。字亦作「幕絡」，《釋名·釋形體》：「膜，幕也，幕絡一體也。」又《釋牀帳》：「幕，幕絡也，在表之稱也。」又《釋綵帛》：「〔煮〕繭

曰〔莫。莫〕，幕也，貧者著衣，可以幕絡絮也。」〔註227〕又《釋衣服》：「幕，絡也。」字亦作「莫落」，《新序‧雜事二》：「漸臺五重，黃金白玉，琅玕龍疏，翡翠珠璣，莫落連飾，萬民罷極。」《列女傳》卷6作「幕絡」。倒言則作「絡幕」，《文選‧蜀都賦》：「罻羅絡幕。」劉淵林注：「罻羅，鳥獸網也。絡幕，施張之貌也。」《爾雅》：「草竈竈。」郭璞注：「絡幕草上者。」《類聚》卷9晉顧愷之《冰賦》：「爾乃連綿絡幕，乍結乍無。」倒言也作「絡縸」，《後漢書‧馬融傳》《廣成頌》：「矰碆飛流，纖羅絡縸。」李賢注：「絡縸，張羅貌也。縸與幕通。」倒言也作「絡漠」，《御覽》卷948成公綏《蜘蛛賦》：「纖羅絡漠，綺錯交張。」倒言也作「落漠」、「落莫」，本書卷5杜篤《首陽山賦》：「青羅落漠而上覆，穴溜滴瀝而下通。」王褒《甘泉宮頌》：「徑落莫以差錯，編玟瑁之文梐。」〔註228〕

（49）褭弱蟬抄，扶施連卷

章樵注：褭，音嫋。蟬抄，音揮爰，相牽引也。卷，音拳。

按：注「揮」，宋廿一卷本作「撣」，是也。「褭弱」是「褭娜」、「嫋娜」、「裊娜」音轉，柔弱貌。章注「抄」音爰，則「抄」必是誤字，張震澤說本當作「援」〔註229〕，是也，古注「援」注音「爰」，不可勝舉。蟬援，疊韻連語，字或作「撣援」，《廣雅》：「撣援，牽引也。」字也作「嬋媛」、「嘽緩」、「嘽咺」。張震澤說「扶施」即「扶疏」，亦是也，「施」古音移。又音轉作「扶與」、「扶輿」、「扶於」，周旋貌，旋轉貌。《淮南子‧修務篇》：「今鼓舞者，繞身若環，曾撓摩地，扶於猗那，動容轉曲。」高誘注：「扶轉，周旋。」《史記‧司馬相如列傳》《子虛賦》：「扶與猗靡，噏呷萃蔡。」一本作「扶輿」〔註230〕，《漢書》、《文選》同。《集解》引郭璞注引《淮南》作「扶與」。《楚辭‧九懷‧昭世》：「登羊角兮扶輿，浮雲漠兮自娛。」王逸注：「輿，一作與。」《史記‧司馬相如傳》《上林賦》：「垂條扶於。」《集解》引郭璞曰：「扶於，猶扶疏也。」《文選》五臣本作「扶疎」，李善本、《漢書》作「扶疏」，李善又引《說文》：「扶疏，四布也。」今本《說文》作「枎疏」。又音

〔註227〕脫字據《御覽》卷819引補。
〔註228〕以上略見王先謙《釋名疏證補》，然王說未備，茲為補之。畢沅、王先謙《釋名疏證補》，中華書局2008年版，第62頁。
〔註229〕張震澤《揚雄集校注》，上海古籍出版社1993年版，第25頁。下同。
〔註230〕參見水澤利忠《史記會注考證校補》，廣文書局1972年版，第3194頁。

轉作「扶蘇」、「扶胥」、「扶狩」、「扶疋」、「摶疋」、「萗蕀」〔註 231〕。白楊稱作「夫移」、「扶移」、「蒲移」，即「枎疏」音轉，取旋轉四布之義。

（50）豱貕螗蛦

章樵注：豱貕，音巨奚。《方言》：「齊謂之螇蚸，楚謂之蟪蛄。」又郭璞注：「胡蟬，江南呼螗〔蛦〕。」蛦，音夷。

按：注「呼螗」下當據今本《方言》卷 11 郭注補一「蛦」字。螗，宋九卷本、廿一卷本誤作「糖」。貕，讀為螇。「豱」是「巨」俗字，涉下字「貕」而增豸旁。《說文》：「螇，螇鹿，蛁蟟也。」複言曰「螇鹿」，單言則作「螇」，《鹽鐵論・散不足》：「諸生獨不見季夏之螇乎？」《方言》卷 11：「蟬，宋衛之閒謂之螗蜩，海岱之閒謂之蟜。」郭璞注：「今胡蟬也，似蟬而小，鳴聲清亮，江南呼螗蛦，齊人呼為巨蟜。」螇稱作巨螇，猶蟜稱作巨蟜也。螗蛦，音轉亦作「螗蛦」，古音夷、弟相同。P.2011 王仁昫《刊謬補缺切韻》：「蛦，螗蛦，小蟬。」

（51）尓乃五穀馮戎，瓜瓠饒多

章樵注：馮戎，馮戎，富盛也。

按：馮戎，疊韻連語，也作「蒙戎」、「丰茸」、「蓬茸」、「葊茸」、「翁茸」、「菶茸」、「蒙茸」、「髶茸」、「封戎」、「尨茸」、「姅媶」、「鞛鞲」、「穙（䅬）穁」、「丰容」、「蒙容」等〔註 232〕。北大漢簡（三）《趙正書》：「吾衣（哀）令（憐）吾子之孤弱，及吾蒙容之民。」

（52）卉以部麻，往往薑梔

章樵注：卉，古草字。一作艸。《楚詞》多互用之。

按：部，讀為蔀，菜名。《廣雅》：「蔀，魚薺也。」《廣韻》：「蔀，蔀菜，魚薺也。」梔，宋九卷本誤作「梔」。

（53）盛冬育荀，舊菜增伽

〔註 231〕參見方以智《通雅》卷 7，收入《方以智全書》第 1 冊，上海古籍出版社 1988 年版，第 287 頁。又參見吳玉搢《別雅》卷 1，收入景印文淵閣《四庫全書》第 222 冊，臺灣商務印書館 1986 年初版，第 623 頁。

〔註 232〕參見蕭旭《〈列子・黃帝篇〉解詁》，《東亞文獻研究》總第 21 輯，2018 年 6 月出版，第 58～59 頁。

章樵注：荀，今作筍，竹萌也。伽，今作「茄」。隆冬時筍已生，茄子冬月尚多。

按：《毛詩草木鳥獸蟲魚疏》卷上：「筍，竹萌也，皆四月生。唯巴竹筍八月、九月生，始出地長數寸，瀹以苦酒，豉汁浸之，可以就酒及食。」蜀地竹筍八、九月始生，故賦言「盛冬育筍」也。舊，宋廿一卷本作「舊」，俗譌字，《玉篇殘卷》「碑」字條引《三輔舊事》，正作此形，敦煌寫卷更是常見。「伽」同「茄」，本書卷17王褒《僮約》：「種瓜作瓠，別茄披蔥（蔥）。」

（54）蔓茗熒郁，翠紫青黃

按：宋九卷本脫「郁」字，「紫」誤作「藥」。《全漢文》卷51作「蔓茗熒翠，藻蕤青黃」，臆改無據。熒郁，鬱積貌，引申為茂盛貌，讀作「縈鬱」，《類聚》卷1梁吳均《詠雲》：「飄飄上碧虛，藹藹隱青林。氛氳如有意，縈鬱詎無心？」《初學記》卷27梁沈約《詠青苔》：「縈鬱無人贈，葳蕤徒可憐。」言蔓延的茗茶，其葉色有翠紫青黃各色。

（55）麗靡螭燭，若揮錦布繡，望芒兮無幅

章樵注：班固《西都賦》：「曄曄猗猗，若摛錦與布繡，燭耀乎其陂。」言草木繁盛如舒布錦繡，望之芒芒然，曾無邊幅。舊本作「望芒芒兮於無鹽。」或曰：言其日富，若無鹽氏之貸子錢。恐失之鑿，今從《類聚》。「螭」、「摛」同。

錢熙祚曰：「芒」字當重，注中尚不誤。又《御覽》卷977引作「望之無疆」。

按：注「曄曄」，宋廿一卷本作「瑋瑋」。《文選·西都賦》：「茂樹蔭蔚，芳草被隄，蘭茝發色，曄曄猗猗，若摛錦布繡，燭耀乎其陂。」李善注引此賦作「摛燭」，又引《說文》曰：「摛，舒也。」《後漢書·班固傳》、《初學記》卷7「燭」作「燭」，字同，猶言照耀也，指草色鮮明。芒兮，宋九卷本、廿一卷本作「芒芒子」，「子」是「兮」形譌。幅，宋九卷本作「塩」。《類聚》引作「螭燭，若揮錦布繡，望芒芒兮無幅」，雖有脫文，而「芒」字正作重文。

（56）爾乃其人，自造奇錦。絑纊緹緼，緲緣盧中

章樵注：絑，巨周反。纊，息絹反。索絲織也。緹，音斐。緼，音縕。緲，所銜反。緣，絳色也，絳色緣其外。盧，黑色，居中，相合為文。蜀錦名件不

一，此其尤奇者，故轉於世間，無有窮已。

　　按：「紸緤」是二種絲織的繩索。「紸」音巨周反，則當是「紌」形譌。《玉篇殘卷》：「紌，渠周反，《說文》：『紌，引也。』」《宋本玉篇》作「紌，巨周切，引急也」。P.2011 王仁昫《刊謬補缺切韻》：「紌，巨鳩反，引。」其本字當作「綠」，《說文》：「綠，急也。」綠之言糾也，指引絲之急。此賦作名詞用，指絲繩。緤，望山楚簡、包山楚簡多見此字，讀為纂，指彩色絲帶〔註233〕。「繰」當是「繰」形譌。章注音所銜反，則所見本已誤。《說文》：「繰，帛如紺色。」《廣雅》：「繰，青也。」

（57）其布則細都弱折，絲繭成衻

　　章樵注：細都弱折，皆布名。《西南夷傳》有帛疊、蘭干細布，又有梧桐、木華，續以為布。繭布，江南人謂之生布。衻，緝也。

　　按：細都弱折，《御覽》卷 820 引作「細絺弱折」。《全漢文》卷 51 據改「都」作「絺」，是也。「絺」音誤作「都」，又形誤作「都」。絺，細葛布。「折」是「析」形譌，各本皆誤，《御覽》引亦誤。方以智曰：「析即錫也。」陳元龍說同〔註234〕。析，讀為緆，字亦作緳、錫。《說文》：「緆，細布也。緳，緆或從麻。」治麻布加錫灰使之細膩滑潤，故名此細布為錫，製專字從糸作緆，或從麻作緳。《淮南子・齊俗篇》：「有詭文繁繡弱緆羅紈，必有菅屫跐踦短褐不完者。」許慎注：「弱緆，細布也。」《類聚》卷 85、《秘府略》卷 868 引作「弱錫」。《儀禮・大射儀》：「用錫若絺，綴諸箭蓋。」鄭玄注：「錫，細布也。今文錫或作緆。」亦作借音字「藉」，《太平寰宇記》卷 166 貴州鬱林縣：「藉，細布，一號鬱林布，比蜀黃潤。」〔註235〕此賦「細絺弱析」即指細膩滑潤之絺錫。

（58）避曀與陰

　　章樵注：無雲而陰曰曀。

　　按：曀，本字作薈。《說文》：「薈，星（晴）無雲也。」

〔註233〕 參見何琳儀《戰國古文字典》，中華書局 1998 年版，第 1356 頁。

〔註234〕 方以智《通雅》卷 37，收入《方以智全書》第 1 冊，上海古籍出版社 1988 年版，第 1134 頁。陳元龍《格致鏡原》卷 27，收入景印文淵閣《四庫全書》第 1031 冊，臺灣商務印書館 1986 年初版，第 385 頁。

〔註235〕 四庫本「藉」形誤作「藕」。

（59）筩中黃潤，一端數金

　　章樵注：黃潤，筩中細布也。司馬相如《凡將篇》：「黃潤纖美宜制褌。」漢時黃金一斤為一金。

　　按：筩，《後漢書・王符傳》李賢注、《御覽》卷820引同，《文選・蜀都賦》劉逵注引作「筒」，《類聚》引誤作「筋」。

（60）方轅齊轂，隱軫幽輵

　　按：隱軫，是「殷軫」音轉，形容車聲之盛。《文選・羽獵賦》：「皇車幽輵，光純天地。」李善注：「幽輵，車聲也。」「幽輵」是象聲詞，亦形容車聲之盛。《說文》：「轕，車聲也。」《集韻》：「輵，車聲。」又「轕、轕：車聲，或從蓋。」諸字皆「軋」音之轉。「幽」亦是象聲詞。字亦作「幽藹」。《漢書・楊雄傳》《反離騷》：「既亡鸞車之幽藹兮，焉駕八龍之委蛇？」顏師古注：「幽藹，猶晻藹也。」曹植《文帝誄》：「鸞輿幽藹。」字亦音轉作「軸軋」，《廣韻》：「軸，軸軋，車聲。」字亦音轉作「幽軋」，狀車聲及其他聲音。《宋書・樂志四》魏陳思王《鼙舞歌》：「乘輿啟行，鸞鳴幽軋。」劉禹錫《隄上行》：「日暮行人爭渡急，槳聲幽軋滿中流。」溫庭筠《常林歡歌》：「穠桑繞舍麥如尾，幽軋鳴機雙燕巢。」《漢書・東方朔傳》：「伊優亞者，辭未定也。」「優亞」即「幽輵」，此狀語聲。又用以狀樹木繁茂，《可洪音義》卷29：「幽藹，樹繁茂也。」《文選・蜀都賦》：「其樹則有木蘭梫桂杞櫹椅桐櫻杅楔樅棳楠幽藹於谷底，松柏蓊鬱於山峰。」李周翰注：「幽藹、蓊鬱，茂盛貌。」王粲《槐樹賦》：「豐茂葉之幽藹，履中夏而敷榮。」《類聚》卷69晉劉臻妻《五時畫扇頌》：「靈柯幽藹，神卉參差。」《御覽》卷41引《異苑》：「長松蔓藟，幽藹其上。」又狀雲煙、香氣濃盛貌，《初學記》卷28左九嬪《松柏賦》：「列翠寔之離離，馥幽藹而永馨。」陶弘景《真誥・運象篇》：「玉簫激景雲，靈煙絕幽藹。」又引申為幽深貌，也作「幽靄」。《文選・魯靈光殿賦》：「歘欻幽靄雲覆霮霴洞杳冥兮。」五臣本作「幽藹」。李善注：「皆幽邃之貌。」《文選・七命》：「其居也崢嶸幽藹。」呂向注：「崢嶸幽藹，並深貌。」《廣弘明集》卷15釋慧遠《萬佛影銘》：「庭宇幽藹，歸塗莫測。」

（61）埃敦塵拂，萬端異類

　　按：敦，宋九卷本、明本、墨海本同，廿一卷本、龍谿本、四庫本作「敫」。「敦」當是「敫」形誤。敫，讀為坋（坌），《說文》：「坋，塵也。」P.2491

《燕子賦》「面色恰似坌土」，P.2653 作「勃」。字亦作坺、垺、悖。《玄應音義》卷 6 引《通俗文》：「垺土曰坌，塵也。」《廣雅》：「埃、坌、坱、坺、垺，塵也。」王念孫曰：「《說文》：『坺，塵兒。』《玉篇》：『垺，蒲忽切，塵兒。』《廣韻》云：『塵起也。』《易稽覽圖》云：『黃之色悖如麴塵。』揚雄《蜀都賦》：『埃敉塵拂。』『悖』、『敉』並與『垺』通。」〔註236〕拂，讀為坺。蔣斧印本《唐韻殘卷》：「坺，塵起。」P.3694V《箋注本切韻》同。《集韻》：「坺，坺垺，塵兒。」又「坺，坺垺，塵起也。」《楚辭·怨思》：「飄風蓬龍埃坺坺兮。」王逸注：「坺坺，塵埃兒。坺，一作浡。」坺、垺一聲之轉。埃敉塵拂，塵埃揚起貌，其中「埃、塵」是名詞，「敉、拂」是動詞或形容詞。

（62）崇戎總濃

按：總，宋九卷本、廿一卷本作「緫」，俗字。「崇戎」、「總濃」疊韻連語，「崇戎」是「馮戎」、「蒙戎」、「尨茸」、「蒙茸」轉語（見上文），「總濃」是「蠅纀」、「翁茸」、「滃纀」（《玉篇殘卷》「滃」字條）轉語，皆狀繁多貌。

（63）般旋闤

按：張惠言疑「闤」上脫「闠」字，是也，《全蜀藝文志》卷 1 正作「闠闤」。《文選·蜀都賦》：「闤闠之里，伎巧之家。」劉淵林注：「闤，市巷也；闠，市外內門也。」《文選·西京賦》：「通闤帶闠。」薛綜注：「闤，市營也。闠，中隔門也。」崔豹《古今注》曰：『市牆曰闤，市門曰闠。』」李善注引《倉頡篇》：「闠，市門。」《玄應音義》卷 22、《慧琳音義》卷 48、《御覽》卷 182 並引《說文》：「闤闠，市門也。」〔註237〕「般旋」、「盤桓」一聲之轉。

（64）齊嗜楚

按：嗜，宋九卷本、廿一卷本、龍谿本、四庫本誤作「啙」。張惠言疑「楚」下脫「噂」字，是也。「嗜」是「沓」增旁俗字。《說文》：「沓，語多沓沓也。」《玉篇殘卷》：「沓，猶重疊也。《說文》：『語交沓沓也。』野王案，亦與『嗜』同。」字亦作諮，蔣斧印本《唐韻殘卷》：「諮，謵諮，或作『噂

〔註236〕王念孫《廣雅疏證》，收入徐復主編《廣雅詁林》，江蘇古籍出版社 1992 年版，第 222 頁。

〔註237〕今本《說文》未收「闠」字。

嗒』。」「譶」字亦作「傝」,《說文》:「譶,聚語也。《詩》曰:『譶沓背憎。』」又「傝,聚也。《詩》曰:『傝沓背憎。』」《周禮‧秋官‧司寇》:「朝士禁慢朝錯立族談者。」鄭玄注:「違其位傝語也。」俗字作譸。

（65）彼不折貨,我罔之械

章樵注:械,猶禁也。

按:彼,宋九卷本誤作「祢」。《全漢文》卷 51 改「之」作「乏」,無據。折,損失,虧本。《淮南子‧齊俗篇》:「工無苦事,商無折貨。」今尚有「折本」之語。械,讀為妎、忦,妒忌、忌恨。《說文》:「妎,妒也。」《方言》卷 12:「忦,恨也。」二句言商人不虧本,我也不妒忌。

（66）瀝豫齊戒

按:齊戒,即「齋戒」。瀝,淋也。豫,讀為濾,洗也。豫、濾並魚部,先秦喻母、來母准雙聲,楊雄也可能保留了上古音。瀝豫,猶言淋洗。

（67）儷吉日

章樵注:儷,偶也。祭祀用柔日。

按:儷,讀為歷,一聲之轉,選擇。章樵注未達通假。《爾雅》:「歷,相也。」即察視義,今言看。《大戴禮記‧文王官人篇》:「變官民能,歷其才藝。」王引之曰:「歷,相也。見《爾雅》、《方言》。《晉語》:『夫言以昭信,奉之如機,歷時而發之。』言相時而發之也。《楚辭‧離騷》:『歷吉日乎吾將行。』言相吉日也。」〔註238〕「儷吉日」即《離騷》之「歷吉日」也。《文選‧子虛賦》:「於是歷吉日以齊戒,襲朝衣,乘法駕,建華旗,鳴玉鑾,遊乎六藝之囿。」劉良注:「歷,選也。」《文選‧楊雄‧甘泉賦》:「於是乃命群僚,歷吉日,協靈辰。」李善注引郭璞《上林賦》注:「歷,選也。」都是其確證。楊雄《甘泉賦》用正字,此用借字。《文選‧東征賦》:「時孟春之吉日兮,撰良辰而將行。」李善注引鄭玄《禮記》注:「撰,猶擇也。」撰讀為選,亦選吉日良辰之謂也。《孔叢子‧問軍禮》:「擇吉日齋戒,告於郊社稷宗廟。」

（68）江東鮐鮑,隴西牛羊

章樵注:物以地而美者。鮐、鮑,皆魚名。《說文》:「鮐,海魚也。」

〔註238〕王引之《經義述聞》卷 13,江蘇古籍出版社 1985 年版,第 302 頁。

按：鮐鮑，《類聚》、《書敘指南》卷 9、《成都文類》引同，《書鈔》卷 142 引作「鮑鮉」（凡二引）。「鮉」是「鮐」形譌。《急就篇》卷 3：「鯉鮒蟹鱓鮐鮑鰕。」

（69）糴米肥賭，癰廳不行

章樵注：糴，與「滌」通。《周禮》曰：「牲必在滌。」又「肥牛」注：「肥，養於滌也。滌者，養牲之宮。」滌米，言養之以米，所以滌其穢。賭，豕也。癰，之惟切。廳，音几。弋獵所供，無行販者。

按：賭，宋九卷本誤作「睹」，《書鈔》卷 142 引作「猪」（凡二引）。《說文》：「糴，穀也。」段玉裁曰：「楊雄《蜀都賦》『糴米肥賭』，言食穀米之肥賭也。轉寫作『糴米』，誤矣。」《書鈔》卷 142 引作「糴」（凡二引），古書無訓糴為穀者，段說未可信，劉寶楠採段說，朱駿聲說同段氏，皆非也。《說文》：「糴，市穀也。糶，出穀也。」徐灝、鍾文烝指出「糴」、「糶」都是「糴」的分別字，指交易米穀〔註 239〕，是也。「糴米」自當解作買米。包山楚簡簡 103：「以貸鄗郙以糴種。」其他各簡多見「翟種」二字，「糴」亦用作「糴」，「翟」則是省借字〔註 240〕。《御覽》卷 828 引《風俗通》：「俗說市買者，當清旦而行，日中交易所有，夕時便罷無人也。今乃夜糴穀，明癡騃不足也。凡靳不敏惠（慧）者曰夜糴。」《御覽》卷 490、739 引「糴」作「糴」。「糴」亦交易買賣之義。章樵注「糴與滌通」，則是讀為「濯」，尤是迂說。

（70）獨竹孤鶬

章樵注：「竹」、「屬」通用。屬玉、鶬，皆水鳥名，不牝牡則味全。

按：《書鈔》卷 142 引「竹」作「草」（凡二引）。「竹」誤作「艸」，又易作「草」耳。「屬玉」疊韻連語，字亦作「鸀鳿」，音轉亦作「鸑鷟」。《說文》：「鸑，鸑鷟，鳳屬神鳥也。《春秋國語》曰：『周之興也，鸑鷟鳴於岐山。』江中有鸑鷟，似鳧而大，赤目。」《本草綱目》卷 47：「鸀鳿，名義未詳。案

〔註 239〕段玉裁《說文解字注》，朱駿聲《說文通訓定聲》，徐灝《說文解字注箋》，並收入丁福保《說文解字詁林》，中華書局 1988 年版，第 7307～7308 頁。劉寶楠《釋穀》卷 1，收入《叢書集成續編》第 20 冊，上海書店 1994 年版，第 494 頁。鍾文烝《春秋穀梁經傳補注》卷 8，收入《續修四庫全書》第 132 冊，上海古籍出版社 2002 年版，第 425 頁。

〔註 240〕參見《包山楚簡》整理者說，文物出版社 1991 年版，第 46 頁。

《說文》云云，據此則『鸂鶆』乃『鷞鸘』聲轉，蓋此鳥有文彩如鳳毛，故得同名耳。藏器曰：『鸂鶆，山溪有水毒處即有之，因為食毒出所致也。其狀如鴨而大，長項，赤目，斑觜，毛紫，紺色。』桂馥引《本草》說，又云：「揚雄《蜀都賦》『獨竹孤鶬』，注云：『竹、屬通。屬玉、鶬，皆水鳥。』本作『屬玉』，俗加鳥。馥謂『鷞、鸂、竹、屬』聲皆相近也。」王筠曰：「《本草》同此文。陳藏器曰：『鸂鶆，狀如鴨而大，長項，赤目，斑觜，毛角，紺色，一名鷞鸘。』《上林賦》作『屬玉』，揚雄《蜀都賦》作『獨竹』。此二名皆與『鷞鸘』聲近。」〔註241〕《史記·司馬相如傳》《上林賦》作「鸂鶆」。

（71）炮鴞

章樵注：鴞炙也。《莊子》：「見彈而求鴞炙皮。」

按：注文，宋廿一卷本引無「皮」字，《莊子》出《齊物論》，正無「皮」字。「炮鴞」前或後疑脫「梟羹」二字。《嶺表錄異》卷下：「《說文》：『梟，不孝鳥，食母而後能飛。』《漢書》曰：『五月五日作梟羹，以賜百官。以其惡鳥，故以五日食之。』〔註242〕古者重鴞炙及梟羹，蓋欲滅其族類也。」

（72）被紕之胎

章樵注：紕，與「豼」通用，豹屬也。枚乘《七發》：「豢豹之胎。」

按：被，宋九卷本、廿一卷本誤作「被」。章說是也，豼亦作貔，《說文》：「貔，豹屬，出貉國。豼，或從比。」「被」疑「彼」字，「貉（狢）」字音轉〔註243〕。《方言》卷8：「貔，陳楚江淮之間謂之㹎，北燕朝鮮之間謂之狢，關西謂之狸。」郭璞注：「今江南呼為貉狸。」《廣雅》：「狢，貍也。」貔、狢、㹎、貍，皆一聲之轉，合言之則曰「貉狢」，猶江南呼為「貉狸」（亦作「不來」）也。亦有可能「被紕」是「豼」的分音，「不來」是「貍」的分音〔註244〕，是其比也。被紕之胎，指豹胎。《韓子·說林上》、《喻老》並有「旄

〔註241〕桂馥《說文解字義證》，王筠《說文解字句讀》，並收入丁福保《說文解字詁林》，第4157頁。

〔註242〕引者按：所引出《漢書·郊祀志》如淳注，非《漢書》正文。

〔註243〕《史記·高祖功臣侯者年表》「長鈹」，《漢書·高惠高后文功臣表》作「長鈺」。《爾雅》邢昺疏引鄭志答張逸云：「秠即皮，其秠亦皮也。」秠、皮是聲訓。

〔註244〕參見惠士奇《禮說》卷10，收入《叢書集成三編》第24冊，新文豐出版公司1997年版，第405頁。

象豹胎」語。《文選・七命》：「玄豹之胎。」《七發》、《七命》李善注並引《六韜》：「熊蹯豹胎。」《說苑・尊賢》：「古者有豹象之胎。」

（73）山麕隋腦，水遊之腴

章樵注：山獸以髓腦為珍，水族以腹腴為美。《漢書・郊祀志》：「先馨鶴髓。」髓、隋，並古「髓」字。

按：《集韻》：「髓，《說文》：『骨中脂也。』或作髓、髊、隋、膸。」《慧琳音義》卷28：「隋腦：《說文》云：『隋，骨中脂也，從骨隋省聲。』或作髓、髓〔註245〕。經作髓，俗字也。」又卷37：「脂髓膿：髓音雖觜反，《字書》正從隋作隋。《說文》云：『骨中脂也。』從骨隋省聲也。」《說文》作「髓」。又《說文》：「𦜮，頭髓也。」「腦」是「𦜮」俗字。「隋腦」即腦髓。

（74）被鷃晨鳧

章樵注：被鷃，即斥鷃，晨飛之鳧，皆味之美者也。《說苑》：「魏文侯嗜晨鳧。」

按：被，宋九卷本、廿一卷本誤作「祓」。古音皮聲、番聲相轉，被讀為藩、蕃，指藩籬。《文選》宋玉《對楚王問》：「蕃籬之鷃。」《御覽》卷197引「蕃」作「藩」。「鷃」同「鷃」，此鳥常飛於藩籬之間，飛不過一尺，故稱作「被鷃」、「藩籬之鷃」，也稱作「斥（尺）鷃」。《文選・七啟》：「山鷄斥鷃，珠翠之珍。」李善注：「許慎《淮南子》注：『鷃雀飛不過一尺，言劣弱也。』『斥』與『尺』古字通。」《淮南子・精神篇》作「斥鷃」，許慎當是注此篇。《埤雅》卷6引《禽經》：「雛上無尋，鷃上無常，雉上有丈，鷃上有赤。」又卷8：「鷃亦雀屬，所謂『鷃上有尺』是也。」《莊子・逍遙遊》：「斥鷃笑之曰。」《慧琳音義》卷97引作「尺鷃」。

（75）鷇鷃初乳，山鶴既交

章樵注：鷇，與「雉」通用，野鷺也。

按：章說非是。鷇，讀為雛，字亦作鷄，小野雉。《書鈔》卷142引「鷇鷃」作「鳩鷄」，「鷄」即「鷄」形譌。《說文》：「雛，鳥大雛也。一曰雉之莫子為雛。」《玄應音義》卷11引《通俗文》：「暮子曰鷄。」《呂氏春秋・仲夏紀》：「天子以雛嘗黍。」高誘注：「雛，春鷄也。」P.2011 王仁昫《刊謬補缺

〔註245〕引者按：二字同，疑一字作「髊」。

切韻》：「鷇，雞子，一曰鳥名，亦作雛。」P.3694V《箋注本切韻》：「鷇，鷄子，晚生。」蔣斧印本《唐韻殘卷》：「鷇，鷄子，一曰鳥名。」《廣雅》：「雛，少也。」王念孫曰：「《爾雅》：『雉之暮子為鷚。』郭璞注云：『晚生者，今呼少雞為鷚。』《說文》作『雡』。《釋言》云：『雡，雛也。』《玉篇》云：『雡，鷚雞也。』揚雄《蜀都賦》云：『鷇鷚初乳。』〔註246〕左思《吳都賦》云：『巖穴無羘貀，翳薈無麔鷚。』麔，鹿子也。『鷚』與『雡』同。『麔』與『雡』聲義亦相近。」〔註247〕王說是也，惟謂「麔，鹿子也」稍疏，李善注引《說文》：「麔，麚也。鷚，鳥大雛也。」王說承李氏之誤耳。一歲豕曰貕，三歲豕曰貐，「貐貕」皆指豕；則「麔鷚」當亦是同類，「麔」即「雡（鷚）」，亦指鷚雞。《廣韻》：「雡，鷚雞，晚生者。」此賦「麔鷚」即「麔鷚」，「鷚」亦「雡」音轉。《爾雅》、《說文》、《通俗文》解作「莫（暮）子」，郭璞、《切韻》解作「晚生」，莫（暮）即晚也，晚生則是少子、雛子，故《廣雅》云「莫，稚也」，《說文》二說實是一義。山鶴既交，言已經目睛相視而孕的仙鶴。《初學記》卷30引《相鶴經》：「鶴……復百六十年雄雌相視目睛不轉而孕，千六百年飲而不食，鸞鳳同為群，聖人在位則與鳳皇翔於甸。」《本草綱目》卷47引《相鶴經》：「鶴乃羽族之宗，仙人之驥，千六百年乃胎產。」又「鶴，陽鳥也，而遊於陰。百六十年雌雄相視而孕，千六百年形始定，飲而不食，乃胎化也。」

（76）春羔秋貏

章樵注：物以時而美者。貏，力久反，穴蟲，類鼠而大。

按：S.617《俗務要名林》：「貏，食竹根鼠也。」《說文》作「鼬」，云：「鼬，竹鼠也，如犬，畱省聲。」字亦作鼺、貓，又省作留。《莊子·天地》：「執留之狗。」《釋文》：「留，本又作貓。司馬云：『貓，竹鼠也。』」〔註248〕

（77）膾鮻龜肴

章樵注：鮻，魚名。細薄切之曰膾，熟肉連骨曰肴。蒸之令龜拆。

〔註246〕 引者按：王氏徑訂「鷇」作「鷚」，非別有所據也。

〔註247〕 王念孫《廣雅疏證》，收入徐復主編《廣雅詁林》，江蘇古籍出版社1992年版，第220頁。

〔註248〕 參見《六書故》卷18，王念孫《廣雅疏證》說同，收入徐復主編《廣雅詁林》，第1012頁。

按：注「拆」，當是「坼」形譌，明本又誤作「折」。S.617《俗務要名林》:「鮻，蘇如（和）反。」《集韻》:「魦，魚名，或作鮻。」當即梭魚，急行如梭，或云其身如梭，故名。

（78）秔田孺鷩，形不及勞

章樵注：鷩，必列反。雉屬，羽可為冕。孺，初乳也。食於秔田，未能飛，故不勞而肥。

按：秔田孺鷩，《書鈔》卷142引作「稅田乳鷩」（凡二引）。「稅」是「秔」形譌。孺，讀為乳。形，《書鈔》卷142凡二引，一作「刑」，一作「制」，皆「形」形譌。

（79）五肉七菜，朦厭腥臊

章樵注：五肉，牛、羊、雞、犬、豕。以七菜蔥韭之屬藿之，所以蒙厭其腥臊。《荊楚歲時記》:「人日，以七種菜為羹。」

按：厭，宋九卷本、廿一卷本、明本作「猒」。朦厭腥臊，《書鈔》卷142凡二引，一作「縢腌鶉鴞」，一作「勝腌鶉鴞」;《類聚》、《成都文類》引作「朦猒腥臊」（四庫本《類聚》作「朦厭腥臊」），《類聚》卷82引作「勝掩腥臊」，《蜀中廣記》卷1引作「勝厭腥臊」，《蜀中廣記》卷64引作「勝飫腥臊」。《書鈔》卷145引《玄中記》作「勝腌腥臊」。當作「勝厭腥臊」為是。「縢」、「朦」當是「勝」譌字。「腌」是「掩」形譌。猒、掩讀為厭，克制，壓服、鎮服。「勝厭」倒文亦作「厭勝」，同義連文。《漢書·王莽傳》:「威斗者，以五石銅為之，若北斗，長二尺五寸，欲以厭勝眾兵。」

（80）可以練神養血腄者，莫不畢陳

章樵注：腄，合作「膵」，腸間脂膏也。以上言珍羞之備。

錢熙祚曰：「腄」字誤。《書鈔》卷142引此文云「可以頤精神，養血脈」。

嚴可均曰：案「脈」俗作「脈」，因變為「腄」。

按：腄，宋廿一卷本作「脒」。錢熙祚所據《書鈔》乃陳本，孔本《書鈔》引作「可以頤精神，養血脈者，不可除也」。嚴校是也，「脈」誤作「脒」，因又誤作「腄」字。章注改作「血膵」，不辭。「練神」不誤。《後漢書·李固傳》:「養身者以練神為寶。」「練神」是道家成語。與「養血脈」對文，疑本作「練精神」。

（81）爾乃其俗，迎春送臘

錢熙祚曰：九卷本「送」下脫一字，此章氏以意補也。按《文選·蜀都賦》注引作「迎春送冬」，冬與下文公、江韻。

按：顧廣圻據《文選》謂「送」下脫「冬」〔註249〕，此錢說所本。「臘」當作「冬」，明本亦誤，然非章氏意補，宋廿一卷本作「冬」，《蜀中廣記》卷55引同，四庫本誤作「暑」。

（82）若其吉日嘉會，期於送春之陰，迎夏之陽

按：送，宋九卷本、廿一卷本、四庫本作「倍」，宋刊《類聚》引同（四庫本作「送」）。嚴可均《全漢文》卷51作「倍」，其下標二個脫文號，云：「『倍』疑作『涪』。」蓋以「涪□」作地名，「春」前脫一字。嚴校非是。「倍春」即「背春」，猶言背去春天，離開春天。《顏氏家訓·省事》：「還復採訪訟人，窺望長短，朝夕聚議，寒暑煩勞，背春涉冬，竟無與奪。」宋玉《登徒子好色賦》：「是時向春之末，迎夏之陽。」為此賦所本。

（83）置酒乎榮川之閒宅

章樵注：蜀亦謂之川。如司馬相如、嚴君平舊宅，皆在成都。今其遺址，盡為蘇黃之舍。

按：榮，九卷本、明本、四庫本、龍谿本作「榮」，《類聚》、《成都文類》引同，是也。榮川，地名，又稱作「榮溪」。《四川總志》卷15：「榮川，榮縣東，合雙溪注焉。」顧祖禹《讀史方輿紀要》卷72：「榮川，在縣東，亦曰榮溪。自成都府仁壽縣界流入，又東南與雙溪合流，東南入敘州府富順縣，合金川，注於大江。」

（84）延帷揚幕，接帳連岡

章樵注：帷幕施於堂室，帳設於生曠之地。《漢書》：「帳飲三日。」岡，山脊。

按：宋九卷本脫「連」字，「岡」作「崗」。《文選·三月三日曲水詩序》：「旌門洞立，延帷接枑。」李善注引此賦，張銑曰：「延帷，謂列帷使相接而

〔註249〕顧廣圻《重刻宋九卷本〈古文苑〉序》，收入《顧千里集》卷11，中華書局2007年版，第170頁。

迴枑也。」延，讀為施，張施、設立。《釋名》：「容車，婦人所載小車也，其蓋施帷，所以隱蔽其形容也。」

（85）眾器雕琢，早刻將星

章樵注：彫琢，玉石器也。藻刻，鬆木器也。早，假借作藻，彩繪也。將星，璀粲華美貌。

錢熙祚曰：「星」當作「皇」，九卷本尚不誤。

張惠言曰：星，疑「皇」字。

按：宋廿一卷本亦作「皇」字。《全漢文》卷 51 徑作「皇」，而無說明。注「將星」，宋廿一卷本作「將皇」。早，明本作「藻」。「將皇」是「唐皇」、「堂皇」音轉。《宋書·謝靈運傳》《山居賦》：「近西則楊賓接峯，唐皇連縱。」

（86）龍虵蜿蜒錯其中，禽獸奇偉髦山林

章樵注：髦，去聲，猶芼也。謂四散山林之間。

按：《字彙補》從章說，云：「髦，四散貌，猶芼也。」則取「芼」之草覆蔓的引申義，不很確切。髦，讀為騖，奔馳、奔跑、追逐。

（87）厥女作歌

章樵注：《成都古今記》：「蜀王尚納玉丁之妹為妃，不習水土，欲出。王固留之，為作《東平之歌》。無幾物故，王悲倬不已，乃作《臾斜之歌》、《就歸之曲》而哀之。」

按：注「玉丁」、「倬」，宋廿一卷本作「五丁」、「悼」，是也。《華陽國志》卷 3：「武都有一丈夫化為女子，美而豔，蓋山精也。蜀王納為妃，不習水土，欲去，王必留之，乃為《東平之歌》以樂之。無幾，物故，蜀王哀之，乃遣五丁之武都擔土為妃作冢，蓋地數畝，高七丈，上有石鏡，今成都北角武檐是也。後王悲悼，作《臾邪歌》、《龍歸之曲》。」「臾斜」即「臾邪」，一音之轉。注「就歸」，宋廿一卷本同，當據《華陽國志》作「龍歸」。S.2072《瑉玉集》「作《就虵之哥（歌）》」，「就」亦是「龍」形訛。景祐本《史記·李斯傳》「就變而從時」，乾道本、黃善夫本同；紹興本、淳熙本、慶長本作「龍變」，《文選·東方朔畫贊》李善注、宋刊《長短經·懼誡》同。

（88）是以其聲呼吟靖領，激呦喝啾

章樵注：激，讀作噭。喝，音敗。

按：靖領，張震澤讀作「清泠」〔註250〕，是也，淒冷悲涼貌。《文選・風賦》：「故其風……清清泠泠，愈病析醒。」李善注：「清清泠泠，清涼之貌也。」又《魯靈光殿賦》：「颰蕭條而清泠。」章樵注：「激，讀作嗷。喝，音敗。」其說皆是。嗷，哭聲貌。呦，讀為幽。「音敗」指聲音破敗，不是「喝」有「敗」音。《文選・子虛賦》：「榜人歌，聲流喝。」李善注引郭璞曰：「聲喝，言悲嘶也。喝，一介切。」「喝」音轉則作「嗄」、「啞」，指聲音嘶啞。道藏河上公本《老子》：「終日號而嗌不嗄。」〔註251〕道藏顧歡本「嗄」作「啞」〔註252〕。「啾」同「噍」，聲嘶急也。

（89）及廟嚪吟

按：嚪，讀為沈，俗作沉。沈吟，低聲吟詠。

（90）舞曲轉節，踃駊應聲

章樵注：踃，音簫。駊，音颸。

按：踃駊，乃「蕭颯」音轉，又音轉作「蕭索」、「蕭瑟」、「騷屑」、「騷殺」，另詳上文校補。

（91）其佚則接芬錯芳，襜袥纖延

章樵注：佚，猶佾，行列也。《方言》：「襜謂之裎，褸謂之袥。」即衣袥也。

按：《廣雅》：「錯，磨也。」《文選・江賦》李善注引「磨」作「摩」。摩亦接觸義，「摩肩接踵」是其比。注「即衣袥也」是《方言》郭璞注，章氏所引不分明。《方言》「襜袥」指衣被下的部分，《漢語大字典》說是「衣袖」〔註253〕，誤。《釋名》：「袥，襜也，在旁襜襜然也。」是襜亦袥也，「襜袥」指衣袥。纖延，猶言細長。

（92）蹢淒秋，發陽春

章樵注：《淒秋》、《陽春》並曲名。蹢，以足踏地而歌。字本作「躑」，丑

〔註250〕張震澤《揚雄集校注》，上海古籍出版社1993年版，第38頁。
〔註251〕《莊子・庚桑楚》同。
〔註252〕敦煌寫卷P.2420、宋刊河上公本、葛玄本同。
〔註253〕《漢語大字典》（第二版），崇文書局、四川辭書出版社2010年版，第3323頁。

犯切。

按：字書無「躝」字，據注音丑犯切，「躝」當作「躔（chǎn）」。南宋明州刻本《集韻》：「躔，丑犯切，跧足望也。」潭州宋刻本《集韻》「躔」形誤作「躝」。「跧」是「跧」形譌，「跧」是「企」俗字。宋本《玉篇》：「躔，丑犯（《大廣益會玉篇》作『丑狎』）切，跂足。」「躔」是「躔」改易聲符的異體字。《廣韻》：「躔，丑犯切，跧足望。」又「傿，丑犯切，傿行。」企足即跂足。「躔」、「傿」是「躔」改易聲符的異體字。胡文英曰：「躝，音歡。楊雄賦云云。躝，厭懈而稍歇也。吳中盛興作事，至興稍闌曰性躝，字從足從間，足意而稍間，則躝矣。」〔註254〕胡說非是。

（93）羅儒吟，吳公連

章樵注：羅儒、吳公，皆善謳吟者，後人多倣其音。劉向《別錄》：「漢興以來，善雅歌者魯人虞公，發聲清哀，蓋動梁塵。」虞、吳，漢人多通用。崔豹《古今注》曰：「《陌上桑》，秦氏女羅敷曲也。羅敷採桑，趙王見而說之，欲載以歸。羅敷不從，作是曲以明意。」儒，讀作孺。

按：注「蓋動梁塵」之「蓋」，《類聚》卷43、《御覽》卷572、《事類賦注》卷11引同，《文選·嘯賦》李善注引作「遠」，《文選·擬東城一何高》李善注引《七略》作「盡」，「蓋」是「盡」形譌。章樵注引《別錄》說虞公是漢初魯人。考《晏子春秋·內篇諫上》：「杜扃對曰：『梁丘據扃入歌人虞，變齊音。』晏子退朝，命宗祝修（循）禮而拘虞，公聞之而怒曰：『何故而拘虞？』晏子曰：『以新樂淫君。』」《文選·嘯賦》李善注引作「虞公善歌，以新聲惑景公，晏子退朝而拘之」。齊人善歌者亦稱「虞公」，漢初虞公當是承其名。

（94）眺朱顏，離絳脣

按：《文選·蕪城賦》李善注引此文，宋淳熙八年刻本、嘉靖汪諒刊本《文選》「眺」作「姚」，奎章閣本作「眺」，宋刊六臣注本、慶長十二年活字印本、寬永二年活字印本作「朓」。「朓」是「眺」形誤，通作「姚」。《說文》：「姚，一曰姚嬈也。」宋刊本《方言》卷13：「眺、說，好也。」《集韻》引同。《廣雅》作：「姚、娧，好也。」宋玉《笛賦》：「摛朱唇，曜皓齒。」

〔註254〕胡文英《吳下方言考》卷9，收入《續修四庫全書》第195冊，上海古籍出版社2002年版，第73頁。

《文選‧思玄賦》：「離朱唇而微笑兮。」舊注：「離，開也。」離、摛，開啟之義，《御覽》卷 568 引《夏仲御別傳》：「舒紅顏而微笑，啟朱唇而揚聲。」

（95）眇眇之態，吡噉出焉

按：眇，讀為鈔，音轉亦作「嫽」，複言則曰「鈔嫽」、「嫽鈔」，《方言》卷 2：「鈔、嫽，好也，青徐海岱之閒曰鈔，或謂之嫽。好，凡通語也。」郭璞注：「今通呼小姣潔喜好者為嫽鈔。」又作「嫽妙」，本書卷 2 宋玉《舞賦》：「貌嫽妙以妖冶。」《文選》傅毅《舞賦》：「貌嫽妙以妖蠱兮。」吡，讀為佖，字亦作怭。《說文》：「佖，威儀也。《詩》曰：『威儀佖佖。』」《詩‧賓之初筵》作「怭怭」。俗字亦作妼，《廣韻》：「妼，女有容儀。」字亦作邲，《詩‧淇奧》：「有匪君子。」《釋文》：「匪，本又作斐，同。《韓詩》作『邲』，美貌也。」噉，讀為憺，字亦作惔、倓，恬靜安緩貌。「吡噉」狀女子容儀恬靜。

（96）若其遊怠魚弋，卻公之徒，相與如平陽頹巨沼

章樵注：如，往也。平陽，猶平野。頹，疑是「頫」字，與「俯」同。一本作「頻」字。

錢熙祚曰：《文選‧南都賦》注引「如乎陽瀕」，又《蜀都賦》注引「如乎巨野」，則此六字中誤三字矣。「野」字與上「徒」字韻。

張惠言曰：《選》左思《賦》注引「平」作「乎」，又引作「如乎巨野」。

按：注「頻」，宋廿一卷本作「瀕」。頹，宋廿一卷本同，宋刊《類聚》引作「頮」，《成都文類》引作「瀕」。巨，宋九卷本誤作「臣」，《成都文類》誤同。沼，《類聚》、《成都文類》引誤作「詔」。「頹」當作「頻」，同「瀕」。「頮」、「瀕」乃「瀕」形譌。此文當作「如乎陽頻（瀕）巨野」。《文選‧南都賦》：「於是暮春之禊，元巳之辰，方軌齊軫，祓於陽瀕。」五臣本作「陽濱」，《宋書‧禮志二》、《類聚》引同。

（97）羅車百乘，期會投宿

按：羅，讀為連。《鹽鐵論‧刺權》：「子孫連車列騎。」

（98）觀者方隄，行船競逐

張惠言曰：《選‧吳都賦》注引「觀者萬隄，行舟競」。

按：方隄，《類聚》引作「方防」，《文選‧蜀都賦》劉逵注引作「方堤」，

《文選》注據《唐鈔文選集注彙存》卷 8，宋刊本誤作「萬堤」。方，讀為並，一聲之轉。

（99）偃衍撇曳，絺索恍惚

按：撇，宋九卷本作「撇」，廿一卷本作「㩼」。①偃衍，讀為「案衍」，雙聲疊韻連語，猶言平展，低平綿延之貌。《漢書・司馬相如傳》《子虛賦》：「案衍壇曼。」顏師古曰：「寬廣之貌也。」又《上林賦》：「韶濩武象之樂，陰淫案衍之音。」字亦作「晏衍」，楊雄《長楊賦》：「抑止絲竹晏衍之樂，憎聞鄭衛幼眇之聲。」《楚辭・九思・傷時》：「音晏衍兮要婹。」也作「宴衍」，《魏書・李彪傳》：「宴衍清都中，一去永矣哉。」②「撇」即「撇」字，實是「撇」字。《全漢文》卷 51 作「撇曳」，是也。撇曳，讀作「澈洌」，疊韻連語，水流輕疾貌。《家語・顏回》：「兩驂曳，兩服入於廄。」《荀子・哀公》「曳」作「列」，此其音轉之證。《說文》：「洌，水清也。」《方言》卷 12：「澈、澂，清也。」《廣雅》：「洌、澂、澈，清也。」「澈洌」狀水清澂貌，水清則流疾，故為水流輕疾貌也。《史記・司馬相如列傳》《上林賦》：「橫流逆折，轉騰澈洌。」《索隱》引蘇林曰：「流輕疾也。」《漢書》顏師古注引孟康曰：「轉騰，相過也。澈洌，相撇也。」孟康說失之。《集韻》：「澈，澈洌，流輕疾兒。」字亦作「澈洌」，《文選・琴賦》：「摽繚澈洌。」李善注：「摽繚澈洌，聲相糾激之貌。《上林賦》曰：『轉騰澈洌。』」宋刊《類聚》卷 44 引誤作「澈（澈）洌」（四庫本作「澈洌」不誤）。李周翰曰：「摽繚澈洌，相糾亂貌。」「澈洌」不是糾亂貌。後世字亦作「撇烈」、「撇捩」、「撇捯」、「瞥裂」等，疾貌。杜甫《留花門》：「渡河不用船，千騎常撇烈。」杜甫《大食刀歌》：「鬼物撇捩辭坑壕，蒼水使者捫赤絛。」柳宗元《行路難》：「披霄決漢出沆漭，瞥裂左右遺星辰。」宋・王質《遊楊氏園》：「談端天地不支吾，筆下龍蛇爭撇捯。」姜亮夫曰：「『拔撇』即《淮南子》之『弊撇』，轉為『撇曳』。」〔註255〕姜說亦誤。③絺索，讀作「稀疏」，不密貌。

（100）羅罤彌澌，蔓蔓汋汋

張惠言曰：罤，誤作「罤」。

按：罤，《揚子雲集》卷 5 作「罤」。《全漢文》卷 51 注：「罤，一作隈。」

〔註255〕姜亮夫《詩騷聯綿字考》，收入《姜亮夫全集》卷 17，雲南人民出版社 2002 年版，第 329 頁。

未知所據。宋刊本皆作「畏」，「畏」、「罥」形聲不近，無緣致誤，《揚集》蓋臆改。畏讀作罻，罻亦羅也，本指捕鳥的網，此指魚網。張震澤疑為「罔」字之譌〔註256〕，亦未得。

（101）籠睢瞁兮罧布列

章樵注：籠，讀如籠，筌筍之類，竹器，以取魚也。睢，許維反。瞁，音霍。驚視貌。《說文》：「罧，積柴水中以聚魚也。」所今反。

按：兮，宋九卷本誤作「房」。章樵注「睢，許維反」，章讀許維反，則字從目。睢，仰目大視貌。睢瞁，仰目駭視貌，驚訝魚籠之多。

（102）枚孤施兮纖繁出

章樵注：孤，即「罛」字。舟上網也。古吳反。《詩》：「施罛濊濊。」繳，以絲繫矢而弋。音灼。

錢熙祚曰：「繁」當依九卷本作「繳」，注中尚不誤。

張惠言曰：孤，蓋「罛」，同。

按：章、張說「孤」是也。古音枚、梅同，枚讀為霉。《說文》：「霉，網也。」蔣斧印本《唐韻殘卷》引《埤蒼》：「霉，鳥網。」P.2011 王仁昫《刊謬補缺切韻》：「霉，雉網。」字亦作罞，《玉篇》：「罞，罔也。」《集韻》：「罞、霉、霉：罔也，或從每從母。」此文指魚網。繁，宋九卷本、龍谿本、四庫本作「繳」，宋廿一卷本作「繁」。「繁」同「繳」。「繁」即「繁」形譌。

（103）驚雌落兮高雄躄，翔雎挂兮奔㹨畢

按：雎，四庫本作「鴟」，字同。㹨，疑讀為猨，黃狐。謝靈運《山居賦》：「山上則猨獌貍獾，犴獌猭猨；山下則熊羆豺虎，羱鹿麕麞。」自注：「猨音弋生反，貍之黃黑者，一曰似豶。」「豶」當是「狐」形誤。《廣韻》：「猨，似狐，色黃。」《集韻》：「猨，獸名，黃狐也。」

《楊雄〈蜀都賦〉校補》刊於《文津學誌》第 14 輯，北京圖書館出版社 2020 年出版，第 68～93 頁。

〔註256〕張震澤《揚雄集校注》，上海古籍出版社 1993 年版，第 41 頁。

卷　五

劉歆《遂初賦》校補

（1）懼魁杓之前後兮，遂隆集於河濱

按：隆，讀為降，古音同。

（2）遭陽侯之豐沛兮，乘素波以聊戾

按：素波，白色的波浪。聊戾，寒冷義，《楚辭·九辯》：「悲哉秋之為氣也。」王逸注：「寒氣聊戾，歲將暮也。」引申則為悲憂、恐懼義，字亦作「憭慄」、「聊慄」、「飀戾」、「飄厲」、「潦洌」、「繚悷」等形〔註257〕。

（3）馳太行之嚴防兮，入天井之喬關

章樵注：太行山在河內郡山陽縣西北，緣漢京踰大行至高都，皆太行。防，亦關也。天井關屬高都縣。

錢熙祚曰：嚴防，《水經·沁水》注作「險峻」。「喬」字誤。《水經·沁水》注引作「高」。

按：嚴防，《韻補》卷2「關」字條引同，《類聚》卷27引作「巖防」。「巖」即「嚴」增旁字。《水經注》臆改不足據，「防」指太行山道的關防，與下句「關」同義對舉。「喬」字不誤，《類聚》、《韻補》引同。喬，高也。

（4）歷崗岑以升降兮，馬龍騰以起攄

錢熙祚曰：起攄，《文選·赭白馬賦》注引作「超攄」。

按：歷，讀為轢，字亦作躒、轣、躠、躒，踐登、逾越。下文「歷鴈門」，本書卷6黃香《九宮賦》「卷南越以騰歷」，義同。起攄，嚴可均《全漢文》卷40據《選》注改，是也，「起」是「超」形譌。《韓子·亡徵》「羈旅起貴以陵故常」，日人松皋圓指出「起」是「超」形譌。《列子·仲尼》「逢蒙之弟子曰鴻超」，《御覽》卷745引「超」作「起」。《後漢紀》卷5「起然遠覽」，《漢書·敘傳》「起」作「超」。《生經》卷1「智慧之明，超於日月」，元本「超」作「起」。皆其例。敦煌寫卷中二字每相譌。《文選·赭白馬賦》：「超攄絕夫塵轍，驅駸迅於滅沒。」呂延濟注：「超攄驅駸，行走貌。」傅毅《七

〔註257〕參見蕭旭《「流利」考》，收入《群書校補（續）》，花木蘭文化出版社2014年版，第2437頁。

激》：「驦騄之乘，龍驤超攄，騰虛鳥踊，莫能執御。」唐武周《龐德威墓誌》：
「灑落風煙，超攄雲漢。」超、攄，皆騰躍之義。《說文》：「超，跳也。」
超、跳一聲之轉，所謂聲訓也。「超攄」乃「超距」、「超距」音轉。《說文》：
「距，一曰超距。」《管子·輕重丁篇》：「戲笑超距。」《史記·王翦傳》《索
隱》：「超距，猶跳躍也。」王念孫曰：「距亦超也（《僖二十八年左傳》：『距
躍三百。』杜注曰：『距躍，超越也。』《呂氏春秋·悔過篇》注曰：『超乘，
巨踊車上也。』『巨』與『距』同）。」〔註258〕《漢書·揚雄傳》《羽獵賦》：
「騰空虛，距連卷。」距亦騰也。

（5）舞雙駰以優遊兮，濟黎侯之舊居

按：舞，宋廿一卷本同，九卷本、《全漢文》卷40作「無」，並讀為騖，
奔馳也，「舞雙駰」即下文「騖駰馬」之誼。

（6）過下虒而歎息兮，悲平公之作臺

章樵注：晉平公作虒祈之宮，諸侯皆賀成。虒祈，地名。銅鞮縣有上虒亭、
下虒聚。

按：「虒祈」即「虒祁」，臺名，非地名。《韓子·十過》：「晉平觴之於施
夷之臺。」《御覽》卷579引「施夷」作「虒祁」，《事類賦注》卷11引作「祁
虒」。阜陽漢墓木牘《春秋事語》：「〔晉平公〕築施祁之臺。」「施夷」即「施
祁」、「虒祁」音轉〔註259〕。

（7）載約履而正朝服兮，降皮弁以為履

章樵注：權臣上僭，君柄下移，如冠履易位。載，加諸首也。《禮記》：「載
琛十有二旒。」音戴。約，當作「絇」。《周禮·履人》注：「絇，著履之頭以
為行戒。」皮弁，行禮之冠。《禮記》：「皮弁日以眡朝。」

按：注「琛」，宋廿一卷本作「璪」，與《禮記·郊特牲》合。注「日以」，
當據《禮記·玉藻》乙作「以日」。章樵說「約，當作絇」，至確。《家語·五
儀解》：「章甫絇履。」《大戴禮記·哀公問五儀》作「句履」，《荀子·哀公》
作「絇履」。「句（絇）」是履頭飾，字亦作屨，《玉篇》：「屨，履頭飾也，或為

〔註258〕王念孫《漢書雜志》，收入《讀書雜志》卷6，中國書店1985年版，本卷第
　　　　29頁。
〔註259〕參見蕭旭《韓非子校補》，花木蘭文化出版社2015年版，第43頁。

絢。」句屨，猶言方屨。句、絢，並讀為矩，方也。方屨、絢（句）屨，言履頭有矩形之飾也。古人認為天圓地方，故為圓冠、方屨以象法之〔註260〕。

（8）寶礫石於廟堂兮，面隋和而不眠

章樵注：面者，背而不顧也。《項羽傳》：「馬童面之。」眠，與「視」同。

按：章樵說「面者，背而不顧也」，至確。面，讀為偭，背向也。《廣雅》：「偭，偝也。」「偝」同「背」。眠，《全漢文》卷40作「眂」。當作「眂」為正，據《說文》、《玉篇》，「眂」是古「視」字。《說文》：「眠，眠兒也。」二字不同。《喻林》卷48引又誤作「眠」。

（9）越侯田而長驅兮，釋叔向之飛患

章樵注：河內懷縣有侯人亭。《左傳》：「侯田，溫之別邑。」飛患，遭飛語見拘。

錢熙祚曰：「田」字誤。《水經・汾水》注云：「侯甲水發源祁縣胡甲山，有長坂謂之胡甲嶺，即劉歆《遂初賦》所謂『越侯甲而長驅』者也。」按九卷本作「甲」。

按：宋廿一卷本亦誤作「田」。《水經注・汾水》又引蔡邕曰：「侯甲，亦邑名也，在祁縣。」《太平寰宇記》卷50引《水經注》所引《遂初賦》「越」作「登」。「侯甲」、「胡甲」一音之轉〔註261〕，山名，邑名侯甲，水亦名侯甲，邑、水皆以山得名。段玉裁曰：「已下皆述叔向事，則矦田正謂邢矦、

〔註260〕 參見蕭旭《孔子家語校補》，收入《群書校補（續）》，花木蘭文化出版社2014年版，第356～358頁。

〔註261〕「侯」古音讀「胡」。「喉嚨」音轉作「嚨胡」，「喉脈」轉語作「胡脈」（指喉嚨），「猴猻」音轉作「猢猻」，河（魺）豚魚又稱作「鯸鮐」、「鶘夷」、「鰗魚」，是其例。《慧琳音義》卷13：「猴，今謂之猴孫，俗曰胡孫。」方以智《通雅》卷1：「喉，胡嚨，一音之轉。」《通俗編》卷14：「《後漢・五行志》：『請為諸君鼓嚨胡。』今里語以『喉嚨』為『胡嚨』，古也。」《史記・衛將軍驃騎列傳》「斬盧胡王」，《漢書・霍去病傳》、《漢紀》卷13「胡」作「侯」。王筠曰：「侯、胡古通。」王先謙曰：「《史記》『侯』作『胡』，雙聲字變。」惠士奇曰：「侯猶胡也，故鄭注訓為胡……《水經注》云云。古『侯』與『胡』通，『侯甲』通為『胡甲』，故『前侯』注為『前胡』。」（惠氏舉證甚多，茲略。）孫詒讓從惠說。王筠《史記校》，收入《二十五史三編》第1冊，嶽麓書社1994年版，第961頁。王先謙《漢書補注》卷55，中華書局1983年版，第1142頁。惠士奇《禮說》卷13，收入《叢書集成三編》第24冊，新文豐出版公司1997年版，第447頁。孫詒讓《周禮正義》卷71，中華書局1987年版，第2966頁。

雍子所爭者也。章樵以鄌田說之，疑非。」〔註262〕段氏據誤字為說，非是。

（10）霎美不必為偶兮，時有羞而不相及

章樵注：《楚詞》：「兩美其必合兮。」注：「以男女俱美，比君臣俱賢也。」

錢熙祚曰：「羞」當作「差」，九卷本尚不誤。

按：霎，宋九卷本、廿一卷本、明本、龍谿本、墨海同，四庫本作「兩」。「霎」當是「雙」俗譌字，其上部非「雨」，當是「兩」形誤〔註263〕，與「霰霎，大雨」之「霎」不是一字〔註264〕。《慧琳音義》卷 68：「滅雙：朔江反。顧野王云：『雙，猶兩也。』論從雨作霎，非也。」敦煌寫卷 S.1807《西方阿彌陀佛禮文抄》：「鄌重緣牽歡喜人，身苦始知霎眼盲。」BD8168「霎」作「雙」。Φ096《雙恩記》：「佛隱霎林，我偏失所。」甘博 037《究竟大悲經》：「世尊，復有一種人，見圓滿霎泯、是非善惡、彼此真實行者。」亦皆作此形。S.388《正名要錄》：「雙、霎：右正行者楷（楷），註腳稍訛。」則又省去「又」部作「霎」。羞，宋廿一卷本亦作「差」，《全漢文》卷 40 同。「差」字是，讀去聲，相左也。

（11）昔仲尼之淑聖兮，覔隘窮乎陳蔡

錢熙祚曰：陳蔡，二字當依九卷本乙轉，古音「陳」與「淵」韻。

按：宋廿一卷本、明本、龍谿本、四庫本亦作「蔡陳」。覔，宋九卷本、廿一卷本、明本同，龍谿本、四庫本作「竟」。「覔」是「競」俗字，讀為竟。

（12）彼屈原之貞專兮，卒放沈於湘淵

張惠言曰：淵，宜作「賴」〔註265〕。

按：張氏不知今本「陳蔡」誤倒，臆改作「賴」，殆「瀨」字誤刻，無版本依據。

〔註262〕段玉裁《說文解字注》，上海古籍出版社 1981 年版，第 289 頁。
〔註263〕趙紅《敦煌寫本漢字論考》已指出「『霎』上部是『兩』字的簡省俗寫」，上海古籍出版社 2012 年版，第 180 頁。
〔註264〕P.2011《王仁昫刊謬補缺切韻》：「霎，霰霎，大雨。」《慧琳音義》卷 50：「霎觀：呼郭反。《字書》：『霰霎，大雨皃也。』《古今典說》亦『霰霎』也。從雨，隻聲也。霎音役。」字亦作霎，《集韻》：「霎，雨皃。」
〔註265〕張惠言《七十家賦鈔》卷 3，收入《續修四庫全書》第 1611 冊，上海古籍出版社 2002 年版，第 60 頁。

（13）曲木惡直繩兮，亦小人之誠也

　　按：曲木惡直繩，此秦漢時諺語，《韓子·有度》：「繩直而枉木斷。」《淮南子·說山篇》：「眾曲不容直，眾枉不容正。」《鹽鐵論·申韓》：「故曲木惡直繩，姦邪惡正法。」又《鍼石》引語曰：「五盜執一良人，枉木惡直繩。」《潛夫論·考績》引諺曰：「曲木惡直繩，重罰惡明證。」

（14）軼中國之都邑兮，登句注以陵厲

　　按：登，《文選·贈秀才入軍》李善注引同，《琴賦》李善注引作「過」。陵，《選》注二引都作「凌」。

（15）迴風育其飄忽兮，迴颭颭之泠泠

　　章樵注：育，倏也。颭颭，動搖貌，音占。泠泠，風聲，音令。

　　按：《說文》：「飄，回風也。」《爾雅》：「迴風為飄。」郭璞注：「旋風也。」章樵注「育，倏也」，其說不知所據。育，吳銘讀為遙，以證《廣雅》「遙，行也」，訓轉行〔註266〕。讀遙是也，但訓行是「蹸」轉語，字亦作趬、邎、搖、遙，指疾行、跳躍。《說文》：「蹸，跳也。」音轉又作踴、踏。此文當訓回轉、回旋，是「搖」轉語。《方言》卷12：「遙，轉也。」《廣雅》、《玉篇》、《廣韻》、《集韻》並同，故「迴風」又稱作「飄風」、「旋風」、「飆風」。《廣韻》：「颭，風吹落水。」鄭珍曰：「颭，風吹浪動也。《正字通》云：『凡風動物，與物受風搖曳，皆謂之颭。』得之。《遂初賦》言『颭颭』，本止狀風戰動耳。唯《漢·馬融傳》『仰視飛鳶跕跕墮水中』，正是搖動飄落兒。而《說文》亦無『跕』，未詳何字之變也。」黃侃曰：「颭，本作黏，或作澹。」〔註267〕之，猶而也，並列連詞。泠泠，寒冷貌。《慧琳音義》卷29引王逸注《楚辭》：「泠泠者，清涼風動貌。」〔註268〕

（16）薄涸凍之凝滯兮，茀谿谷之清涼

　　章樵注：薄，傍各反，迫也。茀，敷勿反，披也。

　　按：涸凍，猶言凝凍。《漢書·郊祀志》：「秋涸凍。」顏師古曰：「涸，讀與沍同。沍，凝也。」茀，讀為拂，拂擊、掠過。言迴風掠過谿谷，使之

〔註266〕吳銘《廣雅新證》，華東師範大學2017年博士論文，第461頁。
〔註267〕鄭珍《說文新附考》卷6，屺進齋叢書本。黃侃《說文新附考原》，收入《說文箋識》，中華書局2006年版，第308頁。
〔註268〕今《七諫·初放》王注無「風動」二字。

清涼。《文選・思玄賦》「寒風淒其永至兮，拂穹岫之騷騷」句意相近，李善注引《說文》：「拂，擊也。」

（17）漂積雪之皚皚兮，涉凝露之隆霜

錢熙祚曰：九卷本「隆」作「降」。

按：宋九卷本脫「漂」字。宋廿一卷本、明本作「隆」，《文選・北征賦》李善注引同。「降」是「隆」省借。隆霜，猶言繁霜、濃霜。《類聚》卷34引後漢蘇順《歎懷賦》：「桂敷榮而方盛，遭暮冬之隆霜。」

（18）獸望浪以穴竄兮，鳥脅翼之浚浚

章樵注：浪，音狼。望浪，怖駭貌。「浚」與「踆」同，伏也，音逡。

按：望浪，疊韻連語，音轉為「望洋」、「盳洋」、「望羊」、「望陽」、「望佯」、「亡陽」，茫然自失貌〔註269〕。倒言則作「狼望」，《漢書・匈奴傳》：「豈樂傾無量之費，役無罪之人，快心於狼望之北哉？」王粲《大暑賦》：「獸狼望以倚喘，鳥垂翼而弗翔。」脅翼，也作「脅翼」，《文選・長門賦》：「翡翠脅翼而來萃兮，鸞鳳飛而北南。」李周翰注：「脅，斂也。」脅（脇），讀作翕，縮也，斂也，聚也，字亦作歙、僉。《文選・七發》：「飛鳥聞之，翕翼而不能去。」呂延濟注：「翕，斂也。」《楚辭・離騷》：「為鳳凰作鶉籠兮，雖翕翅其不容。」王逸注：「翅，一作翼。」《御覽》卷915引「翕翅」作「歙翼」。

（19）山蕭瑟以鶬鳴兮，樹木壞而哇吟

按：哇，邪聲，字亦作欸。《玉篇殘卷》：「欸，《字書》或『哇』字也。哇，聲也，謳也，邪也，在《口部》。」

（20）天烈烈以厲高兮，廖珌窅以梟牢

按：《廣雅》：「厲，高也。」王念孫曰：「《說文》：『巉，巍高也。讀若厲。』『厲』與『巉』通。《呂氏春秋・恃君覽》：『厲人主之節。』高誘注云：『厲，高也。』《淮南子・脩務訓》云：『故君子厲節亢高，以絕世俗。』劉歆《遂初賦》云：『天烈烈以厲高兮。』厲與高同義。故《皋陶謨》『庶明厲

〔註269〕參見蕭旭《「狼抗」考》，收入《群書校補（續）》，花木蘭文化出版社2014年版，第2349～2351頁。

翼』，《史記·夏紀》作『眾明高翼』矣。」琗，宋九卷本作「垞」。《駢雅》卷 1：「廫琗、梟牢、沉寥，空虛也。」魏茂林曰：「章氏樵無注，據文義當云『竂廫琗以梟牢』。琗，淳熙本作『垞』。」〔註 270〕《文選》馬融《長笛賦》：「庨窌巧老，港洞坑谷。」李善注：「庨窌巧老，深空之貌。」胡紹煐曰：「『庨窌巧老』四字疊韻，皆意重語複以形容之辭。《玉篇》：『庨豀，宮殿形狀。』『庨豀』連文，豀，空也；庨，亦空也。窌之言寥，寥，深也。潘岳《登虎牢山賦》：『幽谷豀以窅寥。』即『庨窌』也。又作『寥琗』，劉歆《遂初賦》『寥琗窙以梟牢』，是也。『寥琗梟牢』四字亦疊韻。此之『庨窌巧老』猶《遂初賦》之『寥琗梟牢』也。作『巧』者，借字借音耳，巧亦通寥。巧之為寥，猶惡之為嫪。《列子·力命篇》『嫪㤉』，《釋文》引阮〔孝〕緒《文字集略》作『惡㤉』，云：『伏態貌。』」〔註 271〕魏氏乙「竂」字於上，是也。胡紹煐說四字疊韻，亦是也。「梟牢」是「廫琗」倒言之轉語，疊言則曰「廫琗以梟牢」。《淮南子·俶真篇》「蕭條霄霓」，「霄霓」即「蕭條」轉語。《史記·司馬相如傳》《上林賦》：「柴池茈虒」，「茈虒」即「柴池」轉語，賦家疊用同詞，固有其例。「廫琗」音轉也作「廫窴」，王延壽《魯靈光殿賦》：「隱陰夏以中處，靈寥窴以崢嶸。」注：「靈、寥窴、崢嶸，皆幽深之貌。」也作「儦泡」、「儦侼」、「膠侼」、「寥牢」，《方言》卷 2：「儦、泡，盛也，自關而西、秦晉之閒語也。陳宋之閒曰儦，江淮之閒曰泡。」郭璞注：「儦侼，麤大貌。泡肥，洪張貌。」《集韻》：「泡，儦泡，盛也。」又「侼、侼：膠侼，麤大皃，或从勞。」《釋名》：「尻，廫也，尻所在寥牢深也。」亦音轉作「㤉烋」，《詩·蕩》：「女㤉烋于中國。」毛傳：「㤉烋，猶彭亨也。」大聲謂之「咆哮」，即「㤉烋」轉語，取空大為義。《集韻》：「窲，窲寥，空寂。」又「砉，砉礄，山勢。」又「佬，佬佬，大貌。」則皆其倒言，與「窅寥」、「庨窌」同。

（21）鴈邕邕以遲遲兮，野觀鳴而嘈嘈

　　錢熙祚曰：「觀」當作「鸛」，九卷本尚不誤。

　　按：宋廿一卷本、龍谿本、四庫本亦作「鸛」。

〔註 270〕魏茂林《駢雅訓纂》卷 2，收入《續修四庫全書》第 192 冊，上海古籍出版社 2002 年版，第 665 頁。

〔註 271〕胡紹煐《文選箋證》卷 19，黃山書社 2007 年版，第 476 頁。

（22）回百里之無家兮，路脩遠之綿綿

　　錢熙祚曰：「回」字誤，《文選·北征賦》注引作「迴」。

　　按：嚴可均《全漢文》卷 40 亦據《選》注校改。宋刊《類聚》卷 27 引亦作「迴」（四庫本誤作「迴」）。《北征賦》：「野蕭條以莽蕩，迴千里而無家。」正自劉歆此賦化出。「迥」是「迴」俗體字。

（23）玩書琴以條暢兮，考性命之變態

　　按：書琴，《文選·贈張華》、《始作鎮軍參軍經曲阿作》、《歸去來》、《思歸引序》李善注引並作「琴書」，嚴可均《全漢文》卷 40 據《選》注乙改。條暢，《文選·歸去來》李善注引作「滌暢」，一聲之轉，字亦作「滌蕩」、「條邑」、「滔蕩」、「滌場」〔註272〕。《慧琳音義》卷 15：「變態：《考聲》云：『意變無恒也。』《集訓》云：『姿容貌也。』」

杜篤《首陽山賦》校補

（1）嗟首陽之孤嶺，形勢窟其盤曲

　　按：盤，《類聚》卷 7 引作「槃」，同。窟，讀為屈，曲也。山勢屈曲，故言「盤曲」。

（2）面河源而抗巖，隴塠隈而相屬

　　按：塠隈，明本、四庫本誤作「瑰隈」。「塠」是「陷」俗字，同「陁」。《說文》：「陁，陁隗，高也。」段玉裁曰：「陁隗，猶崔巍，亦猶嵾嵯。疊韻字也。」王筠曰：「即《周南》之『崔嵬』。《莊子》『山林之畏隹』，隹即陁之省。」〔註273〕「塠隈」即「陁隗」，「畏隹」是其倒言，《莊子》出《齊物論》。字也作「礧嵬」，漢《武都太守李翕西狹頌》：「刻刍礧嵬。」嵇康《琴賦》：「礧嵬岑嵓。」

（3）長松落落，卉木蒙蒙

　　嚴可均曰：卉木，《天臺山賦》注作「屮草」。

　　按：嚴校非是，《選》注引仍作「卉木」。

〔註272〕參見蕭旭《呂氏春秋校補》，花木蘭文化出版社 2016 年版，第 91 頁。

〔註273〕段玉裁《說文解字注》，王筠《說文解字句讀》，並收入丁福保《說文解字詁林》，中華書局 1988 年版，第 13938 頁。

（4）青羅落漠而上覆，穴溜滴瀝而下通

　　按：「落漠」是「絡幕」、「絡縸」倒言，已詳卷4楊雄《蜀都賦》校補。《說文》：「瀝，一曰水下滴瀝。」

（5）昌伏事而畢命，子忽覯其不祥

　　按：覯，《類聚》卷7引作「遘」。《說文》：「覯，遇見也。」又「遘，遇也。」音義全同。

（6）乃棄之而來遊，誓不步於其鄉。

　　按：誓不步，宋廿一卷本、明本等同，九卷本作「擔不少」，宋刊《類聚》卷7引作「擔不步」（四庫本作「誓不步」）。「擔」是「誓」形譌，「少」是「步」形譌。

（7）余閑口而不食，並卒命乎山傍

　　錢熙祚曰：「閑」當作「閉」，九卷本尚不誤。

　　按：宋九卷本、廿一卷本作「閇」，宋刊《類聚》卷7引作「閇」（四庫本作「閉」）。「閇」是「閇」形譌，俗「閉」字。

班固《終南山賦》校補

（1）伊彼終南，歸巀嶙囷

　　章樵注：歸，區韋反。巀，才結反。高峻也。嶙，力因反。囷，居倫反。盤旋也。

　　按：嶙囷，疊韻連語，也作「鄰菌」，《文選・洞簫賦》：「鄰菌繚糾，羅鱗捷獵。」李善注：「鄰菌繚糾，相著貌。」字亦作「轔囷」、「轔輑」、「嶙嶇」，《廣韻》：「嶇，嶙嶇，山相連兒。」《集韻》：「嶇，嶙嶇，山兒。」《文選・西京賦》：「垂鼻轔囷。」五臣本作「轔輑」。音轉又作「綸棍」、「輪菌」、「輪囷」，尹灣漢簡《神烏傳（賦）》：「高樹綸棍，支（枝）格相連。」鄒陽《獄中上書自明》：「蟠木根柢，輪囷離奇。」左思《吳都賦》：「輪菌虯蟠。」枚乘《七發》：「中鬱結之輪菌，根扶疏以分離。」《新論・因顯》：「夫樟木盤根鉤枝，癭節蠹皮，輪囷擁腫。」倒言則作「嶇（岩）嶙」，《文選・南都賦》：「或岩嶙而纏聯，或豁爾而中絕。」李善注：「嶇嶙，相連之貌。」

（2）槷青宮，觸紫宸

　　章樵注：李善注曹植詩「承露槩太清」：「槩與抗同，古字抗，摩也。」言山高峻，上極於天。

　　按：注二「抗」，宋廿一卷本作「扢」，與《選》注合，是也。槩，讀為扢（扢），俗字亦作扢。《說文》：「扢，平也。」段玉裁曰：「扢者，平物之謂，平之必摩之。故《廣雅》曰：『扢，摩也。』《廣韻》摩之訓本此。古『扢』與『槩』二字通用，班固《終南山賦》：『槩青宮，觸紫宸。』曹植《贈丁儀王粲詩》：『員闕出浮雲，承露槩泰清。』李善注云：『《西都賦》：「扢仙掌與承露。」《廣雅》：「扢，摩也。」槩與扢同，古字通。』」〔註274〕

（3）嶔崟鬱律，萃于霞芬

　　章樵注：芬，與「氛」同，山嵐之氣。

　　按：鬱律，字亦作「鬱嶂」、「鬱崔」、「鬱壘」、「鬱巏」、「鬱𡾋」等形〔註275〕。芬，《初學記》卷5引作「雰」。

（4）曖𣈆晻藹，若鬼若神

　　章樵注：曖𣈆，音愛逮。

　　按：曖𣈆，字亦作「曖曃」、「靉靆」、「靉靆」、「薆薱」、「薆逮」等形〔註276〕。晻藹，字亦作「菴藹」、「掩藹」，《文選·蜀都賦》：「豐蔚所盛茂，八區而菴藹焉。」劉良注：「菴藹，茂盛貌。」字亦作「晻藹」、「奄藹」、「闇藹」、「暗藹」、「黤藹」、「掩藹」。

（5）玄泉落落，密陰沈沈

　　章樵注：瀑布泉也。

　　按：玄，《初學記》卷5引同，宋九卷本、廿一卷本、明本作「立」。《文選·東都賦》：「陰池幽流，玄泉洌清。」薛綜注：「水黑色，故曰玄泉。」李善注引《楚辭》：「臨沅湘之玄淵。」「立」當是「玄」形譌。一說：玄，讀為縣（懸）。「縣圃」也作「玄圃」，是其比也。方以智曰：「立泉，瀑布也，亦謂

〔註274〕段玉裁《說文解字注》，上海古籍出版社1981年版，第260頁。《文選》及李注「扢」皆作「扢」。

〔註275〕參見蕭旭《淮南子校補》，花木蘭文化出版社2014年版，第550～553頁。

〔註276〕參見蕭旭《〈敦煌佛典語詞和俗字研究〉舉正》，收入《群書校補（續）》，花木蘭文化出版社2014年版，第2622～2623頁。又參見蕭旭《〈啟顏錄〉校補》，《東亞文獻研究》總第17輯，2016年6月出版，第104頁。

之泄。」〔註277〕方氏據誤字立說，不足信。落落，清澈貌。陰，《初學記》卷5引作「蔭」。沈，音潭。沈沈，深邃貌。字亦作「耽耽」，《文選・吳都賦》：「樹以青槐，互以綠水；玄陰耽耽，清流亹亹。」李善注：「耽耽，樹陰重貌。」又作「黕黕」、「潭潭」、「覃覃」等形〔註278〕。

（6）爾其珍怪碧玉挺其阿，密房溜其巔，翔鳳哀鳴集其上，清水泌流注其前

章樵注：泌，泉水也。

按：密，四庫本作「蜜」。宋九卷本「溜」上有二字空格，蓋缺二字。《白氏六帖事類集》卷2引作「翔鳳哀鳴集其上，珍怪碧玉挺其阿」，句序與今本不同。《文選・蜀都賦》：「丹沙赩熾（埴）出其阪，蜜房鬱毓被其阜。」李善注引班固《終南頌》：「蜜房溜其巔。」李周翰注：「蜜房，蜜窠房也。」杜甫《秋野》：「風落收松子，天寒割蜜房。」溜，讀為落，居也。一說：溜，連串。《說文》：「泌，俠流也。」《廣韻》：「泌，水浹流。」「俠」同「浹」。浹流，謂偏流。章注非是。

（7）彭祖宅以蟬蛻，安期饗以延年

按：蛻，《白氏六帖事類集》卷2、《初學記》卷5引同，宋九卷本、廿一卷本作「脫」。「蛻」是脫殼義的分別字，本字作「挩」。

（8）嗟茲介福，永終億年

章樵注：一本「嗟」作「羌」，「終」作「鍾」。

按：「羌」是「嗟」形譌。終，《初學記》卷5引作「鍾」，與一本合，是「終」音誤。介，讀為夰。《說文》：「夰，大也。」漢《樊毅脩華嶽碑》、《慎令劉脩碑》並有「受茲夰福」語，正作本字「夰」。

班固《竹扇賦》校補

（1）杳篠叢生於水澤，疾風時紛紛蕭颯

按：杳篠，深邃貌。也作「杳篠」、「窈篠」、「叫篠」、「窗篠」、「窈窕」等

〔註277〕方以智《通雅》卷17，收入《方以智全書》第1冊，上海古籍出版社1988年版，第606頁。

〔註278〕參見蕭旭《〈史記〉校札》，收入《群書校補（續）》，花木蘭文化出版社2014年版，第1992～1996頁。

形，《說文》：「篠，杏篠也。」《廣雅》：「窈篠，深也。」《文選·魯靈光殿賦》：
「旋室娟娟以窈窕，洞房叫篠而幽邃。」《西京賦》：「望窊篠以徑廷。」《文選
補遺》卷 32 誤作「香篠」。《楚辭·九歌》：「風颯颯兮木蕭蕭。」「蕭颯」也作
「蕭索」、「蕭瑟」、「騷殺」、「衰殺」、「蕭屑」等形，已詳卷 4 楊雄《蜀都賦》
校補。

馬融《圍碁賦》校補

《類聚》卷 74、《緯略》卷 2、《事文類聚》前集卷 42、《合璧事類備要》
前集卷 57 引此文。

（1）略觀圍碁兮，法於用兵。三尺之局兮，為戰鬥場

章樵注：陸賈《新語》：「言圍碁，兵法之類：上者，張置疏遠，多得道而
勝；中者，務相遮絕，爭便求利；下者，守邊隅以作罫，猶薛公之言黥布反也。
上計，取吳、楚廣地；中計，塞成皋，遮要爭利；下計，據長江以臨越，作罫
者也。」

按：章樵注引陸賈《新語》，《史記·黥布傳》《集解》引桓譚《新論》：
「世有圍碁之戲，或言是兵法之類也。及為之，上者，遠碁疏張置以會圍，
因而成多得道之勝。中者，則務相絕遮要，以爭便求利，故勝負狐疑，須計
數而定。下者，則守邊隅趨作罫，以自生於小地，然亦必不如。察薛公之言，
上計云取吳、楚，并齊、魯及燕、趙者，此廣道地之謂；中計云取吳、楚，
并韓、魏，塞成皋，據敖倉，此趨遮要爭利者也；下計云取吳、下蔡，據長
沙以臨越，此守邊隅趨作罫者也。」《長短經·三國權》、《文選·博奕論》李
善注、《意林》卷 3 引作桓譚《新論》；《御覽》卷 753 引作《新語》，未題作
者。各本文字略有差異。《御覽綱目》有陸賈《新語》及桓譚《新語》，不稱
作桓譚《新論》，卷 61、86、739、925 四引桓譚《新語》，則其所引《新語》，
或亦指桓譚《新語》。章樵則誤桓譚《新語》為陸賈《新語》也。其中「遠碁
疏張置以會圍」，《長短經》「遠」作「遂」，餘同；《選》注、《意林》、《御覽》
引同章樵作「張置疏遠」。「自生」，《長短經》同，《選》注引作「白生」，《意
林》引作「目生」，作「目生」是也。「察薛公之言」，《長短經》同，《選》注、
《意林》、《御覽》引同章樵作「猶薛公之言黥布反也」。據長江，《御覽》卷
753 引同，當據《史記集解》、《長短經》、《選》注、《意林》引校作「據長沙」。

（2）拙者無功兮，弱者先亡

　　章樵注：一本「拙」作「怯」，「弱」作「貪」。

　　按：《文選・博奕論》李善注、《白氏六帖事類集》卷 9、《類聚》、《緯略》、《事文類聚》、《合璧事類備要》引作「怯者無功，貪者先亡」，與一本合。

（3）先據四道兮，保角依旁

　　按：保角依旁，《類聚》引作「守角依傍」。

（4）緣邊遮列兮，往往相望

　　按：列，讀為迾。《說文》：「迾，遮也。」又「迣，迾也。」迣、迾一聲之轉，故「遮列」也作「遮迣」、「遮迾」。

（5）離離馬首兮，連連雁行

　　章樵注：布子欲疏，勢貴相屬。

　　按：首，宋九卷本、廿一卷本、四庫本作「目」，《類聚》、《緯略》、《事文類聚》、《合璧事類備要》、《海錄碎事》卷 14、《藏一話腴》甲集卷上引同。

（6）攻寬擊虛兮，蹌踜內房

　　章樵注：蹌，七羊反；踜，步頃反。字本作「槍桙」，「桙」又作「棓」，兵杖也。《天文志》有天槍、天棓星，見則兵起。

　　按：注「步頃」，宋廿一卷本、龍谿作「步項」，四庫本作「步頒」。踜，宋九卷本、廿一卷本作「踜」。「踜」當音「步項反」。「踜」、「踜」音轉，「脝」或作「胮」、「胖」，是其比也。注「桙」當作「柈」，即「棒」字，亦即「棓」字，正讀步項反。蹌踜，疊韻連語，是「踜蹌」倒文轉語。《廣韻》：「踜，踜蹌，堅立也。」又「蹌，踜蹌，立也。」《集韻》「堅」作「竦」。章氏以「槍桙」說之，非是。

（7）迫兼碁雒兮，頗棄其裝

　　章樵注：雒，音義與「岳」同，碁心并四面各據中一子，謂之王岳，言不可動搖也。此而見迫，碁勢危矣。將有棄其資裝而遁者。

　　按：注「王岳」，宋廿一卷本作「五岳」，是也。「雒」當是「雞」形譌。楊慎《丹鉛總錄》卷 8「棊鵶」條曰：「馬融《圍棊賦》：『橫行陣亂兮，敵心

駭惶；迫兼棊鸒兮，頗棄其裝。』『鸒』音義與『岳』同，棊心並四面各據中一子，謂之五岳，言不可動搖也。今謂之勢子，而中心一子多不下，蓋古法與今少異。」方以智曰：「『雅』是『雐』譌。」〔註279〕《正字通》「雅」字條曰：「一說馬賦本借用『雐』，會鸒立意，今謂棊之勢子曰雐，義通。」俞樾曰：「按『雅』字於形聲皆不可曉，必非古字，疑當作『雐』，即『鸒』字也。陸佃曰：『鸒性好崎立，每立更不移處，所謂鸒立。』棋雐正取此義。因變作『雐』，又誤作『雅』，遂不復識矣。」〔註280〕諸說皆是，俞氏所引陸佃說，見《埤雅》卷7。

（8）勝負之擤兮，於言如髮

章樵注：擤，一作「策」。

按：「擤」字字書未見，本書宋九卷本卷6班固《車騎將軍竇北征頌》：「握輴擤。」章樵注：「擤，初賣反，扶擤也。」宋廿一卷本、四庫本「擤」作「搽」（《文選補遺》卷37同），明本、龍谿本、墨海本作「搽」。「擤」是「搽（搽）」形譌。「策」俗字作「筞」，《玉篇殘卷》「穀」字條引《戰國策》，是其例，敦煌寫卷中每作「筞」形〔註281〕。「搽（搽）」即「擤」字。《玉篇》：「擤，扶擤也。」《文選補遺》注：「疑此『搽』字與此『柵』字通。」非是。此篇擤讀為策，《慧琳音義》卷18：「籌策：賈注《國語》云：『策，計也。』孔子曰：『戒事先其擤。』」

（9）雜亂交錯兮，更相度越

按：雜，《類聚》、《緯略》、《事文類聚》引作「離」。「離」是「雜」形譌。

（10）守規不固兮，為所唐突

章樵注：規，一作「視」。

按：守規不固，《類聚》、《緯略》、《事文類聚》引同；宋九卷本作「守視不同」，注：「同，一作『固』。」唐突，字亦作「搪揆」、「搪突」、「傏俟」、「傏突」、「踼突」、「湯突」、「盪突」、「蕩突」等形〔註282〕。

〔註279〕方以智《通雅》卷35，收入《方以智全書》第1冊，上海古籍出版社1988年版，第1078頁。

〔註280〕俞樾《茶香室續鈔》卷21，春在堂全書本。

〔註281〕參見黃征《敦煌俗字典》，上海教育出版社2005年版，第37頁。

〔註282〕參見蕭旭《「唐突」考》，收入《群書校補（續）》，花木蘭文化出版社2014年

（11）上下離遮兮，四面隔閉

章樵注：離遮，又「雜遝」。

按：「離遮」即「迤遮」轉語，上文作「遮列」，與下句「隔閉」同義。一作「雜遝」，形近致譌。《全後漢文》卷18從一本作「雜遝」，非是。

（12）誘敵先行兮，往往一窒

按：先，宋九卷本作「兊」，即「兌」字，形近致譌。窒，《文選補遺》卷32、《漢魏六朝百三家集》卷16作「窒」。窒，讀為窒，與「塞」亦一聲之轉，字或作闃、闃，《集韻》：「闃，閉也。」林希逸《竹溪鬳齋十一稿》續集卷26：「『闃』與『窒』同，閉門也。」言誘敵先行，往往致使對方行棋閉塞不通。

（13）捐碁委食兮，遺三將七

按：捐碁，宋廿一卷本同，宋九卷本誤作「損碁」，《文選補遺》卷32、《漢魏六朝百三家集》卷16誤作「損賽」。遺三將七，宋九卷本脫「遺」字，《文選補遺》、《百三家集》作「三將七卒」。

（14）商度道地兮，碁相連結

按：道地，宋廿一卷本同，九卷本作「地道」，注：「道，理。」《文選補遺》卷32、《漢魏六朝百三家集》卷16亦作「地道」，是也。碁相連結，《文選補遺》、《百三家集》作「期相盤結」。

（15）浸淫不振兮，敵人懼慄

按：振，讀為扺、毃，字亦搋、殷、啟。《說文》：「扺，深擊也。」又「毃，下擊上也。」謂圍棋逐漸擴大戰果，不要出擊。

（16）迫促趚踖兮，惆悵自失

按：趚踖，雙聲連語，字也作「踀踖」、「蹵踖」，《廣雅》：「趚踖，畏敬也。」《孟子·公孫丑上》：「曾西蹵然。」趙岐注：「蹵然猶蹵踖也。」又音轉作「蹴迊」，《抱朴子內篇·勤求》：「直爾蹴迊從求至要。」

（17）計功相除兮，以時各訖

章樵注：各，一作「早」。

按：宋九卷本、廿一卷本作「各」，九卷本注：「各，一作『名』，又『早』。」
《類聚》、《緯略》、《事文類聚》引作「早」。

張衡《髑髏賦》校補

《類聚》卷 17、《初學記》卷 14、《御覽》卷 374、《文選補遺》卷 32、《漢魏六朝百三家集》卷 14 引此文。

（1）南遊赤野，北泏幽鄉

章樵注：泏，一作「陟」。幽鄉，即幽都也。

按：泏，宋九卷本、廿一卷本同，四庫本作「涉」，《文選補遺》亦作「涉」。「涉」疑「陟」形誤。泏，讀為趉。《說文》：「趉，走也。」《廣雅》：「趉，衝也。」字亦作趡、趉，《玉篇》：「趡，行越趡也。」《集韻》：「趡、趉：行越趉也，或省。」又「趉，走皃，或作趡。」字亦作蹳、趌、遳，古聲從出從癹相通。《廣雅》：「蹳，跳也。」《廣韻》：「遳，走皃。」《集韻》：「遳，趨也。」又「趌、蹳：小跳也，或從足。」

（2）西經昧谷，東極浮桑

章樵注：昧谷，日入之處。浮桑，日出之處曰扶桑。

按：「浮桑」，《文選補遺》、《百三家集》作「扶桑」，一聲之轉，又寫作「榑桑」，也稱作「扶木」、「榑木」。

（3）顧見髑髏，委於路傍

按：髑髏，音轉或作「碩顱」、「髑顱」、「骷髏」，合音則作「頭」字。傍，宋九卷本、廿一卷本作「旁」，《御覽》引同。

（4）下居淤壤，上有玄霜

錢熙祚曰：《御覽》作「下據朽壤，上負玄霜」。

按：《御覽》是也。「朽壤」是先秦二漢之成語。「朽」形誤為「汙」，因又易作「淤」。「有」亦當作「負」，與「居」對文義長。

（5）子將并糧推命，以夭逝乎

按：「推」當作「摧」，形近致譌。「摧命」即下句「夭逝」之誼。

（6）本喪此土，流遷來乎

　　按：本，《御覽》引作「奔」，是也。

（7）於是肅然有靈，但聞神響，不見其形

　　按：宋九卷本注：「肅，一作『蕭』。靈，一作『聲』。」肅、蕭二字古音同。

（8）壽命終極，來而幽玄

　　錢熙祚曰：幽玄，二字當依九卷本乙轉，「幽」與上「周」、「修」韻。

　　按：宋廿一卷本亦作「玄幽」。《文選補遺》作「來西玄丘」，《百三家集》作「來齒玄丘」，並誤。

（9）冬冰之凝，何如春冰之消

　　按：冬冰之凝，《類聚》引作「冬之冰凝」，《初學記》引作「冬水之凝」，《御覽》引作「冬冰之疑」。此字當作「水」，「冰」俗作「氷」，與「水」形近致譌。《說文》：「仌（冰），凍也，象水凝之形。」《玉篇》：「仌，冬寒水結也。」《周禮・考工記》：「水有時以凝，有時以澤（釋）。」《淮南子・俶真篇》：「夫水向冬則凝而為冰，冰迎春則泮而為水。」《漢書・五行志》：「劉向以為冰者陰之盛而水滯者也。」《論衡・論死》：「神氣之生人，猶水之為冰也。水凝為冰，氣凝為人，冰釋為水，人死復神，其名為神也，猶冰釋更名水也。」凝，即結也，滯也，猶言凝結、凝聚。春冰，《類聚》引同，《初學記》、《御覽》引作「水」。此字當作「冰」。

（10）離朱不能見，子野不能聽

　　章樵注：離朱，離婁也。子野，師曠字。

　　按：《莊子・天地》作「離朱」，《孟子・離婁篇》作「離婁」，《御覽》卷803引《莊子》作「離珠」，《山海經・大荒南經》作「離俞」，皆音近相借〔註283〕。

（11）雷電為鼓扇，日月為燈燭。雲漢為川池〔28〕，星宿為珠玉

　　按：《初學記》引四句句序同，句首都有「以」字，「星宿」作「星辰」；《類聚》、《御覽》卷引「雲漢為川池，星宿為珠玉」二句在「雷電為鼓扇，

〔註283〕 參見蕭旭《「流利」考》，收入《群書校補（續）》，花木蘭文化出版社2014年版，第24頁。

日月為燈燭」前。

張衡《冢賦》校補

（1）系以脩隧，洽以溝瀆

按：洽，讀為唊，《慧琳音義》卷 35「窊唊」條引《考聲》：「水溝相著也。」《玉篇》：「唊，相著也。」字亦作峽，《集韻》：「峽，溝相接。」

（2）曲折相連，迤靡相屬

按：迤靡，疊韻連語，《文選補遺》卷 32 作「迤邐」。字亦作「迤㠄」，《文選·洞簫賦》：「倚巇迤㠄。」李善注：「邪平之皃。」倒言音轉作「灑迆」，《文選·蕪城賦》：「灑迆平原。」「迤邐」亦音轉，也作「迆邐」，倒言則作「邐迆」、「邐迤」，又音轉作「厜㕒」，P.2011 王仁昫《刊謬補缺切韻》：「迆，邐迆。」《慧琳音義》卷 78、99 並云：「厜㕒，或作『邐迆』。」《玉篇》：「厜，厜㕒，山卑長也。或作『邐迆』。」另詳卷 3《菟園賦》校補。

（3）周旋顧盼，亦各有行

按：盼，宋九卷本作「昐」，《文選補遺》卷 32 同；宋廿一卷本、明本、四庫本作「盼」。當以作「昐」為是。

（4）有覺其材，以構玄室

章樵注：《詩》：「有覺其楹。」覺，直也。

按：材，宋廿一卷本同，宋九卷本誤作「林」。覺之訓直，乃「梗」音轉。《爾雅》：「桰、梗、較，直也。」覺、桰、梗、較，皆一聲之轉。

（5）寋淵慮宏，存不忘亡

按：宋九卷本、廿一卷本、明本「宏」作「弘」，「寋」誤作「寒」。寋，同「蹇」。《說文》：「蹇，實也，從心塞省聲。《虞書》曰：『剛而蹇。』」今《皋陶謨》「蹇」作「塞」。經傳皆借「塞」為之。《詩·燕燕》：「仲氏任只，其心塞淵。」《文選補遺》卷 32 改作「思淵慮深」，不知所據。

張衡《溫泉賦》校補

《類聚》卷 9、《初學記》卷 7、《漢魏六朝百三家集》卷 14 引此文。

（1）蔭高山之北延，處幽并以閒清

錢熙祚曰：九卷本「延」作「廷」。《初學記》「并」作「屏」，九卷本亦作「屏」。

按：宋廿一卷本作「延」，《類聚》、《初學記》引同，《百三家集》作「蜒」；九卷本作「廷」。「廷」是「廷」俗字，乃「延」形譌。宋九卷本誤字頗多，如上文「中」誤作「物」，「瀛」誤作「瀛」。宋廿一卷本、四庫本作「屏」，《類聚》、《初學記》、《百三家集》引同。屏，字亦作屛，隱僻也。《說文》：「屛，蔽也。」幽屏，猶言幽隱，指山之隱僻處，作名詞用。

（2）於是殊方跋涉，駿奔來臻

章樵注：跋，一作「交」。

按：《初學記》引（凡二引）作「跋」，《類聚》引作「交」。「跋」脫誤作「犮」，因又形譌作「交」。駿，速也。本字作夋、趁，《說文》：「夋，行夋夋也。」又「趁，行速趁趁。」《廣雅》：「趁，犇也。」俗字亦作踆、逡。「駿奔」是同義連文。《詩經·清廟》：「駿奔走在廟。」「駿奔走」是三字同義連文。

（3）士女曄其鱗萃，紛雜逕其如絪

章樵注：絪，音因，《易》：「天地絪縕。」似有闕文。

錢熙祚曰：《初學記》「絪」作「烟」，蓋淺人以「烟」字不合韻而改之，不知「烟」、「絪」並從因聲也。

按：《初學記》凡二引，一作「煙」，一作「烟」。《類聚》引作「絪」。當以「烟」為正字，無闕文。

（4）帝育蒸人，資厥成分

按：資，宋廿一卷本、明本、龍谿本、四庫本同，九卷本作「恣」，《初學記》引作「懿」，《百三家集》、《全後漢文》卷 52 亦作「懿」。「懿」是「恣」形譌。恣，讀為資，助也。

張衡《觀舞賦》校補

《初學記》卷 15、《類聚》卷 43、《御覽》卷 381 引此文。

（1）拊者啾其齊列，盤鼓煥以駢羅

章樵注：拊，搏也。搏拊眾聲以合其行列。班固《賓戲》「啾發投曲，感

耳之聲。」舞之折盤，隨鼓聲而旋轉，故謂之盤鼓。

按：盤，《文選·舞賦》、《七啟》李善注引作「般」（一本《七啟》注引作「盤」）。「盤」疑指舞蹈器具杯盤。《白孔六帖》卷13引《風土記》：「越俗飲，鼓盤以為樂，取大素圓盤，以廣尺五六者抱以著腹，以右手五指更彈之，以為節舞者，應盤而舞。」《晉書·五行志》：「太康中，天下為晉世寧之舞，手接杯盤而反覆之，歌曰：『晉世寧，舞杯盤。』……杯盤者，酒食之器。」《搜神記》卷7略同。章注解作「折盤」，疑非是。

（2）驚雄遊兮孤雌翔，臨歸風兮思故鄉

錢熙祚曰：「遊」字誤，當依《類聚》作「逝」。

按：《初學記》引亦作「逝」。逝，飛也。

（3）騰嫣目以顧盼，盼爛爛以流光

錢熙祚曰：《類聚》下「盼」作「眸」。

按：顧盼，宋九卷本、廿一卷本、明本作「顧眄」，《類聚》、《初學記》引作「顧眄」。作「顧眄」是也。下「盼」字，宋九卷本、廿一卷本作「盼」，宋刊《類聚》引同（明刊本、四庫本作「眸」），古香齋本《初學記》引作「眸」（宋刻本有修補，修補處仍作「盼」）。下「盼」字不誤，美目流轉也。

（4）連翩絡繹，乍續乍絕

按：絡繹，《初學記》引同，《類聚》引作「駱驛」。

（5）裾似飛鸞，袖如迴雪

錢熙祚曰：《文選·為顧彥先贈婦詩》注、潘安仁《河陽縣詩》注引此下有「徘徊相佯，瞥若電滅」二句。《御覽》卷381引作「窣若霆震，瞥若電滅」。

按：鸞，《類聚》、《初學記》引作「薦」，《文選·為顧彥先贈婦》李善注引作「燕」，《御覽》引作「煙」。此句下，《文選·為顧彥先贈婦》李善注引有「徘徊相佯，瞥若電伐」，《河陽縣作》李善注引「瞥若電滅」。「佯」是「佯」形譌，「伐」是「滅」形譌〔註284〕。錢氏引徑改「伐」作「滅」。「相佯」即「徜徉」音轉。《說文》：「瞥，過目也。」《全後漢文》卷53改「瞥」作「閃」，無據。

〔註284〕參見胡克家《文選考異》卷5引陳校，嘉慶鄱陽胡氏刊本。

（6）於是粉黛弛兮玉質粲，珠簪挺兮緇髮亂

　　　章樵注：挺，一作「梃」。

　　　錢熙祚曰：《初學記》「質」作「瑱」。

　　　按：弛，讀為施，《類聚》、《初學記》、《御覽》引正作「施」。《類聚》、《御覽》引皆作「玉質」，《初學記》引作「瑱」，誤也。珠，《御覽》引作「朱」，省借字。注「梃」，宋廿一卷本、龍谿本、四庫本作「挺」。明本正文作「梃」，注作「梃，一作梃」。《類聚》、《初學記》、《御覽》引正文作「挺」。此字當作「挺」，挺立。

（7）然後飾笄整髮，被織垂縈

　　　按：飾笄整髮，《初學記》引同，《類聚》引作「整笄攬髮」。

張衡《羽獵賦》校補

　　宋九卷本卷 3 有此篇，宋廿一卷本脫去。《初學記》卷 22、《類聚》卷 66、《玉海》卷 144、《漢魏六朝百三家集》卷 14 引此文。

（1）皇上感天威之慘烈，思太昊之觀虞

　　　錢熙祚曰：「慘」原作「漻」，依《初學記》改。

　　　按：宋刊《初學記》引作「漻」，古香齋本、四庫本《初學記》引作「慘」，《類聚》、《百三家集》引作「繆」。「漻烈」是「漻淚」、「瀏溧（冽）」、「漻淚」、「漻戾」音轉，清貌，非其誼也。錢氏改作「慘烈」，是也。「慘烈」與「天威」相應。「慘」形譌作「憀」，因又誤作「漻」、「繆」。

（2）蚩尤先驅，雨師清路，山靈護陣，方神蹕御

　　　錢熙祚曰：《初學記》「方」作「萬」。

　　　按：宋刊《初學記》、《類聚》、《玉海》（凡二引）引作「方」，古香齋本及四庫本《初學記》誤作「萬」。《文選·東都賦》：「山靈護野，屬御方神。雨師汎灑，風伯清塵。」李善注：「方神，四方之神也。」清路，清淨道路，指警戒道路，清除閒人，以備非常。也稱作「清道」、「式路」、「式道」。

（3）翠蓋葳蕤，鸞駕瓏玲

　　　錢熙祚曰：瓏玲，原作「玲瓏」，依《類聚》乙轉，與上下韻並合。

　　　按：葳蕤，《玉海》引作「威蕤」。《初學記》、《玉海》（凡二引）引作「玲

瓏」，宋刊《類聚》引作「礲砎」，四庫本《類聚》、《百三家集》作「瓏玲」。

（4）於是皇輿綢繆，遷延容與

按：遷延，疊韻連語，逡遁不進也，猶言倘佯。容與，音轉亦作「猶豫」、
「夷猶」、「容裔」、「溶瀟」，躊躇不前之意〔註285〕。又音轉為「夷與」，本書
卷9王融《遊仙詩》：「弭節且夷與，參差聞鳳笙。」章樵注：「夷與，猶倘佯
也。」

（5）輕車飇厲，羽騎電鶩

按：飇，宋刊《初學記》（凡二引）、《類聚》、《玉海》（凡二引）引同，
古香齋本及四庫本《初學記》（凡二引）、《百三家集》作「飈」，皆「飇」俗
譌字。厲，《類聚》、《玉海》引同，宋刊《初學記》凡二引，一引作「厲」，
一引誤作「属」（古香齋本及四庫本不誤。）「厲」與下句「鶩」同義對舉，
厲亦鶩也，《荀子・禮論篇》：「步驟馳騁厲鶩，不外是矣。」「厲鶩」則是同
義連文，與「馳騁」亦同義。厲，當讀為駕。《廣雅》：「駕、驅、驟、馳、
鶩、騁、騰、犇也。」「厲鶩」即《廣雅》之「駕鶩」。字亦作騧、駵，蔣斧
印本《唐韻殘卷》、P.3696《箋注本切韻》、《玉篇》並云：「騧，馬馳。」《廣
韻》：「騧，馬馳。駵，上同。」《玉篇》：「駵，奔走也。」P.2011 王仁昫《刊
謬補缺切韻》：「騧，馬馳。駵，奔。」字亦省作列，《荀子・哀公篇》：「東野
畢之馬失，兩驂列，兩服入廄。」〔註286〕《文選・廣絕交論》李善注引作
「輕車颬沓」，亦誤。

（6）霧合雲集，波流雨注

錢熙祚曰：原脫「霧」字、「注」字，並依《類聚》補正。

按：《初學記》、《百三家集》亦有「霧」、「注」二字。宋刊《初學記》引
「流」誤作「淡」（古香齋本及四庫本不誤）。

（7）馬蹂麋鹿，輪轔狐兔

按：狐，《初學記》引同，《類聚》、《百三家集》引作「雉」。《玉海》凡
二引，一作「狐」，一作「雉」。轔，讀為躪，字亦作躙，車碾壓也，與「蹂」

〔註285〕參見蕭旭《敦煌變文校補（二）》，收入《群書校補（續）》，花木蘭文化出版
社 2014 年版，第 1437 頁。
〔註286〕參見蕭旭《荀子校補》，花木蘭文化出版社 2016 年版，第 414～415 頁。

同義對舉。《說文》：「蹸，轢也。」《廣雅》：「轔，轢也。」蹸、轔一聲之轉，所謂聲訓也。《漢書·王商傳》：「奔足相蹂蹸。」《後漢書·班固傳》《西都賦》：「蹂蹸其十二三。」《文選》作「蹸」。

卷 六

黃香《九宮賦》校補

《類聚》卷 78、《玉海》卷 101 引此文。

（1）伊黃虛之典度，存斗文之會宮

章樵注：虛，一作「靈」。五居中央屬土，故曰黃靈之常度。

按：宋九卷本注：「虛，一作『虞』，又『靈』。」《類聚》、《玉海》引作「靈」。存斗文，宋九卷本、廿一卷本作「存乎文昌」，《類聚》、《玉海》引作「存文昌」。

（2）翳華蓋之葳蕤，依上帝以隆崇

按：隆崇，音轉亦作「隆窮」、「隆穹」，倒言則作「穹隆」、「穹窿」、「穹崇」〔註287〕。

（3）握璇璣而布政，總四七而持綱

章樵注：握，一作「捉」。

按：宋九卷本作「捉」，注：「一作『促』。」《類聚》、《玉海》引作「握」。「捉」、「握」同義，「促」乃「捉」形譌。璇，《類聚》引作「琁」，《玉海》引作「旋」，同。總，宋九卷本、廿一卷本、明本作「揔」，四庫本作「摠」，《類聚》引作「惚」，皆「總」俗字。

（4）鏡大道之浩廣，泑沆瀁以坱圠

章樵注：泑，讀如杳。沆瀁，深廣也。坱圠，無垠際也。瀁，音莽。坱，烏朗切。圠，音軋。

按：泑，宋九卷本、明本誤作「{{泑}}」。沆，宋九卷本、廿一卷本誤作「沉」，

〔註287〕 參見蕭旭《「果蓏」轉語補記》，收入《群書校補（續）》，花木蘭文化出版社2014 年版，第 2318～2319 頁。

明本、四庫本作「坑」，龍谿本誤作「沈」。坱圠，宋九卷本注：「一作『泱
沉』。『圠』又作『軋』。」坱圠，字亦作「坱軋」、「軮軋」、「軮圠」〔註288〕。

（5）昒旭歷而銳鋃，廓岷嵍以閬閬

章樵注：銳，一作「銑」。言以明歷推算，始知浩博之中分為九宮。銳
鋃，猶鑽研。岷嵍，猶閻奧。岷，音狪。嵍，古「墺」字，音郁。閬，當作
「閬」。閬，音浪。閬閬，高大貌。揚雄《甘泉賦》：「閬閬一其寥廓兮，似
紫宮之崢嶸。」

按：注「狪」，宋廿一卷本、龍谿本、四庫本作「掬」。注「閬閬一」，宋
廿一卷本「一」作重文號「二」，即「閬」，與《文選》「閬閬閬」合。銳鋃，
明本作「銳银」。旭歷，章樵解作「明歷」。銳鋃，章樵解作「鑽研」，未知
所據。銳，讀為叡，亦作睿，智也。「鋃」涉「銳」而增偏旁，本當作「良」，
善也，賢也。嵍，明本、龍谿本同，宋九卷本作「嵍」，宋廿一卷本作「嵍」。
章樵注「岷嵍」，宋廿一卷本作「坂嵍」，明本作「岷嵍」。明本作「岷嵍」
是也。「岷」當是「阮」分別字，亦作坂、沇。《廣雅》：「坂、隅，限也。」
《玉篇》：「坂，涯也，水外為坂。」蔣斧印本《唐韻殘卷》：「阮，曲崖水外
曰阮，水內曰隩。」P.2011王仁昫《刊謬補缺切韻》：「阮，曲岸。」《集韻》：
「阮，水匡外也。或作坂、沇。」「嵍」即「尾」增旁俗字，亦崖岸、邊際
義。二字從山，當指山之邊崖。章氏說「猶閻奧」，只是指其義近，朱起鳳
據其說指出「岷嵍」即「閻奧」變體〔註289〕，則無根據。章樵校「閬閬」
作「閬閬」，是也，也作「伉閬」、「阬閬」、「康宧」等形〔註290〕。

（6）即蹴縮以櫕櫠，坎埏援以渵煬

章樵注：櫕櫠，木之茂盛也。坎埏，坎離也，九宮之始終。坎中有火，離
中有水，故錯言之。埏，戈戰反，火光焰。渵，一作「猶」，才周反，謂渵水
之源。煬，火之熾也。

按：注「戈戰反」，宋廿一卷本、龍谿本「戈」作「弋」，是也。注「一
作猶」，宋廿一卷本「猶」作「酒」。即，讀為曁。蔣斧印本《唐韻殘卷》：「曁，

〔註288〕參見蕭旭《賈子校補》，收入《群書校補（續）》，花木蘭文化出版社2014年
版，第771～772頁。
〔註289〕朱起鳳《辭通》卷19，上海古籍出版社1982年版，第2051頁。
〔註290〕參見蕭旭《「狼抗」轉語記》，收入《群書校補（續）》，花木蘭文化出版社2014
年版，第2327～2329頁。

－1381－

䁖𥈡（蹙），迫皃。」《玉篇》：「䁖，蹙也。」《廣韻》：「䁖，䁖蹙，迫急。」蹴，讀為蹙，一聲之轉。《說文》：「縮，一曰蹴也。」《慧琳音義》卷 36 引「蹴」作「蹙」。《廣雅》：「蹙，縮也。」「䁖蹴縮」三字同義連文。章樵注「欈檽，木之茂盛也」，未知所據。欈檽，讀為「朱儒」、「侏儒」，「離朱」音轉作「離婁」，是其比也。《玄應音義》卷 2 引《通俗文》：「侏儒曰短。」《慧琳音義》卷 6 引《韻英》：「侏儒，矬小也。」「欈檽」訓短小，正與「䁖蹴縮」相應。湞煬，宋九卷本作「湞楊」，注：「湞，一作『酒』。楊，一作『陽』。」待考。

（7）驟騮驀以羌羸，磋礫皓皜以駮樂

章樵注：江浙間謂牡馬為騮馬。驟，音環，字或作「睘」，馬一歲也。驀，音葛，馬疾行也。磋礫，音䃎礫，小石貌。駮樂，雜而不齊。

按：宋九卷本「驟」上有「駻」字，宋廿一卷本殘存右旁「胃」。九卷本注：「駻，一作『驈』。」羌，宋九卷本、四庫本作「差」，注：「一作『羌』。」宋廿一卷本、明本作「𢀩」，乃「差」俗字。「駻」或作「驈」及「驟」，字書皆不載，當是馬名，待考。騮，紫騮馬。《說文》：「駒，馬疾走也。」《玉篇》：「駒、驀：音葛。馬行皃。」P.2011 王仁昫《刊謬補缺切韻》：「駒，馬疾走。」《集韻》：「駒、駒、驀：《說文》：『馬疾走也。』或從曷從葛。」驀訓馬疾，此當是名詞，指快馬。《易林・遯之震》：「驄驀黑鬄，東歸高鄉。」「羌」、「差」都是「老」形譌。老羸，猶言老弱。《孟子・公孫丑下》：「老羸轉於溝壑。」駮，宋九卷本作「駿」，注：「駿，一作『駮』。」「駿」是形譌。駮樂，疊韻連語，音轉也作「駮犖」、「駁犖」、「駮落」，《玄應音義》卷 17 引《通俗文》：「黃白雜謂之駮犖。」《史記・司馬相如傳》《上林賦》：「赤瑕駁犖，雜臿（沓）其閒。」《集解》引司馬彪曰：「駁犖，采點也。犖音洛角反。」《漢書》、《文選》注引作郭璞說。音轉也作「膔犖」、「皪犖」，《廣韻》：「犖，駁犖，牛雜色。」《玉篇》：「膔，膔犖，亂雜。」《集韻》：「皪，皪犖，雜色。」

（8）謁五嶽而朝六宗，對祝融而督勾芒

按：對，讀為敦，一聲之轉。敦亦督也，呵斥也。

（9）肘熊耳而據桐柏，介嶓冢而持外方

章樵注：熊耳山，在宏農盧氏縣東。桐柏山，在南陽平氏縣。嶓冢山，在

梁州，漢水所出。外方山，即嵩高也，在潁川。

錢熙祚曰：《類聚》「介」作「分」。

按：肘，《玉篇》異體字作「𦙄」，讀為扭，《玉篇》：「扭，竹有切，按也。」《廣韻》：「扭，陟柳切，扭按也。」與「肘」同音通借。據亦按也。介，宋九卷本、廿一卷本同，《類聚》作「分」，「分」是「介」形譌。本書卷14楊雄《百官箴》「介狄之荒」，《類聚》卷6引誤作「分」。

本書卷20魏文帝《曹蒼舒誄》「宜逢介祉」，《類聚》卷45引誤作「分」。皆其相譌之例。介，讀為挈，古同聲通借。挈，提也，亦持也。《說文》：「挈，縣（懸）持也。」《墨子・兼愛中》「譬若挈泰山越河濟也」，又《兼愛下》「猶挈泰山以超江河也」，「挈」字義同。《孟子・梁惠王上》「挾太山以超北海」，「挾」字義近。賦言按抑著熊耳、桐柏二山，提持著嶓冢、外方二山。

（10）卷南越以騰歷，連明月以為懸

按：騰，騰躍。歷，讀為𨆌，字亦作躒、𨇤、𨅟、躒，越過。懸，《書鈔》卷136引作「縣」，古字。

（11）繞續組而攝雲鬱，垂獨璽而服離𥙅

章樵注：綬加彩繪之飾，履為浮雲之形。

錢熙祚曰：「桂」字誤，當依九卷本作「𥙅」。

按：宋九卷本、廿一卷本作「𥙅」，從示不從衣，錢氏誤校。字書無「𥙅」字，當是「袿」形譌。離袿，伏俊璉曰：「杜篤《祓禊賦》：『若乃窈窕淑女，美膝豔姝，戴翡翠，珥明珠，曳離袿，立水涯。』離，通『纚』。《漢書・外戚傳》『申佩離以自思』，顏師古注：『離，袿衣之帶也。』《詩・東山》『親結其縭』，毛傳：『縭，婦人之褘也。』袿，《方言》曰：『袿謂之裾。』《釋名》曰：『婦人上服謂之袿。』《漢書・司馬相如傳》：「蜚襳垂髾。」顏師古注引張揖曰：「襳，離袿也。」音轉作「羅袿」。晉陸士衡《浮雲賦》：「朱絲亂紀，羅袿失領。」《宋書・樂志四》《白紵舞歌》：「情發金石媚笙簧，羅袿徐轉紅袖揚。」又《鼓吹鐃歌・芳樹篇》：「梁塵集丹帷，微飆揚羅袿。」又作「麗圭」，《後漢書・輿服志》：「自皇后以下，皆不得服諸古麗圭襂閨緣加上之服。」

（12）戴巣发而帶繚繞，曳陶匏以委蛇

章樵注：巣岌，冠巍峨貌。繚繞，帶影揚貌。陶匏，甄陶所成。

按：巢岌，疊韻連語，音轉也作「嶸嶸」、「巢峷」、「巢嶸」、「礋磔」、「嵼葉」、「嵼業」、「嵼嶸」、「捷業」，也音轉作「嵼峴」、「峄峴」、「崒兒」、「鑾兒」、「子蜺」、「揭蘗」、「峄嵼」、「嶄嵼」、「塻霓」等形，另詳卷4楊雄《蜀都賦》校補。宋九卷本注：「蛇，一作『馳』。」

（13）乘根車而駕神馬，驟駁騍而俠窮奇

章樵注：《孝經援神契》曰：「山出根車。」《禮記》所謂器車也，不斲治而自圓曲。神馬，天馬，訾黃之類。駁騍，亦神馬。服外曰驟。窮奇，神名。

按：「駁」是「駁」異體字，《玉篇》：「駁，馬肥壯兒。駁，同上。」駁騍，肥壯的青驪馬，出《詩‧有駁》：「有駁有駁，駁彼乘騍。」毛傳：「駁，馬肥彊貌。青驪曰騍。」

（14）東井輟韘而播酒，彗勃佛仿以梢擊

章樵注：輟，一作「報」。播，又「潘」。報韘，讀如汲渫，鹿盧以引汲也。彗、孛二星，五星之精所變，主除舊布新。

按：章樵注「報韘，讀如汲渫」，然「渫」無引汲義，且「汲渫」不辭，其說非是。疑「報韘」讀作「踕蹀」、「躡蹀」、「蹉蹀」、「躞蹀」，小步行走貌。《楚辭‧涉江》：「眾蹀躞而日進兮。」王逸注：「蹀，一作『躞』，一作『踕』。」洪興祖《補注》：「蹀躞，行貌。」此句又見《楚辭‧九辯》，王逸注：「蹀，一作『躡』，《釋文》作『啑喋』。」播亦灑也，一本作「潘」，借字。洒、灑古今字。勃，宋九卷本、廿一卷本、明本同，龍谿本、四庫本作「孛」。梢，宋廿一卷本、明本同，九卷本作「捎」。捎亦擊也。

（15）蚩尤之倫玢璘而要斑斕，垂金干而揵雄戟

章樵注：垂，又作「乘」。揵，又「建」。玢璘，音彬鄰，文采貌。

按：斑，宋九卷本、廿一卷本作「班」。「班（斑）斕」即「玢璘」轉語，賦家變文而疊用之[註291]。也作「斑蘭」、「㫰斕」、「班爛」、「班蘭」、「斑闌」、「班闌」、「班瞞」、「斑瞞」，倒言作「斕㫰」、「爛斑」、「瞞瑞」、「璘瑞」、「璘霖」、「隣瑞」、「璘班」、「璘彬」、「璘斌」、「鄰彬」[註292]。「垂」、「乘」二

〔註291〕下文「聲淳淪（一作『綸』）以純命」，「純命」是「淳淪」轉語，亦其例。司馬相如《上林賦》：「柴池茈虒。」揚雄傳《甘泉賦》：「柴虒參差。」「柴池」、「茈虒」、「柴虒」皆是「參差」轉語，賦家亦變文而疊用之。皆其例也。
〔註292〕參見蕭旭《「㫰斕」考》，收入《群書校補（續）》，花木蘭文化出版社2014年

字疑皆誤，字當作「秉」，持也。《御覽》卷 339 引應瑒《書》：「左執屈盧之勁矛，右秉干將之雄戟。」《集韻》：「搩，舉也。」搩讀為撥，俗字亦作搴、攓、劇。另詳卷 2 宋玉《釣賦》校補。

（16）操巨檠之礉弩，齊佩機而鳴廓

章樵注：巨檠，又「臣檠」。巨檠，音狸，弩名。礉，音高，助也。佩機，弩機，引滿齊而後發。廓，發也。天狼星之下有星曰弧，如矢之狀，正向之。

按：檠，宋九卷本、廿一卷本作「綀」，注同。一本作「臣檠」，「臣」乃「巨」形誤。「綀」同「檠」，是「檠」形誤，乃「練」、「耗」俗字。注「音高」，宋廿一卷本「高」作「敲」，是也。注「助」，宋廿一卷本、四庫本作「勁」，亦是也。」①伏俊璉曰：「巨檠，弓弩名，疑即『巨黍』。《文選》潘岳《閒居賦》：『谿子巨黍，異絭同機。』注：『《孫卿子》曰：繁弱巨黍，古之良弓。』」也作「鉅黍」，疊韻連語。《類聚》卷 60、《御覽》卷 347、348 並引《廣雅》：「繁弱、鉅黍，弓也。」（今本奪）《荀子·性惡篇》：「繁弱、鉅黍，古之良弓也。」也誤作「距來」，《史記·蘇秦傳》：「谿子少府，時力距來，皆射六百步之外。」「距」與「鉅」通，「來」乃「黍」字之譌〔註293〕，《文選·閒居賦》李善注引《史記》作「巨黍」。故此文又誤作「檠（練）」字。②礉，讀為磽，堅硬的石頭，引申為強勁義。《玉篇》：「磽，堅硬也。」字亦作𥑡，敦煌寫卷 P.3906《碎金》：「弓𥑡硬：五交反。」「礉弩」即「弓𥑡硬」也。③佩，讀為掴。《集韻》：「掴，撥也。」又「掴，轉戾。」「戾」同「捩」，扭轉。掴機，扭動弩機。廓，指弩牙的外匣。字亦作郭，《釋名》：「鉤弦者曰牙，似齒牙也。牙外曰郭，為牙之規郭也。下曰懸刀，其形然也。含括之口曰機〔註294〕，言如機之巧也，亦言如門戶之樞機開闔有節也。」《墨子·備高臨》：「連弩機郭用銅一石三十斤。」《吳越春秋·勾踐陰謀外傳》：「越王曰：『弩之狀何法焉？』陳音曰：『郭為方城守臣子也，教為人君命所起也，牙為執法守吏卒也……』」皆是其例。《方言》卷 9：「劍削，自河

版，第 2401～2405 頁。

〔註293〕參見王念孫《廣雅疏證》，收入徐復主編《廣雅詁林》，江蘇古籍出版社 1992 年版，第 691 頁。又參見王念孫《讀書雜志》卷 2，中國書店 1985 年版，本卷第 87 頁。又參見阮元《揅經室集三集》卷 3《商銅距末跋》，收入《續修四庫全書》第 1479 冊，上海古籍出版社 2002 年版，第 224～225 頁。胡紹煐《文選箋證》卷 18 從王念孫說，黃山書社 2007 年版，第 439 頁。

〔註294〕今本作「合名之曰機」，據《類聚》卷 60 引改。

而北燕、趙之閒謂之室，自關而東或謂之廓，或謂之削。」「削」同「鞘」。劍之外室謂之廓，牙之外匣謂之郭（廓），外城謂之郭，外棺謂之槨，其義一也。鳴廓，弓弩張滿時機匣產生的響聲，即下句「狼弧觳張而外饗（響）」之詣。

（17）狼弧觳張而外饗，枉矢持芒以岞崿

章樵注：觳，古豆反。饗，讀作嚮。枉矢星，蛇行而蒼黑，望之如有毛羽然。岞崿，振激之狀。

按：弧，宋廿一卷本同，九卷本作「狐」。①「狼弧」也作「狼狐」，此賦是弓弩名。《晉書·摯虞傳》《思遊賦》：「枉矢鑠其在手兮，狼弧翔其斯彎。」《御覽》卷339引繆襲《籍田賦》：「靈旗蔚以熹舉兮，雄戟偈以嵯峨。彎枉矢於狼狐兮，建黃鉞於匏爪。」②《別雅》卷3：「饗亦與響同。」③《周禮·夏官·司馬》：「凡矢，枉矢、絜矢，利火射。」鄭玄注：「枉矢者，取名變星，飛行有光，今之飛矛是也，或謂之兵矢。」④岞崿，字又作「岅峇」、「岅崿」、「岅嶺」、「岅巘」、「荂雒」、「岅嵍」、「岅頟」、「岅峇」等形〔註295〕。

（18）迅衝風而突飛電，振雲崿岫而土崟山

章樵注：《廣韻》：「嵱山，在容川。山下有鬼市。」崟，即「崆」字，崆峒山也。能令幽谷興雲，空洞填塞。

按：注「容川」，宋廿一卷本作「容州」，與《廣韻》合，是也。岫，山穴。章樵注「崟，即崆字，崆峒山也」，是也。崆峒山，也作「崟崗山」、「空同山」，省稱則作「崆山」。《晉書·地理志》：「至於崑峯振巒，崆山訪道。」

（19）龍狡猾而蹴踐蜇，走札揭而獠桔梗

章樵注：猾，又作「猜」，龍，與「龍」同，檻也。獠桔梗，一作「繚結便」。

按：注「龍」，宋廿一卷本作「櫳」，是也。蹴，踐踏也。正文「踐」疑為「蹴」注語而混入。

「蜇」當作「蜻蜇（蜓）」，也作「青蜇（蜓）」，今本脫一字。「青蜇」又

〔註295〕 參見蕭旭《越絕書校補》，收入《群書校補（續）》，花木蘭文化出版社2014年版，第1112～1114頁。劉剛《〈越絕書〉校勘一則》亦有相同的意見，《中國文字學報》第9輯，商務印書館2018年版，第128～130頁。

作「精列」、「蠽蛪」，《考工記・梓人》：「以注（咮）鳴者。」鄭玄注：「精列屬。」《集韻》：「蜻，蟲名。《說文》：『蜻蛚也。』或從精。」指蟋蟀蟲。「狡猾」、「蜻蛪」、「札揭」、「桔梗」皆鬼物名。「札揭」疑是「札札」、「扎扎」、「軋軋」音轉，象聲詞。

（20）櫟略玃而突列蛸，槁肩屈而卻梁黨

按：①《史記・司馬相如傳》《上林賦》：「射游梟，櫟蜚虡。」《集解》引郭璞曰：「櫟，梢也。」《漢書》、《文選》注引張揖說同。「梢」同「捎」，擊也。櫟，讀為擽，《廣雅》：「擽，擊也。」字本作掠，亦通作略，強取也。《說文》：「掠，奪取也。」突，衝撞。槁，讀為毃。《說文》：「毃，擊頭也。」俗作敲，音轉亦作搉，《說文》：「搉，敲擊也。」②「略玃」、「列蛸」、「肩屈」、「梁黨」亦鬼物名。「略玃」當作「略攫」，略，彊取也，字亦作掠。攫，搏持也。略攫猶言掠取。③列，讀為厲，惡也，猛也。蛸，讀作魈，山鬼，獨腳鬼。「列蛸」指猛惡的獨腳鬼。④「肩屈」當從宋九卷本、廿一卷本作「律屈」，明清各本皆誤。律屈，疊韻連語，盤結不散之義，也倒言作「掘律」、「屈律」、「倔律」，P.2569V：「從頭使厥儺，個個交（教）屈律。」P.3468 作「倔律」。音轉則作「崫礨」、「堀礨」、「崫嵓」、「掘壘」、「窟壘」、「鬱律」、「鬱峍」、「鬱嵂」、「鬱壘」、「鬱嶵」、「鬱鼺」等形〔註 296〕，此用以形容鬼物，因以為名。神人名「鬱壘」、「鬱儡」，取義相同。⑤「梁黨」是「梁昌」、「梁倡」、「良倡」、「俍倡」、「踉蹡」、「踉蹌」轉語，疊韻連語，行不正皃。

（21）叱巷溏而觸螟蜓，抶礔礰而扑雷公

章樵注：抶，丑乙反。礰，一作「硳」。

錢熙祚曰：九卷本無「叱」字。

按：注「硳」，宋九卷本誤作「𥕟」。扑，明本同，宋廿一卷本作「仆」。宋九卷本注：「抶，又『拙』。」「拙」是形譌。扑，本字作攴，俗字作技、撲。《說文》：「攴，小擊也。」巷溏，言其行為狂蕩粗大。字亦作「行唐」，元曲《生金閣》二〔紫花兒序〕：「小丫鬟忙來呼喚，道衙內共我商量，豈敢行唐，大走向庭前去問當。」草名「橫唐」、「行唐」（俱見《神農本草經》卷 3、P.3714《新修本草》乙本殘卷），竹皮名「筕篖」（《方言》卷 5）、「佯

〔註 296〕參見蕭旭《淮南子校補》，花木蘭文化出版社 2014 年版，第 550～553 頁。

簹」（《廣雅》），魚名「䱂鰽」（《廣雅》），皆一聲之轉語，取義相近。「螟蜓」疑當作「蝘蜓」，《說文》：「蜓，蝘蜓也，一曰蝘蜓。」壁虎蟲。

（22）摽擊缺而拂勃決，奮雲旗而椎鴻鐘

章樵注：椎，又作「橦」。

按：注「橦」，宋九卷本、廿一卷本作「撞」，是也。擊，宋九卷本、廿一卷本誤作「摯」。摽，擊打。拂，擊也，字本作刜。《說文》：「刜，擊也。」《廣雅》：「刜，斫也。」「擊缺」疑「顲顇」轉語，蔣斧印本《唐韻殘卷》：「顲，顲顇。」又「顇，顲顇，短兒。」《集韻》：「顲，顲顇，短兒。」又「顇，顲顇，短兒。」「勃決」疑「犮結」、「拔挈」轉語，《廣韻》：「犮，犮結，短人。」

（23）聲淳淪以純侖，四海澹而拓地梁

章樵注：淪，又作「綸」。拓，又作「祏」。淳淪、純侖，至和交暢，故四海清晏，下土蒙福。地梁，猶言地維，地軸也。

按：「純侖」、「淳淪」一聲之轉，是「淳均」轉語，猶言淳和。寶劍名「淳均」、「淳鈞」、「純鈞」（並見《淮南子》）、「醇鈞」（《廣雅》），亦取淳和為義〔註297〕。拓，宋九卷本、廿一卷本、四庫本作「祏」，注同。「祏」當從衣作「袥」，一本作「祐」是形譌。袥，讀作㭞（柝），剖分。《說文》：「㭞，判也。」《慧琳音義》卷50引《爾雅》郭璞注：「今江東斫物曰㭞也。」又引《考聲》：「㭞，解木也。」地梁，猶言地柱。

（24）碎太山而刺嵩高，吸洪河而嗗九江

按：刺，宋九卷本、廿一卷本、明本、龍谿本、四庫本作「剌」，是也。宋九卷本脫「高」字。剌，讀為列、裂，分裂、破碎也。《中山國胤嗣好䍐壺銘》：「以追庸（誦）先王之工（功）剌。」張政烺讀剌為烈〔註298〕。清華簡（一）《祭公之顧命》：「颺（揚）成康邵宝之剌。」《逸周書·祭公》「剌」作「烈」。「嚻」或體作「鬣」。皆其音轉之證。俗字亦作掣、掣，《廣雅》：「掣，擊也。」P.2011王仁昫《刊謬補缺切韻》：「掣，研破，亦作掣。」《玉篇》：「掣，研破也。掣，亦作掣。」蔣斧印本《唐韻殘卷》：「掣，研破。」

〔註297〕 參見蕭旭《越王劍名義考》，收入《群書校補（續）》，花木蘭文化出版社2014年版，第2023頁。

〔註298〕 張政烺《中山國胤嗣好䍐壺釋文》，《古文字研究》第1輯，中華書局1979年版，第245頁。

（25）登焦嶢之釐臺，闅天門而閃帝宮

按：釐，宋九卷本、廿一卷本、四庫本作「釐」，俗字。焦嶢，字也作「嶕嶢」、「嶕嶢」、「焦嶢」、「焦僥」、「僬僥」等形，高貌〔註299〕。釐，讀為萊。「萊臺」是「蓬萊臺」省稱，也省稱作「蓬臺」。閃亦闅也。《說文》：「閃，闅頭門中也。」又「闅，閃也。」二字互訓。

李尤《函谷關賦》校補

《類聚》卷6、《初學記》卷7、《玉海》卷24引此文。

（1）襟要約之險固兮，制關揵以擒并

按：揵，宋九卷本、龍谿本作「楗」，《初學記》引作「鍵」。擒，宋九卷本作「檎」。并，明清各本同，宋九卷本、廿一卷本作「非」，宋刊《初學記》引同（古香齋本作「并」），四庫本作「井」。「并」、「井」皆「非」形譌。「擒非」即下文「詰非」之誼。

（2）其南則有蒼梧荔浦，離水謝沐，洭浦雯中，以窮海陸

章樵注：蒼梧而下六關在南。《地理志》「蒼梧郡」注「屬交州，有離水關」，謝沐、荔浦二縣、交趾郡合浦縣並有關，九真郡有界關。

錢熙祚曰：字書無「雯」字，當依九卷本作「零」。

按：①《文選·苦熱行》李善注引《漢書》曰：「歸義侯嚴為戈船將軍，出零陵，下離水。」又作「灕水」，音轉又作「雞水」（《水經注·鍾水》）、「桂水」。《廣韻》「街」字條引《風俗通》：「街，攜也，離也。四出之路，攜離而別也。」此離、桂音轉之證。②《漢書·地理志》蒼梧郡有謝沐縣。《水經注·湘水》：「湘水……水出臨賀郡之謝沭縣南，西北逕觀陽縣西，縣蓋即水為名也。」四庫本作「謝沭」，當是「謝沐」形譌。③洭，宋刊《初學記》引同（古香齋本作「淮」），《玉海》引作「洭」。《漢書·地理志》臨淮郡有淮浦縣，此地去離水（即桂水）甚遠，古香齋本《初學記》作「淮浦」，非是。《漢書·地理志》零陵郡有營浦縣，此地雖近，然「營」無緣誤作「洭」等字。《說文》：「洭，洭水，出桂陽縣盧聚，南出洭浦關為桂水〔註300〕。」

〔註299〕 參見蕭旭《〈國語〉「僬僥」語源考》，收入《群書校補（續）》，花木蘭文化出版社2014年版，第1925～1929頁。

〔註300〕 「南出」原脫誤作「山」，據段玉裁說改。

《水經注·洭水》：「洭水出桂陽縣盧聚，南出洭浦關為桂水。」「洭浦」、「淮浦」都是「洭浦」形譌，章樵注引《地理志》交趾郡合浦縣說之，非是。④霠，宋廿一卷本、明本、四庫本亦作「零」，《初學記》、《玉海》引同。

（3）於北則有蕭居天井，壺口石徑，貫越伐朔，以臨胡庭

章樵注：蕭居而下六關在北。「上黨郡」注有上黨關、壺口關、石研關、天井關。徑，讀作研，音形。餘未詳。諸部有懷渾、歸匈等名，或有關。「越」字恐誤。

錢熙祚曰：徑，此字誤，當依《初學記》作「陘」。伐，此字誤，當依《初學記》作「代」。

按：顧廣圻謂《初學記》作「陘」、「代」不誤〔註301〕，此錢說所本。「蕭居」疑指蕭關、居庸關。《漢書·武帝紀》：「遂北出蕭關。」顏師古注引如淳曰：「《匈奴傳》：『入朝那蕭關。』蕭關在安定朝那縣也。」徑，《玉海》引亦作「陘」。章樵注「徑，讀作研」，其說是也，一聲之轉。石徑、石陘，即「石研」。《漢書·地理志》上黨郡，班氏自注：「秦置，屬並州，有上黨關，壺口關，石研關，天井關。」此賦正合其地。宋九卷本、廿一卷本作「伐」，《玉海》引亦作「代」。「貫越」不詳。

（4）凌測龍堆或置

章樵注：「燉煌郡」注「江西關外有白龍堆沙」。

按：《初學記》引「堆」作「推」，「或置」下有「以西」二字。《全後漢文》卷50作「凌測龍堆，或置以□」。「推」是「堆」形譌。《漢書·西域傳》：「且通西域，近有龍堆，遠則蔥嶺、身熱、頭痛、縣（懸）度之阨。」「凌測」不詳。

（5）於西則有隨隴武夷，白水江零

按：①隨隴，疑指「隴關」，《後漢書·順沖質帝紀》：「羌寇武都，燒隴關。」李賢注：「隴山之關也，今名大震關，在今隴州汧源縣西也。」《通典》卷173引《關中記》：「東自函關弘農郡靈寶縣界，西至隴關，今汧陽郡汧源縣界，二關之間謂之關中。」②武夷，疑當作「安夷」，《元和郡縣志》卷2：

〔註301〕顧廣圻《與孫淵如觀察論九卷本〈古文苑〉書》，收入《顧千里集》卷7，中華書局2007年版，第124頁。

「南由縣……貞觀四年割入隴州。安夷關在縣西一百四十六里。」③《後漢書・公孫述傳》：「述遂使將軍侯丹開白水關，北守南鄭。」李賢注：「在漢陽西縣。《梁州紀》曰：『關城西南有白水關也。』」④江零，指「江關」、「零關」二關，《後漢書・公孫述傳》：「述遣戎與將軍任滿出江關，下臨沮夷陵間。」李賢注：「《華陽國志》曰：『巴、楚相攻，故置江關，舊在赤甲城後，移在江州南岸，對白帝城。』」又《西南夷傳》：「延光二年，春旄牛夷叛，攻零關。」李賢注：「《郡國志》：『零關道，屬越嶲郡。』」《漢書・地理志》、《後漢書・郡國志》越嶲郡有靈關道，「靈關」即「零關」。

（6）沐落是經

錢熙祚曰：《初學記》「沐」作「連」。

按：各本都作「沐」，獨四庫本作「沭」。錢氏所據《初學記》乃古香齋本，宋刊本引作「流」。「流」古字作「沭」，與「沐」相近致譌，不知孰為正字。「沐落」或「流落」關名不詳。疑作「流落」是。

（7）惟夸闊之宏麗兮，羌莫盛於函谷

章樵注：羌，發語辭，或作「慶」。

按：羌，《類聚》引同，《初學記》引作「嗟」，形譌。夸，《初學記》引同，《類聚》引作「迂」。即「迂」字。夸，讀為迂，二字皆從亐得聲，例得相通，遠也。「迂闊」是漢人成語。宏，《初學記》引同，《類聚》引作「顯」。

（8）蕃鎮造而惕息，侯伯過而震惶

按：惕，《類聚》引同，宋九卷本誤作「惕」。「惕息」是漢人成語。惕，恐懼也。息，喘息也。造，至也，與下句「過」同義。

（9）睢背魏而西遊，托袞衣以免搜。

章樵注：范睢得罪於魏，秦謁者王稽與俱入秦，至函谷關。秦相穰侯東行縣邑，睢匿車中，免索，故得入見。見《戰國策》。

按：睢，各本同，《類聚》引亦同，人名字當從且作「睢」〔註302〕。遊，宋九卷本、廿一卷本作「逝」，《類聚》引同。

〔註302〕參見蕭旭《說說「范睢」的名字》，收入《史記校補》，花木蘭文化出版社 2021年版，第 775～779 頁。

（10）可以詰非司邪，括執喉咽

按：詰，《類聚》引誤作「詐」。

（11）季末荒戌，墮闕有年

按：戌，宋九卷本、廿一卷本、龍谿本、四庫本作「戍」，《類聚》引同，是也。

（12）會萬國之玉帛，徠不蠻之貢琛

錢熙祚曰：「不」當作「百」，九卷本尚不誤。

按：宋廿一卷本、明本、龍谿本、四庫本亦作「百」。

崔寔《大赦賦》校補

《類聚》卷 52、《初學記》卷 20 引此文。

（1）惟漢之十一年四月大赦，滌惡棄穢，與海內更始，疊疊乎思隆平之進也

按：思，《初學記》引同；宋刊《類聚》引誤作「恩」，明刊本誤同，四庫本不誤，蓋館臣校正。隆平之進，宋刊《類聚》引同，四庫本《類聚》作「隆平之道」，《初學記》引作「升平之道」。作「道」是也。《廣雅》：「疊疊，進也。」《玄應音義》卷 7：「疊疊，猶微微也，亦進貌也。」《楚辭・九辯》：「時疊疊而過中兮，蹇淹留而無成。」王逸注：「疊疊，進也。」

（2）以為五帝異世，三王殊事

按：世，《類聚》、《初學記》引作「制」。作「制」是。《淮南子・本經篇》：「五帝三王殊事而同指，異路而同歸。」又《氾論篇》：「故五帝異道而德覆天下，三王殊事而名施後世。」

（3）朝乾乾於萬幾，夕處敬而厲惕

按：幾，《類聚》、古香齋本《初學記》引作「機」，宋刊《初學記》引誤作「乘」。處，明本、龍谿本、墨海本作「虔」，《初學記》、四庫本《類聚》引同，宋刊《類聚》仍作「處」。惕，《類聚》、《初學記》引同，宋九卷本誤作「惕」。「處」當是「虔」形誤，虔亦敬也。《殷周金文集成釋文》1.252《瘋鐘》：「今瘋夙夕虔敬郵厥死事。」《殷周金文集成釋文》1.262《秦公鐘》：「余夙夕虔敬

朕祀，以受多福。」皆「虔敬」之例。《史記‧仲尼弟子列傳》《索隱》：「伯虔，字子折。《家語》作『伯處，字子晳』。」《呂氏春秋‧任數》高誘注：「（韓）武子都宜陽，生景侯處。」據《史記‧六國年表》、《韓世家》都作「景侯虔」，「處」是「虔」形譌。陳景元《道德真經藏室纂微篇》卷5引《老子指歸》：「治家守國，使民佚樂，處順恭謹，慈孝畏法，莫高乎知足。」李霖《道德真經取善集》卷5「處」作「虔」，此例「虔」是「處」形誤〔註303〕。此皆二字相譌之例。

（4）所以創太平之迹，旗頌聲之期

按：旗，宋九卷本、明本同，宋廿一卷本、龍谿本作「旌」，四庫本作「懋」，《類聚》引亦作「旌」。「旌」字是也，猶言彰顯。期，讀為綦，極也。

（5）新邦家而更始，垂祉羨乎將來

錢熙祚曰：《類聚》「羨」作「美」。

按：四庫本《類聚》作「美」，宋刊、明刊《類聚》仍作「羨」。「羨」字是也，讀為延。

（6）方將披玄雲，照景星

按：披，《類聚》引同，宋刊《初學記》引誤作「投」，古香齋本、四庫本不誤。

（7）獲嘉禾於疆畎，數蓂莢於階庭

按：數，《類聚》、宋刊本《初學記》引同，古香齋本《初學記》引作「收」。「收」是「數」形譌。歐陽詢《大唐宗聖觀記》：「數階庭之蓂莢，聆鳳和鳴；照景星於元（玄）雲，觀麟郊藪。」即本此賦，是唐人所見，亦作「數」字。《白虎通德論‧封禪》：「德至天則斗極明，日月光，甘露降。德至地則嘉禾生，蓂莢起，秬鬯出，太平感。德至文表則景星見，五緯順軌。」

（8）捫騏驎之肉角，聆鳳凰之咮鳴

章樵注：天下有道則鳳凰至。《左傳》：「鳳凰于飛，和鳴鏘鏘。」

〔註303〕「處順」是道家要旨，《莊子‧養生主》、《大宗師》並有「安時而處順」語，《列女傳》卷4：「吾聞君子處順，奉上下之儀，脩先古之禮。」樊波成說「處」是「虔」形誤，俱矣。樊波成《老子指歸校箋》，上海古籍出版社2013年版，第281頁。

錢熙祚曰：「咊」當作「和」，注中尚不誤。

按：捫騏驎，《初學記》引作「捫麒麟」，《類聚》引作「攔麒麟」。「攔」字誤。咊，宋九卷本、廿一卷本作「咊」，明本、龍谿本作「和」，《類聚》、《初學記》引亦作「和」。「咊」同「和」，是也。上引歐陽詢《大唐宗聖觀記》亦作「和」。

王延壽《夢賦》校補

《類聚》卷79、《酉陽雜俎》卷14、《文選補遺》卷32引此文。

（1）余宵夜寢息，乃忽有非常之物夢焉

錢熙祚曰：九卷本無「物」字、「焉」字。

按：宋九卷本不可據，廿一卷本同此。《類聚》引無「宵」、「忽」、「物」、「焉」四字，又「常」作「恒」，亦是省文。

（2）則有蛇頭而四角，魚尾而鳥身

章樵注：尾，一作「首」。

按：《類聚》、《文選補遺》引作「首」，與一本合。

（3）群行而奮搖，忽來到吾前

按：奮，宋刊《類聚》引作「輩」（明刊本同），乃「輩」俗字，非是，四庫本仍作「奮」。《廣雅》：「蹻，跳也。」王念孫引此賦以證〔註304〕。《方言》卷1：「蹻，跳也。」錢繹亦引此賦以證，說本王氏。《方言》卷6：「遙，疾行也。」錢繹又引此賦以證〔註305〕，其說亦通，義與「跳行」亦相會。

（4）於是夢中驚怒，膈臆紛紜

章樵注：膈臆，怒氣填胷也。膈，音逼。

按：章氏解臆為胸，非也。「臆」是塞滿義，「膈」亦是充塞義，「膈臆」是同義連文，氣滿貌。《方言》卷13：「臆，滿也。」郭璞注：「愊臆，氣滿也。」《釋名》：「臆，猶抑也，抑氣所塞也。」臆本字為意，俗作意、億、噎。《說文》：「意，滿也。」本書卷1《詛楚文》：「張矜意（一本作『意』）怒。」膈本

〔註304〕王念孫《廣雅疏證》，收入徐復主編《廣雅詁林》，江蘇古籍出版社1992年版，第167～168頁。
〔註305〕錢繹《方言箋疏》卷1、6，上海古籍出版社1984年版，第102、385頁。

字為冨，《說文》：「冨，滿也。」字亦作愊，《廣雅》：「憑、愊、塞，滿也。」《漢書・陳湯傳》：「策慮愊億，義勇奮發。」顏師古注：「愊億，憤怒之貌。」《後漢書・馮衍傳》《顯志賦》：「心愊憶而紛紜。」李賢注：「愊憶，猶鬱結也。」此賦「腷臆紛紜」正同馮衍賦「愊憶紛紜」。字或作偪，《方言》卷6：「偪，滿也，腹滿曰偪。」字亦音轉作服，《集韻》：「腷，腷臆，意不泄皃，或作服。」《史記・扁鵲傳》：「言未卒，因噓唏服臆。」「服臆」即「腷臆」。《吳越春秋・勾踐入臣外傳》：「腸千結兮服膺，於乎哀兮忘食。」字亦音轉作憑，《文選・長門賦》：「心憑噫而不舒兮。」李善注：「憑噫，氣滿貌。」「憑噫」即「腷臆」轉語[註306]。音轉亦作備，《荀子・王制》：「塞備天地之間。」《國語・楚語上》：「四封不備一同。」韋昭注：「備，滿也。」字亦音轉作愶、惌（悘），《玉篇》：「愶，小怒。」上博簡（一）《孔子詩論》簡26：「《浴風》，。」「」即「惌」。郭店楚簡《語叢二》簡11：「愶生于慮，靜（爭）生于愶。」本書卷1《詛楚文》：「今又悉興其眾，張矜意怒，飭甲厎兵，奮士盛師，以逼㕒（吾）邊境。」其中「意」字，《廣川書跋》卷4引作「忎」，即「惌（悘）」省文。姜亮夫釋作「意」，云：「『意怒』即《楚辭》『憑怒』一詞之異。」[註307]黃德寬等曰：「『悘』與『怀』、『愶』實一字之變……『悘怒』即『愶怒』，文獻亦作『憑怒』……《方言》：『憑，怒也。』」[註308]

（5）斬游光，所猛猪

章樵注：猪，一作「蹺」。斬，側略反。斬，斫，亦斬也。《左傳》：「公子彭生之鬼為大豕，人立而啼。」

錢熙祚曰：「所」當作「斬」，九卷本尚不誤。

按：斬，宋廿一卷本同，宋九卷本誤作「前」，宋刊《類聚》引誤作「戩」（明刊本誤同，四庫本不誤，蓋館臣校正）。《廣雅》有八神名，云：「山神謂之離，河伯謂之馮夷，江神謂之奇相，物神謂之鬼，土神謂之羵羊，水神謂之冈（罔）象，木神謂之畢方，火神謂之游光，金神謂之清明。」王念孫曰：

[註306] 以上參見王念孫《廣雅疏證》，第21頁。王引之《經義述聞》卷6，江蘇古籍出版社1985年版，第154頁。錢繹《方言箋疏》卷13，上海古籍出版社1984年版，第785頁。楊樹達《讀容庚君〈古石刻零拾〉》，收入《積微居小學金石論叢》卷5，上海古籍出版社2007年版，第356頁。這裏有所補充。

[註307] 姜亮夫《秦詛楚文考釋——兼釋「亞駝」、「大沈久湫」兩辭》，《蘭州大學學報》1980年第4期，第62頁。

[註308] 黃德寬等《古文字譜系疏證》，商務印書館2007年版，第283頁。

「《東京賦》：『殪野仲而殲游光。』薛綜注云：『野仲、游光，惡鬼也，兄弟八人，常在人閒作怪害。』馬融《廣成頌》云：『捎罔兩，拂游光。』游或作遊，《法苑珠林．六道篇》引王子云：『木精為遊光，金精為清明。』諸書說游光，亦與《廣雅》異。」〔註 309〕《後漢書．馬融傳》《廣成頌》：「捎罔兩，拂游光。」沈欽韓曰：「《御覽》卷 31 引《風俗通》曰：『厲鬼字游光。』按《魏志》注：『曹爽專政，時有謗書曰：曹爽之勢熱如湯，太傅父子冷如漿，李豐兄弟如游光，以為豐外示清淨而內圖事，有似於遊光也。』蓋今所謂日遊神之類。」〔註 310〕伏俊璉曰：「『游光』也叫『回光』，見趙萬里《漢魏南北朝墓志集釋》之《馮邕妻元氏墓志》。」所，宋廿一卷本、明本、四庫本亦作「斬」，龍谿本作「斫」，《文選補遺》作「斬」；宋刊《類聚》卷 79 引作「軒」，又「猪」作「跣」，皆誤（四庫本不誤）。「所」當是「斫」字形譌，然與下文「斫魅虛」犯複，故當從宋本作「斬」。

（6）批⿱畾黑毅，斫魅虛

章樵注：⿱畾黑，一作「佛」，字本作「⿱罒異」，父沸反。狒狒，恠獸，狀似人。《說文》：「魅，老精物也。」音媚。虛，耗鬼也。

按：注「佛」，宋廿一卷本、龍谿本、四庫本作「狒」，是也。①⿱畾黑毅，一本作「狒毅」，宋刊《類聚》引作「狒毅」（明刊本作「狒毅」，四庫本作「⿱畾黑毅」），《酉陽雜俎》引作「夔毅」。「毅」當是「毅」俗字，蔣斧印本《唐韻殘卷》：「毅，俗作毅。」俗字亦作「毅」。「毅」、「毅」與「毅」字形相近。楊慎《秇林伐山》卷 12：「東方朔罵鬼書有『夔毅』、『傖儜』之名，恠不足語。『夔』之一字，字書所無也。」「毅」是「毅」俗字，是楊氏所見，亦作「夔毅」。《正字通》：「⿱畾黑，禺字之譌。舊本引王延壽《夢賦》『批⿱畾黑毅』，註：『⿱畾黑，一作狒。本作⿱罒禺，音費。』《目部》『⿱罒異』引《夢賦》與此同，不知『⿱罒禺』、『⿱罒異』、『⿱畾黑』皆譌文也。互見《内部》『禺』註。」又「狒，同『禺』。本作⿰禺鬲，省作狒。」其說是也，本字作⿰禺鬲，異體字作狒。《說文》：「⿰禺鬲，周成王時州靡國獻⿰禺鬲，人身，反踵，自笑，笑即上脣掩其目，食人，北方謂之土螻。《爾疋》

〔註 309〕王念孫《廣雅疏證》，第 722 頁。

〔註 310〕沈欽韓《後漢書疏證》卷 7，上海古籍出版社 2006 年版，第 137～138 頁。所引《魏志》注見《魏志》卷 9《諸夏侯曹傳》裴松之注引《魏略》。《御覽》卷 23 引《風俗通》：「厲鬼字野重游光。」沈氏誤記卷號，又有脫文。「野重、游光」即《東京賦》之「野仲、游光」。

云：『鸜鸜，如人被髮，一名梟羊。』」今本《爾雅》作「狒狒，如人被髮迅走，食人。」《集韻》：「鸜，《說文》云云。或作狒、𢱁、鸜、罼、鸜。」「𢱁」、「鸜」、「罼」皆「鸜」之形譌字。《御覽》卷 908 引《說文》作「𢱁」。《文選‧吳都賦》：「𢱁𢱁笑而被格。」《御覽》卷 908 引同，五臣本作「鸜鸜」，《類聚》卷 61 引亦作「鸜鸜」。劉淵林註：「鸜，劉為『𢱁』。𢱁，梟羊也。」②魅虗，宋刊《類聚》引作「鬼魖」，《文選補遺》引作「魅魖」。「虗」是「魖」省文，《說文》：「魖，耗神也。」《慧琳音義》卷 75：「魃魖：上眉被反，或從未作魅。下音虛，虛耗鬼也。《異苑》曰：『虛耗鬼所至之處，令人損失財物，庫藏空竭，名為耗鬼，其形不一，怪物也。』」

（7）捎魍魎，拂諸渠

章樵注：《國語》：「木石之怪夔、蝄蜽。」

按：魍魎，字也作「罔兩」、「蝄蜽」、「蝄像」、「蝄象」、「罔閬」、「罔浪」、「罔兩」、「䰰䰱」、「望兩」等形，音轉又作「亡傷」、「無傷」、「狐祥」、「孤傷」，《莊子‧達生》：「水有罔象。」《釋文》：「罔象，如字，司馬本作『無傷』。」睡虎地秦簡《日書》甲種《詰咎》：「人恒亡赤子，是水亡傷取之。」拂，宋刊《類聚》引作「荊」（四庫本仍作「拂」）。「荊」是「刜」形誤。諸渠，《類聚》、《酉陽雜俎》、《文選補遺》引同，疊韻連語，疑「蛆蝶」、「蝶蜉」轉語。《方言》卷 11：「馬蚿，北燕謂之蛆蝶，其大者謂之馬蚰。」《廣雅》：「蛆蝶、馬蜒，馬蚿也。」指百足蟲。P.2011 王仁昫《刊謬補缺切韻》：「蝶，蝶[圖]（蜉），蜉蚑。」「蜉蚑」又名「蝶蠜」、「渠略」，也作「渠蟟」、「蟲蟟」，不名「蝶蜉」，當是誤記。

（8）撞縱目，打三顱

按：顱，《類聚》引作「頭」。打，《說文》作「杕」。

（9）撲苕蕘，抶夔魖

章樵注：苕蕘，一作「魁夏」。《玉篇》：「魖，剝輕為害之鬼。」夔魖，《東京賦》作「夔魖」。抶，丑乙反。

按：注「魁夏」，宋九卷本、廿一卷本作「魁昊」。章樵注引《玉篇》「魖，剝輕為害之鬼」，則無以說「苕」字，「魁」字字書未收。苕蕘，疊韻連語，高貌。《唐故處士張君墓誌銘》：「苕蕘壟首，邐遊山足。」字亦作「岧嶤」，

《文選·河陽縣作》：「洪流何浩蕩，脩芒鬱岧嶢。」一本作「岹嶢」。張銑注：「岧嶢，高也。」《集韻》：「岹，岹嶢，山高兒，或書作岹。」音轉則作「焦嶢」、「嶕嶢」等形。此賦「岹嶤」指高大之鬼。抶，明本誤作「扶」，《類聚》引誤同。魓，《類聚》引作「魑」（明刊本作「曜」，四庫本作「魖」），《酉陽雜俎》引作「瞿」。「魑」字字書未收，當是「魖」改易聲符的俗字，「瞿」是省借字，「曜」、「魖」又「魑」形譌。《東京賦》作「夔魖」，楊雄《甘泉賦》同，是正字。

（10）搏睍睕，蹴睢盱

章樵注：睢盱，音徂吁。

錢熙祚曰：睍睕，《類聚》作「睥睍」。

按：注「徂」，宋廿一卷本、四庫本作「狙」。搏，宋九卷本注：「一作暉。」睍睕，各本同，《類聚》作「睥睍」是也。「睕」是「睍」形譌，又涉《詩·凱風》「睍睆黃鳥」之連語「睍睆」，因誤作「睍睕」也，四庫本《類聚》誤同。《文選補遺》引作「睥睕」，則下字誤。章樵注「睢盱，音狙吁」，則是誤認「睢」從且作「䀢」。《文選·魯靈光殿賦》：「鴻荒樸略，厥狀睢盱。」張載注：「睢盱，質樸之形。」李善注：「《西京賦》曰：『睢盱跋扈。』《字林》曰：『睢，仰目也。盱，張目也。』」又《劇秦美新》：「權輿天地未袪，睢睢盱盱。」李善注：「睢，許惟切。盱，音吁。」

（11）剖列靋，掣羯辥

按：列靋，當是「列缺」音轉，猶言裂缺，本指閃電，此指目光如電之鬼。黃香《九宮賦》：「抶礔礰而撲雷公。」「礔礰」、「雷公」指雷神，是其類也。《漢書·揚雄傳》《羽獵賦》：「霹歷列缺，吐火施鞭。」應劭曰：「霹歷，雷也。列缺，天際電照也。」辥，宋九卷本、明本形譌作「辪」。「羯辥」同「揭蘖」，疊韻連語，高大貌，參見本書卷4楊雄《蜀都賦》校補。此指高大之鬼。

（12）挐儉氉，揮髶鬙

章樵注：儉，崢。氉，獰。多鬍而禿髮。鬙，許鐺反。自「游光」而下至「髶鬙」，皆鬼物名。

按：儉氉，《酉陽雜俎》引作「儉獰（一本作『寧』）」，《秋林伐山》卷

12 引作「傖儜」。《新唐書·劉禹錫傳》：「每祠，歌竹枝，鼓吹裴回，其聲傖儜。」傖儜、傖㑩，疊韻連語，章樵注音「崢獰」，是其轉語，P.2011 王仁昫《刊謬補缺切韻》「傖」、「𢶏」同音助庚切，《廣韻》「傖」、「崢」亦同音助庚切。《神仙傳》卷 8「鎗然作銅聲」，《太平廣記》卷 10 引「鎗然」作「鎗鎗然」。乃「嶒嶸」、「嶒嵸」、「崢嶸」、「崢嶒」、「崢嵸」音轉，山高貌。草高則亂，故草亂曰「葦薆」、「葦葽」，《說文》：「葦，葦薆皃。」又「薆，艸亂也。杜林說：艸葦薆皃。」髮亂曰「鬔鬡」、「鬔鬤」，《玄應音義》卷 21 引《古今正字》及《文字典說》：「鬔鬡，髮亂皃也。」P.2011 王仁昫《刊謬補缺切韻》：「鬔，鬔鬤，髮亂。」《集韻》：「鬡、鬤，尼庚切，鬔鬡，髮亂貌，或從襄。」聲轉曰「傖儜」，其義一也。音轉又作「傖囊」、「戕囊」、「搶攘」〔註311〕，《慧琳音義》卷 6、13、29、54、85：「囊音儜。」《集韻》「㑩」、「攘」同音尼庚切。猙獰，面醜惡貌也，亦取亂義。又轉作「生寧」、「生獰」、「狌獰」，S.328《伍子胥變文》：「鐵綺（騎）磊落已（以）爭奔，勇夫生寧而競透。」章樵解「鬡」為禿髮，則是讀為髡，字亦作鬋、楬、頢、髺、𩭿，本字為髺。合成疊韻連語則曰「鬊鬊」或「鬊鬊」。

（13）於是手足俱中，捷獵摧拉，澎濞跌抎

章樵注：拉，人合反，折也。澎，音彭。濞，音淠。群隊奔迸，如水潰流。跌，徒結反。抎，虞厥反。顛仆不安也。

按：注「潰流」，宋廿一卷本、四庫本「流」作「決」。俱，明本形誤作「佀」。①捷獵，疊韻連語。《文選·洞簫賦》：「鄰菌繚糾，羅鱗捷獵。」李善注：「捷獵，參差也。」《文選·魯靈光殿賦》：「捷獵鱗集。」李善注：「捷獵，相接貌。」呂向注：「捷獵，次比貌。」字亦作「緁獵」，《漢書·楊雄傳》《羽獵賦》：「鴻絧緁獵。」顏師古注：「緁獵，相差次也。」《文選》李善注：「緁獵，相次貌也。」又音轉作「狔獵」〔註312〕，《文選·西京賦》：「披紅葩之狔獵兮。」薛綜注：「狔獵，重接皃。」又《南都賦》：「琢琱狔獵。」李善注：「狔獵，飾之皃。」②抎，明本、龍谿本、墨海本同，宋九卷本作「抎」，宋廿一卷本作「抎」，四庫本作「抎」。章樵讀虞厥反，則所見本是「抎」字，故解「跌抎」為「顛仆不安也」。《玉篇》：「抎，虞厥、午骨二切。《詩》曰：

〔註311〕參見段玉裁《說文解字注》，上海古籍出版社 1981 年版，第 62 頁。
〔註312〕參見胡紹煐《文選箋證》卷 4，黃山書社 2007 年版，第 125 頁。

『天之抏我。』抏，動也。」此章讀所本。虞厥、午骨二切，一聲之轉。抏，搖動不安義，字亦作阢、杌、刖、捐。《廣韻》「抏」、「捐」並讀魚厥切，與「虞厥反」同音。

（14）揩倒批，笞強梁

按：「倒批」、「強梁」皆鬼物名。「強梁」亦作「強（彊）良」、「強踉」、「彊倞」，強健之貌。「倒批」名義不詳。

（15）捶捋劂，挨撩予，總撠點，拖頟黷，抨撜軋

章樵注：頟，一作「頬」。挨，子寸反，猶擠也。撩，音僚。撠，亡結反。頟，五怪反。黷，五拜反。鬼之桀點頑惡者，從而持捉之。撜，即「振」字。抨、軋，皆擊打之稱。

按：①注「振」，宋廿一卷本作「拯」。「振」是「振」形誤，「撜」既是「拯」異體字，也是「振」（除庚切）的異體字。總，宋九卷本、廿一卷本、明本作「揔」，龍谿本、四庫本作「摠」，皆「總」俗字。拖，宋廿一卷本同，九卷本、明本、四庫本作「施」。頟，龍谿本作「頬」，《文選補遺》作「頼」。撜軋，明本作「橙軋」，「軋」是「軋」形誤。四庫本脫「撜」字。②「捋劂」月部疊韻連語，疑「頦頡」、「頒頡」轉語。《說文》：「頡，短面也，從頁，昏聲。」又「婚，面醜也，從女，昏聲。」《集韻》引「婚」作「姞」。《集韻》：「頡，小頭兒，一曰短面。」又考《方言》卷 13：「𤷒，短也。」郭璞注：「蹴𤷒，短小貌也。」《說文》：「窶，短面也。」P.2011 王仁昫《刊謬補缺切韻》、《玉篇》並云：「𡢾，短面貌。」《集韻》：「窶，《說文》：『短面也。』或作頣。」又「頯，頭短。」又：「頯，首短謂之頯。」窶、頯、𡢾、頣、頡、婚、姞並一字異體，指面短，聲轉則作頦、頒、蹴（厥）〔註313〕，《說文》：「圬，卑垣也。」謂短牆，義亦相近。《玉篇》：「厥，短也。」〔註314〕複言則曰「頦頡」、「頒頡」、「蹴𤷒」，《集韻》：「頦，頦頡，面醜。」又「頒，頒頡，小頭，一曰面短兒。」P.2011 王仁昫《刊謬補缺切韻》：「頒，丑刮反，

〔註313〕《方言》卷 2：「𤷒，獪也，秦晉之間曰獪，楚謂之劋，或曰𤷒，楚鄭曰蔿，或曰姞。」《說文》：「𡛷，讀若厥。」此「𤷒」、「姞」音轉之證。

〔註314〕「厥」聲字訓短，參見蕭旭《朝鮮本〈龍龕手鑑〉「𦜫」字疏證》，收入《佛經音義研究——第三屆佛經音義研究國際學術研討會論文集》，上海辭書出版社 2015 年版，第 94～97 頁。

頷頰，強可兒。頰，下刮反，短兒。」蔣斧印本《唐韻殘卷》「短」下有「面」字，餘同。③撌黠，明本、四庫本作「機黠」，是「撌揳」、「機楔」、「儌楔」轉語，音轉又「撌搰」、「蔑屑」、「箋屑」、「滅屑」、「溗溗」〔註315〕。P.2011 王仁昫《刊謬補缺切韻》：「揳，撌揳，不正方。」《玉篇》、《廣韻》：「撌，撌揳，不方正也。」木不方正曰機楔，作事不方正曰撌揳，人不方正曰儌楔，鬼不方正曰撌黠，其義一也。章樵解作「桀黠」，非是。④「頟」是「額」俗譌字。「頟牘」當作「頹牘」，猶言不振作。「頹」是「積」俗譌字，「牘」是「隤」異體字。⑤「撩予」、「撜軋」不詳。

（16）變形瞪眄，顧望猶豫

章樵注：瞪，普耕反，怒目直視也。

按：「眄」當作「眅」，《說文》：「眅，恨視也。」《韓子・外儲說右下》：「趙王遊於圃中，左右以菟與虎而輟觀之，眅然環其眼。」舊注：「環轉其眼以作怒也。」《御覽》卷907引「眅」作「眄」，《事類賦注》卷23引作「眄」，字當據《御覽》作「眅」為是，瞪眼怒視也。

（17）吾於是更奮奇譎脈，捧獲嘖，扼撓峴，撻呷嗄，批擋嘖

章樵注：扼，一作「振」。撓，呼毛反，攪也。擋，音獲，本作「嘖」。嘖，音責。其不去者又從而捉獲批撻，加以叱咤。

按：一本作「振」，是「扼」形譌。脈，宋九卷本、廿一卷本、明本、四庫本作「脈」，同。①《酉陽雜俎》引此賦鬼名「摘脈」。此當「奇譎」連文，秦漢成語。《漢書・朱博傳》：「所到輒出奇譎如此。」「奮奇譎」即「出奇譎」也。「脈」疑「譎」字脫誤而衍，《文選補遺》正無此字。②獲，《文選補遺》作「攫」，注：「黃路切，又乙獲切，布攫也。」「捧」當作「棒」，俗「棓」字，作動詞用，擊打也。「獲嘖」名義不詳。③撓峴，《酉陽雜俎》卷14引「堯峴寺」，注：「一曰堯峴等。」《文選補遺》作「峣屼」，注：「屼，魚結切。」「峴」當作「屼」，同「屼」，形之譌也。本書卷4 楊雄《蜀都賦》「諸徼嵑峴」，宋廿一卷本「峴」誤作「峴」，是其例。峣屼，也作「嶢峴」，雙聲連語，高貌。《文選・魯靈光殿賦》：「浮柱岌嶪以星懸，漂嶢峴而枝拄。」李善注：「嶢峴，不安之兒。」高則不安也。《類聚》卷79晉楊該《三公山下神祠賦》：

〔註315〕 參見蕭旭《「抹殺」考》，收入《群書校補（續）》，花木蘭文化出版社2014年版，第2460～2461頁。

「高岸為谷，嶢峴阻虺。」章樵注「撓，攪也」，非是。④咿嚘，也作「伊優」，狀聲之辭。《漢書·東方朔傳》：「伊優亞者，辭未定也。」《後漢書·趙壹傳》《嫉邪賦》：「伊優北堂上，抗髒倚門邊。」倒言作「嚘咿」，《潛夫論·賢難》：「豕俛仰嚘咿。」⑤章樵注：「撻，音獲，本作嚆。嘖，音責。」伏俊璉曰：「撻嘖，即『嚆嘖』、『嚘喈』。本書卷7蔡邕《短人賦》：『嘖嘖怒語，與人相拒。』《蔡中郎集》『嘖嘖』作『嚆嘖』。」《初學記》卷19、《錦繡萬花谷》續集卷5引蔡賦作「嚆嘖」，是「嚆嘖」形譌。《玉篇》：「嚆，嚆嘖，叫呼。咭，同上。」《廣韻》：「嚆，嚆嘖，叫也。」又「嘖，嚆嘖，叫也。」字亦作「嚘嘖」，《廣韻》：「嚘，嚘嘖，大喚。」字亦作「嚘咋」，晉傅玄《猿猴賦》：「或長眠而抱勒，或嚘咋而齗斷。」字亦作「咭咋」、「陌咋」，《玄應音義》卷19：「咋，咭咋也。」《慧琳音義》卷56作「陌咋」。倒言則作「咋咭」，裴務齊《正字本刊謬補缺切韻》：「嚘，嚘咋。又作『咋咭』。」又作「齰獲」，《文選·風賦》：「咭齰嗽獲。」李善注：「《說文》曰：『齰，齧也。』《聲類》曰：『嚘，大喚也。』『獲』與『嚘』古字通。」李氏引《說文》「齰，齧也」非是，後說則得之。「齰獲」即「咭嚘」〔註316〕。「嚆嘖」是同義連文，《說文》：「嘖，大呼也。」破物聲曰劃、撻、繣、砉（從石圭聲，與「畫」聲本平、入相轉，俗譌作砉，亦作騞、割），水聲曰湱，裂帛聲曰幗，其義一也。⑥「獲嘖」不詳，疑當作「獲嘖」，亦即「嚆嘖」。

（18）於是三三四四，相隨俍傍而歷僻

章樵注：俍，音浪。俍傍，行不正貌。僻，音闢。歷僻，猶辟易也。

按：俍傍，《類聚》引作「跟蹐」，同；《文選補遺》作「佷傍」，注：「佷，戶懇切，戾也，本作很。」皆誤。字亦作「跟傍」、「狼蹐」、「狼傍」、「狼傍」，音轉亦作「俍倀」、「跟躃」、「跟蹌」〔註317〕。《類聚》卷7晉潘尼《惡道賦》：「馬則頓躓狼傍，虺頹玄黃；牛則體疲力竭，損食喪膚。」

（19）礧礧磕磕，拚齊亥布

章樵注：拚齊亥，一作「精氣充」。拚，慈昔反。亥，讀作駭。

〔註316〕 參見朱駿聲《說文通訓定聲》，武漢市古籍書店1983年版，第458頁。又參見胡紹煐《文選箋證》卷15引張雲璈說，黃山書社2007年版，第385頁。
〔註317〕 參見蕭旭《「狼抗」轉語記》，收入《群書校補（續）》，花木蘭文化出版社2014年版，第2324～2325頁。

按：礧礧磕磕，《類聚》引作「隆隆磕磕」，音轉通用。「礧礧磕磕」是「硠硠磕磕」轉語，司馬相如《子虛賦》：「礧石相擊，硠硠磕磕。」《玉篇殘卷》：「磕，《說文》：『石聲也。』一曰硠磕。」揯，宋九卷本、廿一卷本作「揯」。下句當從一本作「精氣充布」，《類聚》、《文選補遺》引同。

（20）訇訇譻譻，鬼驚魅怖

章樵注：譻譻，一作「譻譻」。

錢熙祚曰：訇訇，九卷本作「訇訇」。《類聚》引此句作「輷輷㗛㗛」。

按：注「譻譻」，宋九卷本作『譻譻』，廿一卷本、龍谿本、四庫本作「譻譻」。訇訇，宋廿一卷本作「訇訇」，廿一卷本有注音「山」。《文選補遺》作「輷輷摎摎」，注：「輷，呼萌切，車聲。摎，力周切，居由切，絞也。」「訇」、「訇」皆「訇」形訛。「訇訇」同「輷輷」。《搜神記》卷14：「東郡民家有怪，無故甕器自發，訇訇作聲，若有人擊盤案。」《搜神後記》卷9：「物遂跳踉，訇訇作聲。」也作「磤磤」、「湕湕」、「銦銦」、「轟轟」。《玉篇》：「湕，水浪湕湕聲。」又「颮，風聲。」大聲曰訇，風聲曰颮，水聲曰湕，金屬聲曰銦，石聲曰磤，車聲曰輷、轟，其義一也。「譻譻」誤，一本作「譻譻」。「譻」字字書未載。《類聚》引作「㗛㗛」者，當是「嘐嘐」借字，亦作「膠膠」。《詩·風雨》：「風雨瀟瀟，雞鳴膠膠。」《玉篇》云「嘐，雞鳴也」，則是以「膠膠」作「嘐嘐」。《集韻》：「嘐，嘐嘐，聲也。」當指大聲。「譻」當作「㗛」，與「㗛」同音。「譻」是「㗛」改易義符的俗謞字。P.2011王仁昫《刊謬補缺切韻》：「㗛，下巧反，動聲。」P.3693《箋注本切韻》：「㗛，動水聲，下巧反。」複言則曰「㗛㗛」，《外臺秘要方》卷20引《古今錄驗》：「水瘕病，心下如數升油囊㗛㗛作聲。」音轉作「㗛摎」，《文選·吳都賦》：「儵矗㗛摎，交貿相競。」李善注：「㗛摎，眾相交錯之貌。」當指錯雜之聲。亦作「㗛膠」，《集韻》：「膠，㗛膠，雜亂皃。」

（21）或盤跚而欲走，或拘攣而不能步

按：《文選補遺》注：「盤跚，先安切，蹣跚也。」也作「蹣跚」、「媻姍」、「便姍」、「媻珊」、「盤姍」、「槃散」、「盤散」等形。

（22）或中瘡而宛轉，或捧痛而號呼

按：《類聚》引「瘡」作「創」，「宛」作「婉」。捧，《文選補遺》作「棒」。

（23）奄霧消而光散，寂不知其何故

　　按：散，《類聚》引誤作「蔽」。

（24）耳唧嘈而外即，忽屈申而覺寤

　　錢熙祚曰：「即」當作「朗」，九卷本尚不誤。

　　按：即，宋九卷本、廿一卷本作「朖」，龍谿本作「朗」，《類聚》引作「朖」（明刊本作「朗」，四庫本作「即」），《文選補遺》作「朗」。「朖」是「朗」俗字。

（25）鬼聞之以迸失，心慴怖而皆驚

　　章樵注：失，讀作佚，走也。

　　按：失，宋九卷本作「走」，《文選補遺》同。

（26）晉文鹽腦國以竟兮

　　章樵注：竟，一作「競」。

　　按：注「競」，宋九卷本、廿一卷本作「競」。竟，宋廿一卷本同，宋九卷本作「竟」，《類聚》引作「競」。「竟」乃「競」俗字。《爾雅》：「競，彊也。」競、彊一聲之轉。

王延壽《王孫賦》校補

　　《類聚》卷 95、《初學記》卷 29、《御覽》卷 910、《事文類聚》後集卷 37、《合璧事類備要》別集卷 79、《文選補遺》卷 32 引此文。

（1）眼睚瞴以眈岬，視職睫以映睳

　　章樵注：眈岬，一作「眈盻」。睚，音崖。瞴，五流反。眈，許律反。皆眸子不正貌。職，音戠。睫，側夾反。映，呼悅反。睳，呼迷反。顧盼不定。

　　按：①眼，《事文類聚》引誤作「眠」。睚瞴，《類聚》、《初學記》、《御覽》引同，《初學記》注：「睚，崖。瞴，五流反。」此章樵注所本。《御覽》注：「睚，五皆切。瞴，五構切。」《文選補遺》作「眐瞴」，上字有注：「真日切，視也。」「瞴」字字書未收。睚瞴，雙聲連語，目不正貌。「睚瞴」是「呪齵」轉語，呪古音讀崖〔註318〕。《淮南子·要略篇》：「《氾論》者，所以箴縷綿絡

　　────────────────────
　　〔註318〕參見蕭旭《「嬰兒」語源考》，收入《群書校補（續）》，花木蘭文化出版社 2014

之間，攡挶呢齲之郤也。」許慎注：「呢齲，錯梧（牾）也。」音轉又作「鉏
鋙」、「鉏吾」、「齟齬」、「鉏齬」等形。倒言音轉則作「隅差」、「偶睼」、「齲差」，
《荀子・君道》：「天下之變，境內之事，有弛易齲差者矣。」《淮南子・本經
篇》：「衣無隅差之削。」又《原道篇》：「偶睼智故。」皆不正貌〔註319〕。②
昈，宋九卷本作「耽」（注：「一作『眈眇』。」），宋廿一卷本作「肮」（注：「許
聿反。」），《御覽》引作「昈」（注：「音血。」），宋刊《類聚》、《事文類聚》
引作「肮」（四庫本《類聚》作「眩」），《事類備要》引作「肮」，《初學記》引
作「眩」（注：「乎昒反。」），《文選補遺》引作「眈」（注：「當含切。《說文》
曰：『視近而志也。』」）。《玉篇》：「昈，許決、許聿二切，直視也。」此章樵
注所本。作「昈」是，其餘字形皆形譌。字亦作矆，《文選・魯靈光殿賦》李
善注：「《聲類》曰：『矆。驚視也。』『昈』與『矆』同，呼穴切。」邮音辛律
切，亦驚視義。「昈邮」疊韻連語。③職睫，《類聚》、《初學記》引同（《初學
記》注音：「職，戢。」），《御覽》引作「職睫」（注：「職，音戢。睫，側夾切。」），
《事文類聚》作「職腱」，《事類備要》引作「職睫」。《文選補遺》注：「職，
莊力切，目出淚也。」「職」、「職」是「職」形譌，字亦省作睊。《廣韻》：「睊，
眨睊。」《集韻》：「睊，目動也。」《類篇》：「職、睊：即入切，目動也。」職
睫，眨動眼睫。④映睦，古香齋本《初學記》引同（注：「映，乎悅反。睦，
乎迷反。」此章樵注所本），宋刊《初學記》作「映睦」（注：「睦，呼迷反」），
《御覽》引作「睊睦」（注：「睊，乎悅切。」），《文選補遺》注：「映，居穴切。
睦，呼圭切，瘦貌。」「睦」是「睦」形譌，當是「睦」異體字，亦「映」之
音轉。《說文》：「映，涓目也。」《繫傳》作「映，睊也」，《玉篇》、《類篇》引
作「映，睊目也」。「涓」是「睊」借字。《說文》：「睊，視貌。」《集韻》：「睊，
側視貌。」《孟子・梁惠王下》：「睊睊胥讒。」趙岐注：「睊睊側目相視，更相
讒惡。」「映睦」是見母雙聲連語，斜視貌。⑤注「顧盼」，宋廿一卷本作「顧
盼」，當作「顧昈」為正。

（2）突高匡而曲頯，睘睨歷而隓離

章樵注：睘，一作「儇」。頯，音遏，額也。睘，方辨反，閉目也。睨，

年版，第 2065～2084 頁。舉證極多。
〔註319〕參見蕭旭《「齟齬」考》，收入《群書校補（續）》，花木蘭文化出版社 2014 年
版，第 2383～2396 頁。

呼歷反。瞑歷，驚視狀。瞁，許緣反，輕疾也。

　　按：①《初學記》注：「突，烏決反。」《御覽》引「突」作「宎」，注「烏決切」。其字音烏決反，則當從夬作「𥥪」，「突」是「宎」形譌。《說文》：「𥥪，一曰突也。」桂馥曰：「『突』當為『宎』。本書『宎，穿也。』《廣雅》：『𥥪，穿也。』」〔註320〕蔣斧印本《唐韻殘卷》：「突，陰暗處，俗作宎。」此皆其相譌之例。宎，讀為肑。《說文》：「肑，孔也。」《廣雅》：「宎，空也。」《玉篇》：「宎，空也，或為肑。」「空」即「孔」。「宎」訓孔洞，指眼孔。②匡，宋刊《初學記》、《御覽》引同，古香齋本《初學記》、《事文類聚》、《事類備要》引誤作「目」。③頞，宋刊《初學記》、《御覽》引同，古香齋本《初學記》作「額」。《文選補遺》注：「頞，烏葛切，鼻莖也。《孟子》：『蹙頞相告。』」「額」是「頞」形譌，指鼻莖。章樵注「頞，額也」，非是。曲頞，鼻莖彎曲，伏俊璉指出與「折頞」義同。劉思真《醜婦賦》「折頞𡽪樓鼻」，頞顯然指鼻莖。《後漢書·周燮傳》：「燮生而欽頤折頞，醜狀駭人。」李賢注：「《說文》曰：『頞，鼻莖也。』折亦曲也。」《文選·解嘲》劉良注：「折頞，謂無鼻莖隴也。」《釋名》：「頞，鞍也，偃折如鞍也。」④瞑，宋九卷本作「嬰」，注：「一作瞑，呼歷切。」宋廿一卷本作「眼」。「眼」即「嬰」變體，同「瞑」。《事文類聚》、《事類備要》引作「瞑」（《備要》注：「呼久反。」），宋刊《初學記》、《御覽》引誤作「瞑」（古香齋本《初學記》誤作「瞙」，注：「乎久反。」）。《文選補遺》注：「瞁，玄辨切，小兒初生蔽目也。瞑，舒仁切，引目也。」瞑歷，疊韻連語，驚視的樣子。𥊍離，同「墮離」，目光散亂的樣子。章樵注：「瞁，許緣反，輕疾也。」按「瞁」當作「儇」。「瞁」字上文有注，不應重出。胡文英曰：「瞑，音血。瞁，音環，轉視貌。瞑歷，視速貌。𥊍離，盲失貌。言其轉視甚速，宜乎能審，今乃𥊍離如此，故可醜也。吳諺謂眼光俊速者曰瞑歷尖。」〔註321〕《玉篇》：「瞑，驚視也。」今靖江言「眼睛瞑溜溜尖」。

（3）鼻鮭齁以齁齁，耳聿役以嘀知

　　章樵注：鮭，音封。齁，音吸。齁，許夾反。皆鼻息聲。嘀，一作「適」，並音適。

〔註320〕桂馥《說文解字義證》卷46，齊魯書社1987年版，第1249頁。

〔註321〕胡文英《吳下方言考》卷12，收入《續修四庫全書》第195冊，上海古籍出版社2002年版，第108頁。

按：①欼，《類聚》、《初學記》、《御覽》引同，《文選補遺》作「欬」，注：「齁，火候切，鼻息也。齁齝，亦鼻息也。」「欬」是「欼」形譌。「鼃」、「皺」字字書未收。章樵注：「鼃，音刲。」其字注音，《初學記》、《事文類聚》、《事類備要》作「許解反」，《御覽》作「許解切」。「鼃」疑是「齝」改易聲符的異體字。P.2011王仁昫《刊謬補缺切韻》：「齝，烏夬反，喘息聲。」《玉篇》：「齝，烏快切，喘息也。」「皺」當是「齝」改易聲符的異體字，亦即「欼」字。其聲既轉，因又複合成雙音詞「皺欼」〔註322〕。P.2011王仁昫《刊謬補缺切韻》：「齁，呼侯反，齁齝，鼻息。」又「齝，呼洽反，齝齁，鼻息。」蔣斧印本《唐韻殘卷》：「齝，齝齁，鼻息。」「齝」即「欼」異體字。《玉篇》：「齁，欼齁。」又「欼，欼齁，鼻息也。齝，同上。」胡文英曰：「鼃，鼻入息聲。齁，鼻出息聲。皺欼，欲泣聲。吳諺謂小兒詐泣曰皺欼。」〔註323〕「皺欼」亦是鼻息聲，故用以形容欲泣。②伏俊璉曰：「聿役，雙聲連綿詞，蠕動的樣子。卞彬《蝦蟆賦》：『蝌蚪唯唯，群浮暗水。維朝繼夕，聿役如鬼。』」字亦也作「筆役」，景宋本《御覽》卷949引《蝦蟆賦》作「筆役」。③嘀，《類聚》、宋刊《初學記》引作「適」（宋刊《初學記》注音「商」，古香齋本注音「睛」），《初學記》、《御覽》引作「睛」，《事文類聚》、《事類備要》引作「謫」。宋廿一卷本注音作「音摘」。《文選補遺》注：「嘀，音謫，卒聲。」「嘀」字字書未收，字當作睛。《御覽》引作「睛」，是「睛」形譌。《玉篇》：「睛，澤（睪）眼。」《集韻》：「睛，睛睪，目明皃。」此賦指耳明，本字作旳（的），《說文》：「旳，明也。」嘀知，猶言明知、明白。

（4）口嗛呻以齜齵，脣皺噆以皴盷

章樵注：嗛，呼忝反。呻，之冉反。咀嚼狀。齜，側咸反。齵，七（士）角反。有齒無牙狀。皺，蜜沙反。噆，而攝反。閉口貌。皴，疋卑反。盷，如卑反。開口貌。

按：①呻，《御覽》引同，《初學記》引作「呷」，《文選補遺》作「冊」（注：「蘇合切，音變也。」）。「呻」字異體字作「呷」，因形近而譌作「冊」。「嗛呻」是「呻呻」音轉，《玉篇》：「呻，呻呻，嗛皃。」《集韻》：「呷，呷呷，自安皃，

───────────────

〔註322〕章太炎《國故論衡》上卷《小學略說·一字重音說》發其例。另參見蕭旭《音轉複合詞舉證》。
〔註323〕胡文英《吳下方言考》卷12，第103頁。

一曰噍㒟。」《荀子・榮辱》：「亦呻吟而噍。」②齘齺，《類聚》、《初學記》、《御覽》引同，宋九卷本作「齡齷」，注：「齡，一作齺。」《文選補遺》亦作「齡齷」。「齡」字字書未收，章樵注「側咸反」，《事文類聚》同，《初學記》、《御覽》作「則咸切」。「齡」疑是「頗」俗字。《說文》：「頗，齭也。」又「齭，齒差也。」「差」同「蒫」，齒參差也。齷，讀為齺。《說文》：「齺，〔齘〕齺也。」〔註324〕《廣韻》：「齺，齺齺，齒偏。」又「齺，齺齺。」齘齺，牙齒參差不正貌。③粜㗱，宋九卷本、廿一卷本同，宋刊《初學記》引亦同（注：「粜，密涉反。」），宋刊《類聚》、古香齋本《初學記》引作「敊」（《初學記》注：「敊，制俠反。」四庫本《類聚》仍作「粜」），《御覽》、《文選補遺》引作「㱿」（《御覽》注：「㱿，蜚涉切。」），《事文類聚》、《事類備要》引作「㚒」（同注：「制狹反」）。㗱，宋刊《初學記》、《事類備要》引誤作「唶」（同注：「而儡反。」古香齋本《初學記》作「嚼」，注：「而躡切。」）。《文選補遺》注：「㗱，先立切，忍寒聲也。」宋廿一卷本注音作「㗱，而儡反」。「粜」字字書未收，章樵注「蜜沙反」，宋廿一卷本作「蜜涉反」，四庫本作「密波反」。當從宋本作「蜜涉反」，與宋刊《初學記》注音「密涉反」相合。粜㗱，疊韻連語。「粜」疑「雜」俗字，與「枼」聲字音轉，故《御覽》引作「㱿」；與「夾」聲字亦音轉，故又或引作「㚒」。「粜㗱」疑「磼磼」轉語，倒言作「磼磼」。《玉篇殘卷》引《廣雅》：「磼，磼磼，破物聲也。」（今本《廣雅》無此語）蔣斧印本《唐韻殘卷》：「磼，磼磼。」《集韻》：「磼，磼磼，破物聲。」章樵注：「粜㗱，閉口貌。」胡文英曰：「粜㗱，音麻闒，㗱亦音習。粜㗱，粜木辛痛也。吳中謂胥粜木曰粜㗱㗱。」〔註325〕皆不知所據。④㖊睨，龍谿本同；宋九卷本作「㖊睨」，宋廿一卷本作「㖊睨」，明本作「㖊睨」，則下字從「兒」（下文「㖊」作「㖊」，是其比），當隸作「睨」；宋刊《初學記》引作「㖊睨」（注：「㖊，疋卑反。睨，如卑反。」），古香齋本《初學記》引作「㖊睨」（注：「㖊，疋卑反。睨，妍卑反。」），《事文類聚》、《事類備要》引作「㖊睨」（同注：「㖊，疋卑反。睨，妍卑反。」），宋刊《類聚》引作「形睨」（四庫本《類聚》作「㖊睨」），《御覽》引作「㖊囗」（注：「㖊，疋里切。」脫下字。）「㖊睨」或「㖊睨」字書亦未收。以音求之，字當作「㖊睨」，疊韻連語。「㖊」從幵得聲，《龍龕手鏡》：「㖊，

〔註324〕當連篆讀，故據段玉裁說補一「齘」字。
〔註325〕胡文英《吳下方言考》卷十一，收入《續修四庫全書》第195冊，上海古籍出版社2002年版，第97頁。

俗。貋，或作。披，今。普皮反。披張開散也。」此別一字。「覝」則幵、見皆聲符，是雙聲符字。「帔」、「覝」乃一字音轉，「研」或作「硯」，「呀」或作「呹」，「秎」或作「稅」，「訮」或作「詉」，「呀」或作「呹」，皆是其比。帔覝，疑讀為「訮訮」，直語爭持義。《說文》：「訮，諍語訮訮也。」段玉裁注：「劉祥言事，蒙遜曰：『汝聞劉裕入關，敢研研然也？』斬之。《魏書》作『姸姸』，皆『訮訮』之同音也。《匡謬正俗》所謂『殿研』者，即此。」〔註326〕所引「研研」出《晉書·沮渠蒙遜載記》。

（5）齒崖崖以䶩䶩，嚼咋㗊而嚹呭

章樵注：崖，本作「㠊」，五街反。䶩，魚蹇反。露齒貌。咋，音忍。㗊，音冉。嚹，之涉反。呭，音呭。並口動貌。

按：①崖崖，《文選補遺》作「厓厓」。注「㠊」，宋廿一卷本作「㠊」，是也。伏俊璉曰：「崖崖，同『㠊㠊』、『喍喍』，牙齒外露的樣子。《玄應音義》卷12：『喍㗊，五佳反，下助佳反，犬見齒喍喍然也。』《說文》：『䶣，齒相斷也。一曰：開口見齒之兒。讀若柴。』段玉裁注：『《管子》曰：「東郭有狗喍喍，旦暮欲齧我椵。」喍喍，露齒之兒。』《管子》作「噆噆」，段氏引文不完整且誤讀，當作「旦暮欲齧，我椵（枷）而不使也」。②䶩䶩，宋九卷本及《文選補遺》作「䶡䶡」。古香齋本《初學記》注：「䶩，獻。」（宋刊無注）《事類備要》注：「䶩，巘。」《御覽》引作一字「齡」。「䶡」、「齡」皆「䶩」形譌。方以智曰：「按《易林》『嗲嗲諤諤』，王文考『齒崖崖以䶩䶩』，嗲、䶩音義同。『研研』蓋『嗲嗲』之聲乎？」〔註327〕伏俊璉曰：「䶩䶩，通『斷斷』，露齒的樣子。王延壽《魯靈光殿賦》：『玄熊舑舕以斷斷，卻負載而蹲踞。』」③咋㗊，宋九卷本、廿一卷本同，《類聚》、《事類備要》引亦同，宋刊《初學記》引作「佳㗊」，古香齋本《初學記》、《事文類聚》引作「咋㗊」，《御覽》引作「任㗊」（注：「任，音荏。㗊，音染。」），《文選補遺》誤作「啞㗊」（注：「㗊，丑知切，笑也。」）。「佳」是「任」形譌。「㗊」是「㗊」之省，「㷍」省作「㷍」，是其比也。咋㗊，雙聲連語，字亦作「荏染」，又作「荏苒」，柔弱貌。《詩·巧言》：「荏染柔木，君子樹之。」毛傳：「荏染，柔意也。」

〔註326〕段玉裁《說文解字注》卷3，上海古籍出版社1981年版，第98頁。
〔註327〕方以智《通雅》卷9，收入《方以智全書》第1冊，上海古籍出版社1988年版，第373頁。

又《抑》：「荏染柔木，言緡之絲。」鄭玄箋：「柔忍之木荏染然。」《白氏六帖事類集》卷 30、《類聚》卷 88、《御覽》卷 952、《事類賦注》卷 24 引《詩》作「荏苒柔木」，《說文繫傳》「木」、「槈」字二條引並同。字或作「姌嫋」、「冉弱」、「苒弱」、「苒蒻」、「苒嫋」、「翀弱」、「苒若」、「冉若」等，倒言則作「諾惹」、「苒惹」，P.3906《碎金》：「相諾惹：染諾。」P.3808：「牛香苒惹，魚梵虛徐。」郭在貽曰：「惹疑讀為荏。『苒荏』即『荏苒』之倒文。」〔註 328〕本字作「槈姌」，《說文》：「槈，弱兒。姌，弱長兒。」亦即「呻呻」音轉，輕柔咀嚼之兒。④囁呪，宋九卷本作「囁兒」，宋刊《初學記》、《御覽》引同（《初學記》注：「囁，而葉反。」《御覽》注：「囁，入葉切。」）古香齋本《初學記》作「囁呪」。《文選補遺》注：「囁，之涉切，口無節，亦私罵，又而涉切。囁嚅，多言也。呪，乙佳切，呪嘔，小兒語也，亦作哇，又音兒。」注「呪」，宋廿一卷本作「兒」，是也。「囁兒」同「囁呪」，是「囁嚅」音轉，雙聲連語，謂輕薄多言。《玉篇》「嚅」字條引《埤蒼》：「囁嚅，多言也。」音轉亦作「讘吺」、「囁吺」、「呬吺」，《說文》：「吺，讘吺，多言也。」《玉篇》：「呬，呬吺，多言也。」又「吺，呬吺也。」《集韻》：「嚅，囁嚅，〔多〕言也，或作吺、哞。」倒言也作「嗯呬」、「嗰呬」、「愵怓」，《廣韻》：「嗯，嗯呬，多言。」《集韻》：「嗰、讘：嗰呬，多言，或從言。」又「愵，愵怓，輕薄兒。」

（6）儲糧食於兩頓，稍委輸於胃脾

按：頓，宋九卷本、廿一卷本、明本、龍谿本、墨海本、四庫本作「頰」，《類聚》、《初學記》、《御覽》、《事文類聚》、《事類備要》、《雞肋編》卷中、《文選補遺》引同。「頓」是「頰」形譌。稍，逐漸。

（7）蹲兔蹲而狗踞，聲歷鹿而喔咿

章樵注：蹲，具員反，蹲弱不申也。喔，音渥。咿，音伊。強顏作聲。《楚詞》：「喔咿嚅呪，以事婦人。」

按：①蹲，《御覽》引作「騰」。《文選補遺》注：「蹲，具員切，蹲跼不伸也。」注「蹲弱不申」，宋廿一卷本作「蹲跼不伸」，《文選補遺》同，是也。

〔註 328〕郭在貽《敦煌變文校勘拾遺續補》，《杭州大學學報》1983 年第 3 期，第 44 頁。

字書、韻書皆解作「蹞跼」或「蹞局」。注「音渥」，宋廿一卷本作「音握」。狗踞，宋九卷本作「猪距」（注：『猪，一作狗。』），《御覽》引作「狗猨」。②歷鹿，《初學記》、《御覽》引同，宋刊《類聚》、《事文類聚》、《事類備要》引作「歷麗」（四庫本《類聚》作「歷鹿」）。③喔咿，宋刊《初學記》引誤作「屋」，古香齋本《初學記》、《御覽》引誤作「喔咿」。《文選補遺》注：「喔，乙角切，鷄鳴也。咿，於祗切，《楚詞》：『吾將喔咿嚅唲以事婦人乎？』喔咿嚅唲，謂強笑噱也。」伏俊璉曰：「歷鹿，象聲詞。喔咿，強笑聲。又寫作『偓伊』，《抱朴子外篇·刺驕》：『徒以翕肩斂跡，偓伊側立，低眉屈膝，奉附權豪。』」也作「喔咿」，《御覽》卷 726 引《楚辭》作「喔咿」。

（8）或嗝嗝而嗀嗀，又嘀嬰其若啼

章樵注：嗝，音隔，又音客，一作「囁囁」。嗀，許角反，歐吐聲。《左傳》：「君將殼之。」嬰，一作「嗅」。嘀，音摘。嬰，音嗅。

按：①嗝嗝，宋九卷本作「囁囁」，與章注引一本同，《文選補遺》引亦同。嗀嗀，《事文類聚》、《事類備要》引作「嚇嚇」。《文選補遺》注：「此一字，《玉篇》本作此嗀字，去擊切，啖喫也。」方以智曰：「嗝嗝即喀喀。」〔註329〕伏俊璉曰：「嗝嗝，象聲詞。嗀嗀，嘔吐聲。」②嘀嬰，宋九卷本同，宋廿一卷本、四庫本作「嘀嬰」，明本作「適嬰」，龍谿本作「嘀叟」，宋刊《類聚》引作「嘀嗅」（四庫本作「嘀嬰」），宋刊《初學記》、《事文類聚》、《事類備要》引作「嘀嗅」（同注：「嘀，的。嗅，火歷反。」古香齋本《初學記》作「嘀嗅」），《御覽》引作「□嗅」（脫上字，但有注音：「□，音的。嗅，火歷切。」）《文選補遺》作「嘀的」。章樵注：「嬰，一作嗅。嘀，音摘。嬰，音嗅。」宋九卷本作「嬰，一作嗅」，廿一卷本作「嬰，一作。嘀，音謫。，音昊」，明本作「嬰，一作嗅。嘀，音摘。嬰，音」。上字音的或音摘，則字當從商作「嘀」或「嘀」，作「嘀」者形譌。「嘀」字字書未收，《集韻》：「嘀，施隻切，囑也。」下字舊音火歷切，折成今音是 xī，則決不能音嗅，「嗅」、「嗅」都是「」形譌，「」是「昊」增旁俗字。「嬰」是「奧」形譌，「奧」同「昊」。「眍」從昊得聲，故俗讀音昊。《玄應音義》卷 13：「眍咤：《通俗文》：『驚視曰眍。』經文〔作〕昊，呼赤反，《說文》：『昊視也。』」《慧琳音義》卷 57 轉錄作：「奧

〔註329〕方以智《通雅》卷 10，收入《方以智全書》第 1 冊，上海古籍出版社 1988 年版，第 390 頁。

吷：《通俗文》：『驚視曰臭。』經文作臭，呼赤反，《說文》：『犬視也。』」「臭」當是「臭」形譌，今本《說文》正作「臭，犬視兒」。是「臭」、「臭」、「眼」三字同。《廣韻》「臭」、「瞙」讀呼臭切，與火歷切相轉。此賦二字當作「嘀臭（瞙）」，嘀音的，都歷切，二字疊韻連語，是「滴瀝」轉語，眼淚稀疏均匀下流貌。《說文》：「瀝，一曰水下滴瀝。」《慧琳音義》卷 20 引顧野王曰：「滴，滴瀝也。」又卷 34 引《蒼頡篇》：「瀝，水下滴瀝也。」王延壽《魯靈光殿賦》：「動滴瀝以成響。」字也作「適歷」，《周禮·地官·遂師》：「及窆，抱磨（磨）。」鄭玄注：「磨（磨）者，適歷，執綍者名也。」孔疏：「謂之適歷者，分佈稀疏，得所名為適歷也。」《春秋·昭公三十一年》：「季孫意如會晉荀躒于適歷。」杜預注：「適歷，晉地。」地名適歷，亦取分佈稀疏均匀為義。《正字通》：「瞙，舊註：『王文考《王孫賦》：「嘀瞙其若啼。」註：「瞙，一作嗅。」』按王賦怪字皆臆造，後人轉寫多譌，刪可也。《六書統》：『瞙，引目也，舒仁切。』王賦『瞙』誤作『瞙』。」所謂舊註云云，乃《字彙》說，《字彙》誤認作「瞙」字，《正字通》承其誤。龍谿本作「瞙」，又承《正字通》之誤。啼，《事類備要》引誤作「蹄」。

（9）姿僭僷而抵贛，豁肝閾以瑣醯

章樵注：抵，一作「揔」。僷，呼店反。贛，音貢。閾，許激反。醯，呼啼反，酸醋也。顧視不常，忽若吸酸，瓚瑣眉目。

按：①僭僷，疊韻連語，疑「髻鬤」轉語，頭髮稀薄兒。《玉篇》：「髻，髻鬤，鬢髮疏薄兒。」《集韻》：「髻，髻鬤，髮疏。」②抵贛，宋刊《初學記》引作「揔貢」，古香齋本《初學記》引作「揔贛」，《御覽》引作「揔贛」，《事類備要》引作「揔贛嗊」，《事文類聚》引作「撼嗊」（注：「撼，贛。」）。章樵注「揔」，宋九卷本、廿一卷本、明本作「揔」，墨海本作「揔」，龍谿本、四庫本作「揔」。「揔」、「揔」、「揔」、「撼」為「揔」形譌，「揔」乃「總（揔）」俗字。「贛」、「貢」古通。揔贛，疊韻連語，疑「悷贛」、「悷戀」轉語，愚劣兒，今俗語轉作「弄送」，則謂愚弄人。P.3696《箋注本切韻》：「悷，悷贛，愚。」P.2011 王仁昫《刊謬補缺切韻》：「悷，悷戀，愚。」《集韻》：「戀，悷戀，愚兒，或作悷。」音轉又作「籠東」、「儱倲」、「儱倲」，古音「弄」讀來母，與「龍」同音。《玉篇》：「倲，儱倲，儜劣兒。」《廣韻》：「倲，儱倲，儜劣兒，出《字諟》。」《荀子·議兵篇》：「案角鹿埵隴種東籠而退耳。」「東籠」即「隴種」之倒文，亦即「儱倲」。《北史·李穆傳》：「籠東軍士。」③肝閾，龍谿本、

四庫本同，宋九卷本、廿一卷本、明本、墨海本作「盱閲」（《御覽》引同），宋刊《初學記》引作「旰閲」（古香齋本作「盱閲」），《事文類聚》引作「肝閲」，《事類備要》引作「盱閒」，《文選補遺》引作「吁閲」。「旰」、「肝」是「盱」形譌。「閲」是「閲」形譌，「閲」又「閲」俗譌字。盱閲，雙聲連語，疑「歔欷」、「噓唏」轉語。《說文》：「歔，欷也。」又「欷，歔也。」合言之則曰「歔欷」，《玄應音義》卷 5：「歔欷：《字林》：『涕泣皃也。』《蒼頡篇》：『泣餘聲也。』亦悲也。」《慧琳音義》卷 78：「歔欷：顧野王云：『口出氣哀歎也。』泣聲也，蓄氣也。《蒼頡篇》云：『泣餘聲也。』或從口作『噓唏』。」《楚辭·離騷》：「曾歔欷余鬱邑兮。」王逸注：「歔欷，哀泣之聲也。」《文選·七發》：「噓唏煩酲。」字亦作「噓吸」，《楚辭·九歎·憂苦》：「長噓吸以於悒兮。王逸注：「噓吸、於悒，皆啼泣皃。」倒言則作「欷歔」、「唏噓」。《集韻》「頊」、「頢」二字並曰：「頢頊，頭動皃。」「頢頊」是「欷歔」分別字，言搖頭哭泣哀歎也。④瑣醝，宋九卷本、廿一卷本、明本、龍谿本、墨海本作「瑣醝」，四庫本作「瑣醯」。九卷本注：「瑣，一作頸。醝，一作醯。」《初學記》、《御覽》引作「項醝」，《事文類聚》、《事類備要》引作「項醯」，《文選補遺》引作「頸醯」（下字注：「口盍切。」）。據章樵注呼啼反，解作酸醋，則字當作「醯」，「醝」、「醯」都是「醯」通用俗字，「醝」、「醯」則是形譌字。「項」、「頸」是「瑣」形譌。瑣醝，雙聲連語，疑是「痠瘶」、「痠瘯」轉語。P.2011 王仁昫《刊謬補缺切韻》：「瘶，痠瘶，疼痛。」《玉篇》：「瘶，痠瘶也。」《廣韻》：「瘶，痠瘶，疼痛，亦作瘯。」音轉亦作「酸削」、「痠削」、「酸痟」、「酸消」，《說文》：「痟，酸痟，頭痛。」《周禮·天官·疾醫》鄭玄注：「痟，酸削也。」王念孫曰：「酸削，猶痠瘶，語之轉耳。」〔註330〕孫詒讓曰：「酸、痠聲同。痟與嘶、瘶、瘯，亦聲相轉。」〔註331〕《金匱要略·血痺虛勞篇》：「痠削不能行。」王叔和《脈經》卷 8 作「酸削」，巢元方《諸病源候總論》卷 3 作「痠瘯（瘯）」（四庫本作「痠嘶」）。孫思邈《備急千金要方》卷 4：「乾薑圓治婦人寒熱羸瘦，酸消怠惰。」⑤注「瓚」，宋廿一卷本作「攢」。

（10）眙睕瞛而瞋睗，盹睰曠而跛跂

　　章樵注：眙，敕吏反。睕，於阮反。瞛，子公反。伺視也。瞋，音覔。

〔註330〕王念孫《廣雅疏證》卷 1，收入徐復主編《廣雅詁林》，江蘇古籍出版社 1992 年版，第 33 頁。
〔註331〕孫詒讓《周禮正義》卷 9，中華書局 1987 年版，第 324 頁。

睗，音錫。盷，音院。瞛，而兗反。瞤，音軟。跛，音蹴。戝，音訾，一作「蹋」。皆言形狀乖劣。

按：①眙睕瞹，宋九卷本作「睕眙瞹」，宋刊《初學記》引作「眙睕瞹」（古香齋本作「胎睕瞹」），《事類備要》引作「胎睕膌」。《文選補遺》「瞹」誤作「暖」。伏俊璉曰：「眙，驚視。睕瞹，伺視，竊視。」②瞁睗，《事文類聚》引同，宋九卷本、廿一卷本、明本、龍谿本作「瞁睗」，宋刊《初學記》引作「🔲🔲」（古香齋本作「瞁睗」），《事類備要》引作「瞁睗」，《文選補遺》引作「瞁睗」。章樵注：「睗，音錫。」宋廿一卷本、明本、龍谿本作「睗，音錫」，古香齋本《初學記》同。「瞁」、「瞁」字書均未收，當是「覓（覓）」增旁俗字。本字作「覞」，又作「覓」，因形誤為「覓（覓）」〔註332〕。下字當從易作「睗」，《說文》：「睗，目疾視也。」「睗」是「睊」異體字，訓美目，非其誼也。「瞁睗」錫部疊韻連語。伏俊璉曰：「瞁睗，斜視。」

胡文英曰：「瞹，音松。王延壽《王孫賦》：『眙（音胎）睕（音宛）瞹以瞁（音覓）睗（音恙）。』」案：眙，視也。睕，目深貌。瞹，愁苦近視之貌。瞁，轉睛求物也。睗，揚其目而視也。眙既睕瞹，則不視可矣，而又瞁睗，則狀醜戾之至矣。吳中謂㩴眼而視者曰矇瞹，粵東謂視為眙。」〔註333〕胡氏據誤字說之，非是。③盷，宋九卷本作「既」，《文選補遺》同，《事類備要》引作「盻」。瞛瞤，宋九卷本作「瞛瞤」，宋刊《初學記》引作「瞛瞁」（古香齋本作「瞛懥」），《事文類聚》、《事類備要》引作「瞛懥」，《文選補遺》引作「瞛瞤」（注：「瞛，《廣韻》：『日光也，奴甸切。日氣，又戶顯切，明也，又燠也。』瞤，奴侯切，又日失切，日色。釋曰亦奴侯切，又煖。」）。「既」、「盻」為「盷」形譌。《玉篇》：「盷，目視。」《集韻》：「盷，視也。」作「瞛瞤」是，雙聲連語，「瞁」、「懥」皆聲近而誤。「瞛」字字書未收，當即「瞤」音轉字。「瞤」是「瞤」異體字，目動也。後漢佚名譯《大方便佛報恩經》卷4：「太子皮毛瞤動。」宋本作「瞤動」。吳支謙譯《菩薩本緣經》卷2：「左目瞤動，心驚不樂。」宋本作「瞤動」。《玄應音義》卷18：「瞤動：而倫反。《說文》：『目搖動也。』今謂眼瞼掣動為瞤也。」瞛瞤，眼珠轉動。④跛戝，古香齋本《初學記》引同

〔註332〕參見黃侃《說文段注小箋》卷下，收入《說文箋識》，中華書局2006年版，第216頁。

〔註333〕胡文英《吳下方言考》卷1，收入《續修四庫全書》第195冊，上海古籍出版社2002年版，第15頁。

（注：「荽，訾。」此章樵注所本），宋刊《初學記》引作「踿荽」，《事文類聚》、《事類備要》引作「踿訾」，《文選補遺》作「踿荽」（注：「《廣韻》在『真』字韻中收，註云：『荽者，荽橢也。一云荽皺，皮不展也。』」）。《文選補遺》所注，一無可取，且改「荽」作「荽」，沒有版本依據。「荽」字字書未收。踿荽，當是「晵（喊）咨」、「感忿」、「感咨」音轉，雙聲連語。《方言》卷10：「忸怩，憨懾也，楚郢江湘之間謂之忸怩，或謂之晵咨。」《廣雅》：「瘛（瘈）怩、感忿，憨也。」《慧琳音義》卷20引《方言》、《博雅》並作「喊咨」。《廣雅》：「忸怩，感咨也。」「晵咨」是局縮不伸之貌，故引申為忸怩、憨恥義〔註334〕。亦音轉作「踿踖」、「慼踖」、「蹙踖」，《說文》：「踖，一曰踿踖。」《玄應音義》卷23：「踿踖，子六反，下子亦反。《廣雅》：『踿踖，畏敬也。』《字林》：『踿踖，不進也。』」上引《廣雅》「忸怩，感咨也」，《慧琳音義》卷91引作「慼踖」。《孟子·萬章上》趙岐注：「其容有蹙踖不自安也。」又《公孫丑篇》趙岐注：「蹙然，猶蹙踖也。」《華嚴經傳記》卷4：「脫恨不得燒香供養，蹙踖慚愧。」又音轉作「踿迒」，《抱朴子內篇·勤求》：「直爾踿迒從求至要。」亦音轉作「踿踖」、「慼踖」、「蹴跡」，鮑照《尺蠖賦》：「逢嶮慼踖，值夷舒步。」《御覽》卷948引作「蹴跡」。《抱朴子外篇·交際》：「余代其踿踖，恥與共世。」亦音轉作「呢訾」，《楚辭·卜居》：「將呢訾慄斯喔咿嚅呢以事婦人乎？」王逸注：「呢訾慄斯，承顏色也。」倒言之則曰「次且」、「趑趄」，《易·夬》：「其行次且。」《說文》：「趑趄，行不進也。」倒言又作「資戚」，《太玄·親》：「其志資戚。」章樵注：「荽，一作踠。」宋刊《初學記》作「踠荽」，蓋旁注異文而混入正文，又脫「踿」字。「踠」字字書未收，當是「蹄」省形，「蹄」又「躋」俗譌字（見《集韻》）。蓋後人誤讀「踖」為「躋」，又改作「蹄」，因省作「踠」耳。

（11）性獠獧以猶疾，態峯出而橫施

章樵注：獠，即「僄」字。獧，音蹟。猶，音卞。言僄狡輕迅也。橫，去聲。

按：①獠獧，宋九卷本、廿一卷本、明本、墨海本同，龍谿本、四庫本作「僄債」，宋刊《初學記》引作「僄倩」，古香齋本《初學記》、《事文類聚》、

〔註334〕參見王念孫《廣雅疏證》卷1，收入徐復主編《廣雅詁林》，第56頁。下文「倒言又作『資戚』」亦是王說。

《事類備要》引作「獉猜」，《御覽》引作「猗獉」，《文選補遺》作「僄猜」（注：「猵，音播，犬鬭也。」）。「獉」、「僄」同，「僄」是其形譌。「猜」字字書未收。「猲」、「憤」、「倩」、「猜」疑當作「猇」，皆形近而譌。「獉猇」疊韻連語。獉、僄，讀為慓，性急。《說文》：「慓，疾也。」《廣雅》：「慓、疾、陵、陯，急也。」《廣韻》：「慓，急性。」《廣韻》引《文字集略》：「猇，狂也。」《玉篇》：「猇，狂病。」字亦作悄，《集韻》：「悄，急也。」「獉猇」即《廣雅》之「慓陯」，猶言急躁、急性。蟲名螵蛸，亦取此義。又疑下字「猇」當作「猾」，《史記·高祖本紀》：「項羽為人僄悍猾賊。」《漢書》作「慓悍禍賊」。《漢書·義縱傳》：「徒請召猜禍吏與從事。」「猜」、「禍」都是「猾」形譌〔註335〕。「獉猾」即「僄悍猾賊」也。②猵，讀為辡，《說文》：「辡，一曰急也。」字亦作卞，《左傳·定公三年》：「莊公卞急而好潔。」杜預注：「卞，躁疾也。」字亦作弁，《禮記·玉藻》鄭玄注：「弁，急也。」字亦作偏、褊，亦心急義。《文選補遺》注「犬鬭」，以本字說之，非是。③態，《御覽》引誤作「熊」。峯，《文選補遺》作「鋒」。峯出，言突兀而出。橫，縱恣，不循常理，無緣無故。施，加也。句言猿猴性行急躁，其形態常常突兀而出、不循常理而為之。④注「蹟」，宋廿一卷本、龍谿本、四庫本作「蹟」。注「㺊」，宋廿一卷本作「狡」，是也。

（12）背牢落之峻壑，臨不測之幽溪

按：落，宋刊《初學記》引作「洛」。伏俊璉曰：「牢落，空曠稀疏之貌。《釋名》：『尻，廖也，所在廖牢深也。』牢落，與『廖牢』通。」音轉亦作「遼落」（本篇下文）、「寥落」，又轉作「留落」〔註336〕。

（13）若將頹而復著，紛絀絀以陸離

章樵注：絀絀，一本上作「絀」，竹律反。下作「黜」，丑律反。

按：絀絀，宋刊《初學記》引作「絀黜」，古香齋本作「贏絀」。作「贏絀」者涉於成語「贏絀」而誤。「絀」、「黜」古字同，「絀黜」即「絀絀」，紛亂貌。《鬼谷子天髓靈文》卷下：「夷霞紛紛絀絀。」音轉作「溷溷」、「泏泏」、「汨汨」、「滑滑」，《楚辭·九思·怨上》：「哀哉兮溷溷。」舊注：「溷溷，一國並亂也。」《文子·道原》：「原流泏泏，沖而不盈，濁以靜之徐清。」《淮

〔註335〕參見王念孫《讀書雜志》卷3，中國書店1985年版，本卷第71頁。
〔註336〕參見王念孫《讀書雜志》卷7，中國書店1985年版，本卷第35頁。

南子‧原道篇》：「源流泉浡，沖而徐盈；混混汩汩，濁而徐清。」元刊本《易林‧蠱之既濟》：「湧泉滑滑，南流不絕。」續道藏本作「汩汩」，《明夷之既濟》誤作「滈滈」（續道藏本誤作「涓涓」）。此三例狀亂流。《廣雅》：「陸離，參差也。」

（14）或群跳而電透，乚瓜懸而瓠垂

章樵注：群，一作「犀」。乚，倒「了」字，丁了切，懸物貌。以足掛木枝，如瓜瓠之懸繫。

按：群，《初學記》引同，宋刊《類聚》引作「犀」（四庫本作「群」）。乚，宋九卷本作「了」，注：「一作丫。」宋刊《類聚》引作「乍」（四庫本作「或」），古香齋本《初學記》、《事文類聚》、《事類備要》引作「或」（宋刊本《初學記》無此字），《文選補遺》引作「了」。瓜，《事文類聚》、《事類備要》引誤作「成」。①「犀跳」不辭，是「群跳」之誤。②作「或」字是，與上句「或」同義對舉。俞正燮曰：「言猴攀枝遨戲，二或字連文，不容一作『乚』。章樵《古文苑》作『乚』，蓋『或』字脫壞，樵注云『倒了字為乚，丁了切，懸物貌。』樵望文訓之。」〔註337〕宋刊《類聚》引作「乍」，乍亦或也。③透亦跳也，同義對舉。《廣雅》：「透，驚也。」曹憲《音》：「世人以此為跳透字，他候反，未是矣。」曹氏雖以為非，然可證「透」有跳義。P.3694《箋注本切韻》：「透，跳，他候反。」《玉篇》、《廣韻》、《說文新附》並同。鄭知同引此賦云：「透，亦是跳擲。」〔註338〕《南史》卷44：「他日出景陽山，見一猨透擲悲鳴。」透、擲同義連文。字亦作趙、投、跠、趣，《慧琳音義》卷42引《考聲》：「跠，自投也。」蔣斧印本《唐韻殘卷》：「趣，自投下。」P.3694《箋注本切韻》：「趣，自投。」

（15）上觸手而挐攫，下值足而登跠

章樵注：值，一作「對」。跠，即「跒」字，芳遇反。《說文》：「跒，趬越貌。」言手足便捷。

按：①挐，《初學記》、《事文類聚》、《事類備要》、《文選補遺》引「挐」

〔註337〕俞正燮《癸巳類稿》卷7《「乚」字異義駁》（俞氏手訂本），收入《叢書集成續編》第18冊，新文豐出版公司1988年印行，第473頁。
〔註338〕鄭珍《說文新附考》卷1，收入《續修四庫全書》第223冊，上海古籍出版社2002年版，第277頁。

作「挈」，「值」作「對」。值，相對。《說文》：「挈，持也。」又「拏，牽引也。」二字音近，古每通用，正字當作「挈」。揚雄《羽獵賦》：「熊羆之挐攖。」也倒言作「攖挐」，王延壽《魯靈光殿賦》：「奔虎攖挐以梁倚。」揚雄《解嘲》：「攖挐者亡，默默者存。」②跇，宋刊《初學記》、《文選補遺》引作「距」，古香齋本《初學記》、《事文類聚》、《事類備要》作「跂」。章樵注：「跇，即跁字。」「跇」不得是「跁」異體字，章氏蓋以為是「跁」形譌。作「跂」或「距」皆誤。「跇」當是「踖」異體字，古音乍、昔相轉。《釋名》：「踖，藉也，以足藉也。」即踐踏義。字亦作藉、躤、躣，《玄應音義》卷9引《釋名》「踖」作「躤」，又引《字書》：「躤、踐也。」《慧琳音義》卷46轉錄，「躤」並作「躣」。《玉篇》：「躤，踐也，亦作踖。」《史記·魏其武安侯列傳》：「而人皆藉吾弟。」《索隱》引晉灼曰：「藉，蹈也。」又《司馬相如列傳》：「人民之所蹈躤。」

（16）互攀攬以狂接，敻儵聏而奄赴

章樵注：儵，即「倏」字。儵忽，出《莊子》。聏，即「聘」字，書刃反。《子虛賦》：「倏聘清悷。」皆疾貌。

錢熙祚曰：敻儵聏，《初學記》作「覆縮臂」。

按：①互，宋九卷本作「手」，《文選補遺》引同；《初學記》、《事文類聚》、《事類備要》引作「至」。「手」、「至」都是「互」相譌。互，交錯。②攀，《文選補遺》引作「掔」。《慧琳音義》卷69：「攀攬：王逸注《楚辭》云：『攀，引也。』《廣雅》：『戀也。』《說文》作艸（双），云：『引也。』從反艸（卄）。今作攀，從手，樊聲。下藍膽反。《廣雅》云：『攬，取也。』《說文》：『撮持也。』」上字今本《說文》作「双」，云：「引也，從反卄。攀，双或從手從樊。」「攀」即「攀」異體字。今本《廣雅》解釋作「引也」，不作「戀也」。下字今本《說文》「攬」作「擥」，《廣雅》作「擥」，「擥」同「擥」，「攬」是增旁俗字。③錢說未盡。敻儵聏而奄赴，明本、墨海本、四庫本同，宋九卷本作「敻儵聏而電走」，宋廿一卷本、龍谿本作「敻儵聏而奄赴」，宋刊《初學記》引作「敻倏聏（聏）而電走」，古香齋本《初學記》作「覆縮臂而電赴」，《事文類聚》、《事類備要》引作「覆縮臂而勇赴」，《文選補遺》作「敻儵聏而電赴」（注：「聏，書刃切，《子虛賦》『倏聏倩悷』，皆疾貌。」）。注「聏，即聏字」、「倏聏」、「清悷」，宋廿一卷本分別作「聏，即聏字」、「倏聏」、「倩悷」。《廣雅》：「儵，疾也。」本字作篋、倏，《說文》：「篋，疾也。」又「倏，走也。」「倏」是犬疾走義的分別字，俗字作「倏」。「聏」、「聏」字

字書未收。「聅」是「䀼」形譌，「䀼」是「眥」增旁俗字。《玉篇》：「䀼，書刃切。《子虛賦》：『倏䀼倩浰。』皆疾皃。」《廣韻》：「䀼，鳥獸驚皃。」《集韻》：「䀼，鳥獸驚皃，一曰疾也。」《文選·蜀都賦》：「鷹犬倏䀼。」劉淵林注：「倏䀼，疾速也。」《唐鈔文選集注彙存》卷 8 作「儵䀼」，引舊注：「儵䀼，輕疾也。」《類聚》卷 95 晉阮籍《獼猴賦》：「揚眉額而驟䀼，似巧言而偽真。」「䀼」又是「瞚」異體字，俗亦作「瞬」〔註339〕，指眨眼，引申指迅速。「奄」當作「電」，形近致譌。句言如電走迅速而遠逝。《文選·上林賦》：「儵夐遠去。」郭璞注：「儵忽長逝也。」李善注引曹大家《幽通賦》注：「夐，遠也。」

（17）時遼落以蕭索，乍睥睨以容與

章樵注：遼，一作「寥」。睥，普計反。睨，魚計反。邪視也。

按：①時，宋九卷本作「將」，《文選補遺》同。「將」是「時」形譌。②「遼落」同「寥落」，亦即上文之「牢落」。③蕭索，也作「蕭瑟」、「蕭摵」、「蕭颯」、「騷屑」、「騷殺」、「衰颯」，稀少。

（18）或蹢趹以跳迸，又咨陬而攢聚

章樵注：蹢，一作「蹂」。蹢，與「擲」同。陬，將侯反，群居也。群隊跳擲迸逸，忽又攢聚一處。

錢熙祚曰：跳迸，《初學記》作「踐遊」。

按：①蹢，宋九卷本作「蹢」，《初學記》、《事文類聚》、《事類備要》引作「蹂」，《文選補遺》作「蹻」（注：「蹻，圭津切，跛貌。趹，古穴切，疾也。」）錢說未盡。跳迸，宋刊《初學記》、《文選補遺》引同，古香齋本《初學記》、《事文類聚》、《事類備要》引作「踐遊」。注「擲」、「隊」，宋廿一卷本分別作「鄭」、「隊」。「蹢」、「蹢」、「蹂」都是「蹻」形譌，《文選補遺》得其字，但所釋則誤。蹻趹，疊韻連語，猶言疾行、急走。《廣雅》：「趌趌，走也。」王念孫曰：「王延壽《王孫賦》云：『或蹻趹以跳迸。』『迸』與『趌』同，重言之則曰『趌趌』。」〔註340〕王念孫亦徑校作「蹻」。「蹻」是「趬」俗字。《說文》：「趬，狂走也。」字亦作獢，《甘泉賦》：「捎夔魖而抶獝狂。」趹，疾行，字亦作趹。跳迸，猶言跳走。《佛本行經》卷 5：「宿對互所拍，

〔註339〕參見《慧琳音義》卷 13、49、77、95。
〔註340〕王念孫《廣雅疏證》，收入徐復主編《廣雅詁林》，第 465 頁。

跳迸如拍毱。」②陬，宋九卷本作「啾」，《初學記》引作「噉」，《事文類聚》、《事類備要》引作「諏」，《文選補遺》引作「啾」（注：「啾，丁煩切，啾吰，多言也。」）。聚，宋刊《初學記》引作「取」。「噉」是「啾」形譌。咨陬、咨啾，讀作「咨諏」、「諮諏」，相聚而謀也。《說文》：「咨，謀事曰咨。」《詩·皇皇者華》：「載馳載驅，周爰咨諏。」毛傳：「訪問於善為咨，咨事為諏。」《釋文》：「咨，本亦作諮。諏，《爾雅》云：『謀也。』《說文》云：『聚謀也。』」星名「娵觜」、「娵訾」、「諏訾」，即「咨諏」之倒言，亦取聚謀之義。《爾雅》：「娵觜之口，營室東壁也。」郭璞注：「營室東壁星四方似口，因名云。」S.3326：「諏訾，歎貌。」

（19）扶欽崟以檕秶，躡危槷而騰舞

章樵注：檕秶，一作「陳椽」。《史記·貨殖傳》：「檕椽其間，得所欲。」司馬貞注：「椽，逐緣反。檕椽，猶經營馳逐也。」槷，五結反，門橜也。此謂枯木之無枝節者。

按：①檕秶，宋九卷本、廿一卷本作「揀秶」，《初學記》引作「揀椽」，《事文類聚》引作「唓緣」，《事類備要》引作「陣緣」，《文選補遺》引作「棟椽」。章樵注：「一作『陳椽』。」宋廿一卷本同，九卷本作「陳杼」。「檕」、「揀」二字字書皆未收，當是「陳」的增旁俗字。「秶」字書亦未收，「秶」、「杼」當是「椽」形誤。「椽」、「緣」古字通，亦作「掾」。陳掾，疊韻連語。亦作「獙掾」，又音轉作「聯掾」、「聯逐」、「獵掾」，奔走貌〔註341〕。②伏俊璉曰：「危槷，又寫作『危槷』、『杌陧』等，不安的樣子。」章樵注誤。

（20）忽踊逸而輕迅，羌難得而覶縷

章樵注：覶縷，委曲也。言圍山馳逐，冀以捕之。乃登高木，舞躍自喜，忽又走佚，終難捕獲，捕者委曲多方耳。左太冲《吳都賦》：「羌難得而覶縷。」覶，音螺。

按：①羌，《初學記》、《文選·擬魏太子鄴中集》李善注引同，《文選·吳都賦》「嗟難得而覶縷」李善注引作「嗟」，《文選補遺》引作「差」。字當作「羌」〔註342〕，「差」乃形譌，「嗟」又「差」增旁字。《文選·三月三日

〔註341〕 參見蕭旭《〈史記〉「陳掾」解詁》，收入《史記校補》，花木蘭文化出版社 2021
　　　　　年版，第 780～786 頁。
〔註342〕 參見胡克家《文選考異》卷 1，嘉慶十四年刊本，本卷第 29 頁。王念孫《讀

曲水詩序》李善注引《吳都賦》作「羌」，《類聚》卷72引梁吳筠《移》：「此
乃方寸之恆情，羌難得而覶縷也。」羌，發語詞。②踊逸，猶言踊躍。後漢
曇果共康孟詳譯《中本起經》卷1：「大人宗仰，承命踊逸，貪羨甘露，願從
下風。」③覶縷，連續不斷貌。「覶」是「覶」的俗體。《玉篇》：「覶縷，委
曲也。」音轉亦作「羅縷」，《文選·擬魏太子鄴中集》：「羅縷豈闕辭，窈窕
究天人。」李善注引此賦作「羅縷」，又云：「『羅』或為『覶』。」又音轉作
「連邊」、「謰謱」、「縺縷」等形。

（21）乃置酒於其側，競爭飲而跼地

　　章樵注：跼，火緣反，急疾也。

　　錢熙祚曰：「地」當作「馳」，九卷本尚不誤。

　　按：置，《初學記》、《事文類聚》、《事類備要》引作「設」。競，宋刊《初
學記》引作「音」，古香齋本《初學記》、《事文類聚》、《事類備要》引作「竟」。
跼，《事類備要》引作「踶」。宋廿一卷本、明本、龍谿本、四庫本「地」亦
作「馳」，《初學記》、《事文類聚》、《事類備要》、《文選補遺》引同。「音」
是「竟」脫誤，「竟」是「競」借字。「地」當作「馳」，形之譌也。《龍龕手
鑑》：「跼，俗，於入切。」未指出是何字之俗，楊寶忠認為與「儇」、「獧」
音義相同〔註343〕。楊說近是，儇，急疾也，疾走義專字作趭，《說文》：「趭，
疾也。」P.2011王仁昫《刊謬補缺切韻》：「趭，許緣反，疾。」《玉篇》：「趭，
呼泉切，疾行也。」《荀子·榮辱》楊倞注：「儇，疾也，火緣反。」《廣雅》：
「獧、趬，疾也。」曹憲獧音絹，是「跼」、「獧」、「儇」古音同也，音轉又
作趬，古音從昌從夬相通，字亦作趹。

（22）醺陋酗以迷醉，朦眠睡而無知

　　章樵注：醺，火動反。酗，火候反。著酒顛頓狀。朦，莫孔反。

　　按：醺，宋九卷本作「醺」，廿一卷本作「酺」，明本作「醺」，宋刊《初
學記》引作「酛」（注：「火動反。」），古香齋本《初學記》、《事文類聚》、《事
類備要》引作「顥」（《初學記》注：「火蜀反。」），《文選補遺》作「醺」。
酗，古香齋本《初學記》、《事文類聚》、《事類備要》引作「酌」（《初學記》
注：「火侯反。」），《文選補遺》注：「酗，許昆切，兇酒曰酗醟。」「醺」、

　　　　書雜志》卷16，中國書店1985年版，本卷第73頁。
〔註343〕楊寶忠《疑難字續考》，中華書局2011年版，第226頁。

「䤘」、「䤛」、「䤛」四字字書皆未收，以注音「火動反」考之，字當從項得聲作「䤘」，本書卷 3《旱雲賦》注：「湏，胡動反」（《玉篇》同），是其比。「䤘」疑「傾」分別字，亦作「憒」，本字作「戆」。《說文》：「戆，愚也。」《集韻》：「傾，勍傾，多力。」又「憰憒，很（狠）戾。」愚蠢急直、傲慢狠戾不從之義，故與「陋」字連文。愚於酒，故字從酉作「䤘」也。

（23）暫拏髼以繂縛，遂纓絡而羈縻

章樵注：繂，一作「盧」。「暫」與「暫」同，不久也。髼，子公反，毛亂也。繂，火結反，謂以繩索繫縛。世傳取猩猩之術，以酒誘之，與此相類。

按：暫，《初學記》引作「暫」。髼，宋九卷本作「髮」，注：「一作髼。」《初學記》、《事文類聚》、《事類備要》引作「鬃」，《文選補遺》作「髮」。繂，宋九卷本作「𥿂」，宋刊《初學記》引作「绣」（注：「火結反。」），古香齋本《初學記》作「緤」（注：「火結反。」），《事文類聚》、《合璧事類備要》引作「繕」，《文選補遺》作「繮」。章樵注：「繂，一作盧。」宋廿一卷本「盧」作「繮」。「髮」同「鬃」，指猴頸上的毛髮。拏髼，抓住鬃毛。「繕」是「繂」形譌。《玉篇》：「繂，紃繂也。紃，紃繂，續縫。」此賦謂以繩索捆綁。字亦作劙，《方言》卷 6：「擱、劙，續也。秦晉續折謂之擱，繩索謂之劙。」《玉篇》：「劙，接續也。」俗字音轉作接。《史記·陳丞相世家》：「武士反接之。」《集解》引《漢書音義》：「反接，反縛兩手。」宋九卷本作「𥿂」，即「縫」增旁字。《初學記》作「緤」（「绣」是形譌），當是「紲」、「絏」異體字，古音契、世、曳相轉，亦是繫縛、捆綁義。

（24）歸鑠繫於庭廡，觀者吸呷而忘疲

章樵注：呷，一作「啤」。

按：呷，《類聚》、《事文類聚》、《事類備要》引同，宋刊《初學記》引作「啤」，古香齋本《初學記》引作「咽」，《文選補遺》引作「啤」。「啤」、「咽」是「呷」形譌。「吸呷」也作「翕呷」、「噏呷」，疊韻連語。《文選·子虛賦》：「翕呷萃蔡。」《史記·司馬相如傳》作「噏呷」。《玉篇》：「呷，《說文》云：『吸呷也。』《子虛賦》曰：『翕呷萃蔡。』衣裳張起之聲也。」此賦狀衣服相摩擦的聲音，言其眾多。

《王延壽〈王孫賦〉校箋》刊於《古代文學特色文獻研究》第 3 輯，上海古籍出版社 2018 年 7 月出版，第 127～143 頁。

張超《誚青衣賦》校補

《類聚》卷 35、《初學記》卷 19、《錦繡萬花谷》後集卷 16 引此文。《類聚》引「誚」作「譏」。

（1）文則可佳，志卑意微

錢熙祚曰：「佳」字誤，《類聚》作「嘉」。

按：《初學記》、《錦繡萬花谷》引亦作「嘉」，宋九卷本、廿一卷本、明本作「佳」。古字通，不必改。

（2）醴泉可飲，何必洿池

錢熙祚曰：古音五支與六脂不相通，此「池」字誤也。《初學記》、《類聚》並作「泥」。按：《錦繡萬花谷》引亦作「泥」。錢說非是，作「洿泥」無義，支、脂分部是在《詩經》時代，東漢已可合韻。作「池」不誤，宋九卷本、廿一卷本、明本、龍谿本同。洿，讀為窊。《說文》：「窊，污衺下也。」又「洿，一曰窊下也。」《廣雅》：「洿，深也。」字或作汙（污）、窐、洼。洿池，低下之池。

（3）鴛鴦啄鼠，何異乎鴟

按：鴟，宋九卷本、廿一卷本作「鴞」，明本作「鵂」，龍谿本、四庫本作「鴟」，宋刊《類聚》引作「鴞」（四庫本作「鴟」），古香齋本《初學記》引作「鴟」（宋本作「▓」）。「鴟」是「鴟」形譌。「鴞」、「▓」是「鴞」形譌，「鴞」是「鴟」俗譌字，「低」俗作「伍」，「柢」俗作「柂」，是其比也。鴟，鴟鴞鳥，喜食鼠。

（4）歷觀古今，禍福之階，多由嬖妾淫妻

按：嬖，宋九卷本作「嬖」，廿一卷本作「嬖」，龍谿本、四庫本作「嬖」，《初學記》引作「孽」。「孽」是正字，其餘皆俗字。旁支曰孽。孽妾，猶言賤妾。《漢書·賈誼傳》：「天子之后以緣其領，庶人孽妾緣其履。」顏師古曰：「孽，庶賤也。」

（5）晉獲驪戎，斃懷恭子

章樵注：晉獻公伐驪戎，獲驪姬以歸，公嬖之，卒亂晉國。恭太子申生縊死，懷公圉見弒。

錢熙祚曰：「懷」字誤，《初學記》作「壞」。

按：懷，宋九卷本、廿一卷本、明本同，《錦繡萬花谷》引亦作「壞」。章樵注解作「懷公園」，則字自當作「懷」。

（6）叔肸納申，聽聲狼似

章樵注：叔向娶申公巫臣之女，生伯石。其母往視之，及堂，聞其聲而還，曰：「是豺狼之聲也，喪羊舌氏矣。」肸，叔向名。

按：肸，宋刊《初學記》引誤作「肵」（古香齋本又誤作「盻」）。申，宋九卷本誤作「由」，宋刊《初學記》引誤同（古香齋本又誤作「田」）。聽聲狼似，古香齋本《初學記》引同，宋九卷本、廿一卷本作「听聲狼似」，宋刊《初學記》引作「所聲張似」，《錦繡萬花谷》引作「所聲狼似」。宋代「聽」俗字作「听」，因形誤作「听」（聽、听音遠，不相通借）。「所」又是「听」形譌。

（7）文公懷安，姜笑其鄙

按：公，宋刊《初學記》引誤作「有」（古香齋本不誤）。笑，《初學記》、《錦繡萬花谷》引作「誚」。「誚」同「譙」，責讓也。

（8）周漸將衰，康王晏起

按：章氏未注。《漢書・杜欽傳》載欽上疏云：「后妃之制，夭壽、治亂、存亡之端也……禍敗曷常不由女德？是以佩玉晏鳴，《關雎》歎之。」顏師古注引李奇曰：「后夫人雞鳴佩玉去君所，周康王后不然，故詩人歎而傷之。」《列女傳》卷3魏曲沃負上書云：「周之康王，夫人晏出，朝。《關雎》起興，思得淑女以配君子。」《文選・齊竟陵王行狀》李善注引《風俗通》：「昔周康王一旦晏起，侍人以為深刺。」康王晏起，是說康王之后不賢，沒有雞鳴佩玉去君所提醒康王早朝。

（9）感彼關雎，性不雙侶

按：性，宋刊《初學記》、《錦繡萬花谷》引作「得」，古香齋本《初學記》作「德」。

（10）願得周公，妃以窈窕；防微消漸，諷諭君父

按：願得，宋刊《初學記》脫「得」字（古香齋本、四庫本作「但願」），

《錦繡萬花谷》引作「顧若」。妃，宋刊《初學記》、《錦繡萬花谷》引作「好」（古香齋本《初學記》同，四庫本仍作「妃」）。消，宋刊《初學記》引作「誚」（古香齋本同，四庫本仍作「消」）。「好」是「妃」形譌，「誚」是「消」形譌。

（11）三族无紀，綢繆不序

按：无，宋廿一卷本、明本同，九卷本作「元」，宋刊《初學記》、《錦繡萬花谷》引亦作「元」（古香齋本《初學記》作「無」）。「元」是「无」形譌。

（12）歲時酹祀，詣其先祖

按：酹，《初學記》引同，《類聚》引作「醊」。「醊」、「酹」同義。

（13）東向長跪，接狎觴酒

錢熙祚曰：「《初學記》「狎」作「神」。」

按：宋九卷本、廿一卷本、明本、龍谿本、墨海本、四庫本皆作「狎」，宋刊《初學記》、《錦繡萬花谷》、《韻補》卷3「酒」字條引同（古香齋本《初學記》同，四庫本《初學記》作「神」），《類聚》引作「神」。「狎」是「神」形譌。

（14）悉請諸靈，僻邪無主

錢熙祚曰：《類聚》「僻」作「辟」，「無」作「富」。

按：顧廣圻據《類聚》校改〔註344〕。無，宋九卷本、廿一卷本同，《韻補》卷3「酒」字條引亦同，《初學記》、《錦繡萬花谷》引作「當」。「無」、「當」都是「富」形譌。

（15）多乞少出，銅丸鐵柱

按：少出，《初學記》引同，《類聚》引誤作「步少」。丸，宋九卷本、廿一卷本、明本同，龍谿本作「瓦」，《類聚》引作「丸」，宋刊《初學記》引作「凡」（古香齋本、四庫本作「瓦」），《錦繡萬花谷》引作「瓦」。「丸」、「凡」都是「瓦」形譌。《御覽》卷188引《漢武故事》：「上起神屋，以銅為瓦。」《書鈔》卷20引《漢書》：「以銅為瓦。」鐵柱，以鐵作屋柱。銅瓦鐵柱，指

〔註344〕顧廣圻《重刻宋九卷本〈古文苑〉序》，收入《顧千里集》卷11，中華書局2007年版，第170頁。

住所華美。

（16）積繒累億，皆來集聚

按：《類聚》引「積」誤作「繢」，「億」誤作「嘉」，《初學記》引不誤。

（17）嫡婉歡心，各有先後

錢熙祚曰：《初學記》「嫡」作「婍」。

按：宋九卷本、廿一卷本作「嫡」，《錦繡萬花谷》引作「婍」。「嫡婉」不辭，作「婍」是。婍，婍麗、美好。《文選・於承明作與士龍》：「婉孌居人思，紆鬱遊子情。」李善注：「《方言》曰：『倇，歡也。』『倇』與『婉』同，古字通。《說文》曰：『孌，慕也。』」又《贈從兄車騎》李善注同，所引《方言》見今本卷 13。《廣韻》：「倇，歡樂。」《文選・為曹公作書與孫權》：「婉彼二人。」李善注：「婉，猶親愛也。」婍婉，指親愛美麗的人。

（18）古之贅壻，尚猶塵垢

按：贅，《錦繡萬花谷》引誤作「贄」。壻，《初學記》引同，宋九卷本、廿一卷本作「聓」，明本、四庫本作「婿」，宋刊《類聚》引作「聟」（四庫本作「壻」）。「婿」、「壻」同，「聟」俗字。「聓」是「婿」形誤。尚猶，《初學記》、《類聚》引作「尚為」。

（19）秦繆思愆，故獲終吉

章樵注：逸，與「佚」同，謂淫佚也。愆，與「愆」同。

按：愆，宋刊《類聚》引誤作「褒」（四庫本不誤）。愆，同「愆」。

蔡邕《青衣賦》校補

宋九卷本有此篇，章注退入注中。《初學記》卷 19、《類聚》卷 35、《錦繡萬花谷》後集卷 16 引此文。

（1）歎茲窈窕，散在卑微

錢熙祚曰：散在卑微，《類聚》作「生于卑微」。

按：《初學記》、《錦繡萬花谷》引「散在」作「產于」。

（2）盼倩俶麗，皓齒蛾眉

按：盼，宋九卷本同，宋廿一卷本、明本作「盻」，宋刊《初學記》引作「盼」（古香齋本、四庫本作「盻」），《錦繡萬花谷》引作「盻」。「盼」字是，美目動也。《類聚》卷34引晉潘岳《京陵女公子王氏哀辭》：「盼倩粲麗，窈窕淑良。」俶，《初學記》、《錦繡萬花谷》引作「淑」。俶，善也，古通「淑」。麗，宋九卷本作「儷」。

（3）縱橫接髮，葉如低葵

按：接髮，讀為「髻髮」，字亦作「結髮」、「絜髮」、「潔髮」，謂括束頭髮。

（4）綺袖丹裳，躡蹈絲屝

按：綺袖，《初學記》引同，《類聚》引誤作「綺繡」。屝，宋九卷本、四庫本同，宋廿一卷本、明本、龍谿本、墨海本作「屣」，宋刊《初學記》引作「屝」，《類聚》引作「韋」。古香齋本、四庫本《初學記》亦作「屝」。「屝」是「屝」形譌。屝，履也，此指革履，「韋」義同。

（5）盤踞蹴蹀，坐起低昂

錢熙祚曰：《初學記》「蹴」作「蹵」。「低昂」二字當乙轉，方合韻。

按：盤踞蹴蹀，宋九卷本、廿一卷本作「盤跚蹴蹀」，明本、守山閣本、墨海本作「盤踞蹴蹀」，龍谿本作「盤踞跜蹀」，四庫本作「盤跚蹴蹀」，宋刊《初學記》引作「盤跚蹴蹀」（「蹴」，似「蹵」字，古香齋本、四庫本「跚」作「珊」，「蹴」作「蹵」），《錦繡萬花谷》引作「盤跚蹴蹀」。無作「蹴」字之本，錢熙祚蓋誤認「蹵」作「蹴」耳。以早期版本考之，此四字疑當作「盤跚蹴蹀」，「盤跚」也作「盤散」、「槃散」，「散」增旁字作「蹴」，形譌作「蹴」，宋本及宋刊《初學記》作「盤跚蹴蹀」者，「蹵」即是「跚」旁注字而誤衍，又脫一字。蹴蹀，同義連文，踐踏、踩踏義。

（6）都冶武媚，卓躒多姿

按：武，宋刊《初學記》引同（古香齋本同，四庫本作「嫵」），《類聚》引作「嫵」，古字通借。躒，《初學記》引同，《類聚》引作「礫」。

（7）精惠小心，趨事如飛

按：惠，《初學記》引同，《類聚》引作「慧」。「慧」乃正字。

（8）故因錫國，歷爾邦畿

　　按：因，宋刊《初學記》引誤作「固」（古香齋本、四庫本不誤）。錫，宋廿一卷本同，宋九卷本作「楊」，宋刊《初學記》引作「揚」（古香齋本《初學記》同，四庫本作「錫」），《錦繡萬花谷》引作「楊」。

（9）寒雪繽紛，充庭盈階

　　按：繽紛，《初學記》引同，《類聚》引作「翾翻」。

（10）旸昕將曙，雞鳴相催

　　按：旸昕，宋九卷本同，宋廿一卷本作「旸昕」，宋刊《初學記》引作「物昕」，古香齋本、四庫本《初學記》作「昕昕」，《錦繡萬花谷》引亦作「昕昕」。

（11）曚冒曚冒，思不可排

　　按：曚冒曚冒，古香齋本、四庫本《初學記》引同，宋刊本引作「曚冒」，下有二重文號；宋九卷本、廿一卷本作「曚冒曚冒」。當讀作「曚曚冒冒」。

（12）條風狎獵，吹予牀帷

　　按：狎獵，疊韻連語，音轉亦作「捷獵」、「緁獵」，參差貌。參見本卷《夢賦》校補。

（13）河上逍遙，徙倚庭階

　　按：徙倚，雙聲連語，猶言徘徊、彷徨。《廣雅》：「仿佯，徙倚也。」王念孫曰：「《楚辭·遠遊》：『步徙倚而遙思兮。』《哀時命》注云：『徙倚，猶低佪也。』逍遙、儴佯、徙倚，聲之轉。儴佯、仿佯聲相近。」〔註345〕

卷　七

蔡邕《漢津賦》校補

　　《類聚》卷8、《初學記》卷7引此文。

（1）發源自乎嶓冢，引漾灃而東征

　　章樵注：《禹貢》：「嶓冢導漾，東流為漢。」漾水出隴西氏道，東流過武

〔註345〕王念孫《廣雅疏證》，收入徐復主編《廣雅詁林》，第486頁。

關山南為漢，禹治漾水，自嶓冢始。

按：發，《初學記》引同，宋九卷本、廿一卷本、明本、龍谿本形誤作「登」，四庫本《蔡中郎集》卷 4、《漢魏六朝百三家集》卷 18 誤同。漾，《初學記》引作「瀁」，古字。又省作「養」，《漢書·地理志》隴西郡氐道縣班氏自注：「《禹貢》：『養水所出，至武都為漢。』」顏師古注：「字本作漾，或作瀁。」澧，《初學記》引同，字也作醴，《史記·夏本紀》：「汶山道江，東別為沱，又東至於醴。」《集解》：「虞喜《志林》以醴是江沅之別流，而醴字作澧也。」是「澧（醴）水」入于長江。漢江亦是長江一大支流，故賦以「漾澧」連文。

（2）遇萬山以左迴兮，旋襄陽而南縈

章樵注：萬，一作「曼」，山名，在南郡襄陽西九里。酈元注《水經》云：「漢水東經萬山北。」經襄陽而南行。

錢熙祚曰：《初學記》「遇」作「過」，「萬」作「曼」。

按：遇萬，各本同，《蔡中郎集》卷 4 亦同，宋刊《初學記》引作「過萬」（古香齋本、四庫本作「過曼」），《類聚》引作「過曼」。曼、萬古同音通借。《山海經·海內東經》：「大江出汶山，北江出曼山，南江出高山。」《水經注·沔水》：「沔水又東逕萬山北。」〔註346〕「曼山」即「萬山」，在今襄陽縣西北十里。《南史·張緬傳》：「王紓臨雍州，行部，登蔓山。」「蔓山」亦即「曼山」。「遇」是「過」形譌。旋，《類聚》引作「遊」。「遊」是「旋」形譌。

（3）嘉清源之勢體兮，澹澶湲以安流

章樵注：澶湲，猶潺湲。

按：澶之言嬗也，湲之言緩也。《說文》：「嬗，緩也。」「澶湲」猶言相牽引而緩行。字或作「亶爰」，《山海經·南山經》：「亶爰之山……有獸焉，其狀如狸而有髦，其名曰類。」郭璞注：「亶，音蟬。」山名亶爰者，當以其相連屬牽引也。《列子·天瑞》：「亶爰之獸，自孕而生曰類。」亶爰之獸，指亶爰之山的獸。字或作「嬋媛」，《楚辭·離騷》王注：「嬋媛，猶牽引也。一作『撣援』。」字或作「嘽緩」，《禮記·樂記》：「其樂心感者，其聲嘽以緩。」

〔註346〕一本「萬」誤作「方」，《初學記》卷 7、《御覽》卷 62 引並作「萬山」，辨見楊守敬、熊會貞《水經注疏》，江蘇古籍出版社 1989 年版，第 2369 頁。

字或作「揮援」，《廣雅》：「揮援，牽引也。」

（4）鱗甲育其萬類兮，蛟龍集以嬉遊

按：龍，《初學記》引作「螭」。

（5）上控隴坻，下接江湖

按：坻，宋廿一卷本誤作「坁」，宋刊《類聚》引誤同（四庫本不誤）。

（6）既乃風猋蕭瑟，勃焉並興

按：猋，宋廿一卷本誤作「焱」，《類聚》引誤同。蕭瑟，音轉也作「蕭索」、「蕭颯」、「騷屑」、「騷殺」、「衰颯」等形，另詳卷4楊雄《蜀都賦》校補。

蔡邕《筆賦》校補

《類聚》卷58、《初學記》卷21、《墨池編》卷6、《文房四譜》卷2引此文。

（1）性精亟以慓悍，體遄迅以騁步

按：慓悍，宋廿一卷本、明本、龍谿本、墨海本、四庫本同，宋九卷本作「慓悍」，宋刊《初學記》引作「慓捍」（古香齋本、四庫本作「慓悍」），《類聚》引作「摽悍」，《墨池編》、《文房四譜》引作「慓悍」，並同。

（2）形調摶以直端，染玄墨以定色

按：摶，宋九卷本、明本、龍谿本、墨海本、四庫本同，《蔡中郎集》卷4同；宋廿一卷本作「搏」。《初學記》、《韻補》卷5「束」字條引作「搏」，明刊本《類聚》引作「搏」（四庫本作「摶」），《墨池編》引作「傳」，《文房四譜》引作「摶」。「搏」、「傳」、「摶」都是「博」形譌。蔡邕《彈棊賦》：「輕利調博，易使馳騁。」染，《類聚》、《墨池編》、《文房四譜》、《韻補》卷5「束」字條引同，宋刊《初學記》引作「漆」（古香齋本、四庫本作「染」）。「染」形譌作「柒」，又易作「漆」。

（3）畫乾坤之陰陽，讚宓皇之洪勳

章樵注：宓羲始畫八卦。

按：畫，宋廿一卷本、明本同，宋九卷本作「書」；宋刊《初學記》、明刊本《類聚》、《墨池編》引作「書」（古香齋本、四庫本《初學記》作「畫」，四

庫本《類聚》同），《文房四譜》引作「畫」。「畫」字是。

（4）敍五帝之休德，揚蕩蕩之明文

按：敍，《類聚》引同；宋九卷本作「盡」，《初學記》、《墨池編》、《文房四譜》引同。明，宋刊《初學記》、《文房四譜》引同（古香齋本、四庫本《初學記》作「典」），《類聚》、《墨池編》引作「典」。

（5）紀三王之功伐兮，表八百之肆覲

按：伐，宋廿一卷本同，宋九卷本作「代」，宋刊《初學記》引作「代」（古香齋本、四庫本作「伐」），明刊本《類聚》引作「代」（四庫本作「伐」）。「伐」字是。

（6）綜人事於晻昧兮，贊幽冥於明神

按：事，宋廿一卷本同，《類聚》引亦同；宋九卷本作「倫」，宋刊《初學記》引作「倫」（古香齋本、四庫本作「事」）。晻昧，《墨池編》引作「掩昧」。晻，讀為闇。

蔡邕《彈棊賦》校補

《類聚》卷 74 引此文。

（1）榮華灼爍，萼不韡韡

按：萼，宋九卷本、廿一卷本作「蕚」，《類聚》引同，俗字。《詩・常棣》：「常棣之華，鄂不韡韡。」鄭玄箋：「承華者曰鄂。『不』當作『柎』，柎，鄂足也。」段玉裁曰：「按鄂字從卩咢聲，今《詩》作從邑地名之『鄂』者，誤也……從邑者乃地名，非此所施。今字書遺『咢』字，《說文》無『蕚』字，『韡』下引『蕚不韡韡』，『鄂』之誤也。郭注《山海經》云：『一曰：柎，華下鄂。』漢晉時無『蕚』字，故景純亦作『鄂』。」〔註347〕鄭箋之「柎」當作「柎」，《說文》：「柎，闌足也。」指鐘鼓架之足，《詩》指花蕚之足。俗字作跗，也作趺。

（2）豐腹斂邊，中隱四企

〔註347〕段玉裁《詩經小學》卷 2，收入《續修四庫全書》第 64 冊，上海古籍出版社2002 年版，第 196～197 頁。

章樵注：魏文帝《彈碁賦》云：「豐腹高隆，庳根四類。」

按：注「庳根四類」，宋廿一卷本、明本、龍谿本、四庫本作「庫根四頹」，《類聚》卷 74 引同。「庳」是「庫」形譌，「類」是「頹」形譌。隱，高起，隆起。《西京雜記》卷 5：「趙后有寶琴曰鳳凰，皆以金玉隱起為龍鳳螭鸞古賢列女之象。」《後漢書·王符傳》《浮侈篇》：「石山隱飾，金銀錯鏤。」李賢注：「山石謂隱起為山石之文也。」隱，讀為偃，仰臥。皮外小起謂之癮，山高曰嶾嶙，亦取此義。

（3）輕利調博，易使馳騁

按：馳騁，《類聚》、《韻補》卷 4「馳」字條引作「騁馳」，當據乙轉，與「麗」、「企」二字合韻。調博，《類聚》、《韻補》「馳」字條引同。

（4）然後我製兵惎夸驚

錢熙祚曰：製，此字誤，當依九卷本作「挈」。

按：宋廿一卷本、明本作「我製」，宋九卷本作「我挈」，宋刊《類聚》引作「柭挈」（明刊本同，四庫本臆改作「抵挈」）。疑當作「柭挈」，兵棋術語，頗疑是「拽挈」之譌。「柭」是「伐」的增旁俗字，亦作「抶」。明刊本《法苑珠林》卷 87：「解官還家，入山抶林。」大正藏本在卷 70，「抶」作「柭」。「惎」當據《類聚》作「棊」。

蔡邕《短人賦》校補

《初學記》卷 19、《錦繡萬花谷》續集卷 5、《永樂大典》卷 2978 引此文。

（1）侏儒短人，焦僥之後

章樵注：《國語》：「焦僥氏長三尺，短之至也。」

按：焦僥，《永樂大典》引同，《初學記》、《錦繡萬花谷》引作「僬僥」。

（2）遂在中國，形貌有部

按：遂，《永樂大典》引同，宋刊《初學記》、《錦繡萬花谷》引作「逐」（古香齋本、四庫本《初學記》作「遂」）。「遂」是「逐」形譌。逐，追隨。

（3）唯有晏子，在齊辯勇。匡景拒崔，加忍不恐

按：加忍，宋九卷本、廿一卷本、明本、龍谿本、四庫本作「加刃」，古香齋本《初學記》、《錦繡萬花谷》、《永樂大典》引同（四庫本《初學記》同，宋刊本誤作「如刃」）。「忍」當作「刃」。

（4）其餘尫幺，劣厥僂僂

按：幺，宋九卷本、廿一卷本作「么」，《永樂大典》引同；《初學記》、《錦繡萬花谷》引作「公」。「幺」、「么」是「公」形譌。劣厥，俗亦作「劣蹷」、「劣撅」、「劣倔」、「劣缺」、「劣角」，舉事拗戾以乖忤人之義，倒言則作「蹷劣」、「蹷跨」〔註348〕。王念孫曰：「僂僂，短小之意。」〔註349〕

（5）嘖嘖怒語，與人相拒

按：《永樂大典》引同，《初學記》、《錦繡萬花谷》引「嘖嘖」作「嘖嘖」，「拒」作「距」。「嘖」是「嘖」形譌，《蔡中郎集》卷4正作「嘖嘖」。字亦作「擋嘖」等形，參見本書卷6王延壽《夢賦》校補。

（6）熱地蝗兮蘆即且

按：熱，宋九卷本、廿一卷本、明本、墨海本同，宋刊《初學記》、《錦繡萬花谷》、《永樂大典》引同（古香齋本、四庫本《初學記》作「蟄」）；龍谿本作「熱」，《韻補》卷1「斯」字條引同；四庫本作「蟄」，四庫本《蔡中郎集》卷4作「熟」（四部叢刊景明活字本作「熱」）。即且，《初學記》引作「蝍蛆」，《錦繡萬花谷》引作「螂蛆」。「熱」、「熟」、「熱」是「蟄」譌字，「螂」是「蝍」譌字。

（7）繭中踊兮蠶蠕須

章樵注：踊，今作「蛹」。蠕，音而，蠶之傷火病縮者。

按：踊，《初學記》、《錦繡萬花谷》、《韻補》卷1「斯」字條引作「蛹」。蠶蠕須，《永樂大典》引同，宋刊《初學記》、《錦繡萬花谷》引作「蠶蠕頓」（《初學記》注：「蠕，而音。頓，頁音。」古香齋本注作：「蠕，音而。頓，音須。」）《韻補》引作「蠶蠕□」（脫一字，注：「音而須。」）「頓」音須，當是從蟲須省聲，本當作「頓」，「鬚」或省作「頁」，「頿」或省作「頏」，是

〔註348〕參見蕭旭《古地「陸梁」名義考》，收入《群書校補（續）》，花木蘭文化出版社2014年版，第2179～2180頁。
〔註349〕王念孫《讀書雜志》卷12，中國書店1985年版，本卷第34頁。

其比也。都是「須」的增旁俗字。「蠕頓」、「蠕須」是「蠕蠕」轉語，蠕動貌。

（8）木門閫兮梁上柱，弊鑿頭兮斷柯斧

章樵注：江南人呼梁上矮柱為侏儒。

按：「閫」是「梱」俗字，門檻。《說文》：「梱，門橜也。」《史記·馮唐列傳》：「閫以內者，寡人制之；閫以外者，將軍制之。」字亦省作困，《晏子春秋·內篇襍上》：「和氏之璧，井裏之困也。」《荀子·大略》「困」作「厥」，「厥」即「橜」省文。梁上柱，古稱作「侏儒」，字也作「朱儒」、「株檽」，《淮南子·主術篇》：「短者以為朱儒枅櫨。」高誘注：「朱儒，梁上戴蹲跪人也。」《集韻》：「株，株檽，短柱，通作侏。」又音轉作「棳儒」，《釋名》：「棳儒，梁上短柱也。棳儒猶侏儒，短，故以名之也。」「棳」可以單言，音轉又作「梲」，《爾雅》：「杗廇謂之梁，其上楹謂之梲。」郭璞注：「侏儒柱也。」弊，宋九卷本作「獘」。

（9）鞞䶀鼓兮補履樸，脫柄椎兮擣薤杵

按：鞞，宋刊《初學記》、《錦繡萬花谷》引同（四庫本《初學記》同，古香齋本作「鞞」），宋九卷本作「鞞」。䶀，《錦繡萬花谷》引作「鞈」。樸，宋九卷本、廿一卷本作「撲」，四庫本作「獛」，《初學記》引亦作「撲」（古香齋本、四庫本作「獛」）。「鞞」是「鞞」俗譌，「獛」是「撲」形譌。「撲」通「樸」。「䶀」是「鞈」異體字，字亦作䶀。《說文》：「䶀，鼓聲也。鞈，古文䶀從革。」《文選·上林賦》：「鏗鎗闛鞈，洞心駭耳。」李善注：「《字書》曰：『鞈，鼓聲。』『鞈』與『鞈』古字通。鞈，音楊。」皆是其證。《玉篇》：「䶀，鼓䶀聲，或作鞈。」又下字云：「䶀，鼓聲。」「鞈」不是「䶀」的異體字，當是下字「䶀」的異體字，《玉篇》誤置。《說苑·雜言》：「干將鏌鋣……然以之補履，曾不如兩錢之錐。」《說文》：「靪，補履下也。」履下猶言鞋底。樸，補鞋底所用的短小的皮革等材料。柄椎，龍谿本、四庫本作「柄椎」，宋刊《初學記》、《錦繡萬花谷》引作「椎柄」，古香齋本《初學記》作「椎柄」，四庫本《初學記》作「椎柄」。「柄」當作「柄」。杵，古香齋本《初學記》引誤作「杵」。

王粲《浮淮賦》校補

魏文帝有同名賦，《書鈔》卷137引魏文帝賦名「浮」作「泝」。《類聚》

卷 8、《書鈔》卷 137、《初學記》卷 6、《事文類聚》前集卷 16、《記纂淵海》卷 7、《合璧事類備要》前集卷 7 引此文。

（1）泛洪櫓于中潮兮，飛輕舟乎濱濟

章樵注：櫓，戰船上敵樓。淮與海通，故有潮。

按：上句，《初學記》、《事文類聚》、《記纂淵海》、《合璧事類備要》引同，《書鈔》引作「汎洪榜於內湖」。洪櫓，大戰艦。「櫓」是守望敵情的樓屋，字亦作「樐」。戰船上亦有樓櫓，因而戰艦也稱作「櫓」。又稱作「樓船」，《西京雜記》卷 6：「昆明池中有戈船樓船各數百艘，樓船上建樓櫓，戈船上建戈矛。」〔註 350〕榜，讀為舫，船也，亦通。濱濟，疑指靠近濟水的河流。

（2）建眾檣以成林兮，譬無山之樹藝

按：無，《初學記》、《事文類聚》、《記纂淵海》、《合璧事類備要》引同，《書鈔》引作「巫」。孔廣陶曰：「《百三家》本『巫』誤『無』。考本鈔《檣篇》引亦作『巫』。」所謂《檣篇》見《書鈔》卷 138 所引，孔說略同〔註 351〕。「無」、「巫」古通，不必以為誤字，《洹子孟姜壺》銘文：「於大無嗣，（祠）折（誓）；于大嗣（司）命，用璧、兩壺、八鼎。」郭沫若曰：「『無』當是『巫』，與《詛楚文》之『大神巫咸』殆是一事。」〔註 352〕郭說是，然亦不必視作誤字也。《周易·繫辭下》：「誣善之人其辭游。」馬王堆帛書本「誣」作「無」〔註 353〕。

（3）於是迅流興潭溾，濤波動長瀨

按：二句，宋九卷本作「於是迅風興濤」，《初學記》、《事文類聚》引同；宋廿一卷本作「於是迅風興潭溾，濤波動長瀨」，《類聚》引作「於是迅風興濤波動長瀨潭溾」，《合璧事類備要》引作「迅風興濤」。當以宋廿一卷本為是。「迅流」當作「迅風」。潭溾，潭水的岸。溾，水邊曲岸。字亦作隈，《淮南

〔註 350〕 參見蕭旭《〈釋名〉「櫓」字條疏證》。

〔註 351〕 《北堂書鈔》（孔廣陶校注本），收入《續修四庫全書》第 1213 冊，上海古籍出版社 2002 年版，第 4、9 頁。

〔註 352〕 郭沫若《兩周金文辭大系考釋》第 3 冊，東京文求堂 1935 年出版，第 213 頁。

〔註 353〕 另參見蕭旭《賈子校補》，收入《群書校補（續）》，花木蘭文化出版社 2014 年版，第 682～683 頁。

子‧原道篇》：「昔舜……釣於河濱，朞年而漁者爭處湍瀨，以曲隈深潭相予。」
高誘注：「湍瀨，水淺流急少魚之處也。曲隈，崖岸委曲。深潭，回流饒魚之
處。」瀨，沙石上的急流。

（4）鉦鼓若雷，旌麾翳日

按：《初學記》引同，《合璧事類備要》、《事文類聚》引「鉦」作「征」，
「麾」作「旌」。「鉦」字是也，《詩‧采芑》：「鉦人伐鼓。」毛傳：「鉦以靜之，
鼓以動之。」

（5）滂沛汹溶，遞相競軼

按：滂沛，明本誤作「滂沛」。字亦作「霶霈」，音轉又作「滂湃」、「彭湃」、
「澎濞」、「滂潰」、「旁溥」、「旁魄」、「旁薄」、「磅礴」〔註354〕，《漢書‧司馬
相如傳》《上林賦》：「沸乎暴怒，洶涌滂潰。」《漢書》、《文選》作「彭湃」。
《索隱》：「司馬彪曰：『洶涌，跳起貌。澎潰，波相捩也。』涌，或作容。澎，
或作滂。」

（6）飛驚波以高鶩，馳駭浪而赴質

錢熙祚曰：「飛」當作「凌」，九卷本尚不誤。

按：宋廿一卷本、四庫本亦作「凌」，《初學記》、《合璧事類備要》、《事文
類聚》引同。宋九卷本「浪」下衍「波」字。質，《初學記》、《合璧事類備要》
引同，《事文類聚》引作「赴躓」。《文選‧長笛賦》：「薄湊會而凌節兮，馳趣
期而赴躓。」李善注：「躓，謂顛仆也。」梁章鉅曰：「會也，節也，期也，躓
也，四字一意。湊會也，凌節也，趣期也，赴躓也，四事亦一意。躓讀為質，
謂所期處，非謂顛仆，注不合賦意。」胡紹煐從梁說〔註355〕。梁說是也，此
文是其確證。

（7）如舟徒之巧極，美榜人之閑疾

錢熙祚曰：「如」當作「加」，九卷本尚不誤。

〔註354〕 參見方以智《通雅》卷8，收入《方以智全書》第1冊，上海古籍出版社1988
　　　　 年版，第324頁。又參見吳承仕《說文講疏》，《制言》第18期，1936年版，
　　　　 本文第9～10頁。
〔註355〕 梁章鉅《文選旁證》卷18，福建人民出版社2000年版，第472頁。胡紹煐
　　　　 《文選箋證》卷19，黃山書社2007年版，第484頁。

按：宋廿一卷本、明本、龍谿本、四庫本亦作「加」，《初學記》引同。加，讀為嘉，與下句「美」同義。《合璧事類備要》引亦誤作「如」，《事文類聚》引誤作「知」。

（8）運兹威以赫怒，清海隅之蔕芥

按：兹，宋九卷本誤作「竝」。蔕，音士介反，與「蠆（chài）」音同，不讀蒂音。蔕芥，疊韻連語，憂懼，心不安也。字亦作「憤忦」、「懤芥」、「遳介」、「契薊」、「懘薊」、「蠆芥」、「蠆介」、「帶介」，倒言則為「芥蔕」、「介蔕」。《集韻》：「憤，憤忦，心不安也，或書作懤，通作蔕。」〔註356〕

（9）濟元勳於大舉，垂休績乎遠裔

錢熙祚曰：「大」當作「一」，九卷本尚不誤。

按：宋廿一卷本、四庫本亦作「一」，《初學記》、《事文類聚》引同。明本、墨海本、龍谿本作「大」字，亦通。遠，《初學記》引作「來」，《事文類聚》引作「後」，亦通。

王粲《羽獵賦》校補

《類聚》卷66、《初學記》卷22引此文。

（1）拊流星，屬繁弱

章樵注：流星，矢名。繁弱，弓名。

按：章說以流星為矢名，是也。《文選·贈秀才入軍》：「左攬繁弱，右接忘歸。」又《七啟》：「捷忘歸之矢，秉繁弱之弓。」李善注並引《新序》佚文：「楚王載繁弱之弓，忘歸之矢，以射隨兕於雲夢。」文例相同，亦以弓、矢之名對舉。流星指枉矢，蓋其飛行有弧度，發光，狀如流星，故名流星也。《周禮·夏官·司馬》鄭玄注：「枉矢者，取名變星，飛行有光，今之飛矛是也。」孔疏引《考異郵》：「枉矢，精狀如流星，蛇行有尾見。」又引《漢書·天文志》：「枉矢，狀〔類〕大流星。」又考《漢書·劉向傳》：「枉矢夜光。」顏師古注引應劭曰：「流星也，其射如矢，蛇行不正，故曰枉矢流，以亂伐亂。」此以「枉矢」為星名，指流星，取義正同。繁弱，弓名，

〔註356〕參見蕭旭《賈子校補》，收入《群書校補（續）》，花木蘭文化出版社2014年版，第776～778頁。

也作「蕃弱」。《文選·上林賦》：「彎蕃弱，滿白羽。」文穎曰：「蕃弱，夏后氏良弓之名。」李善曰：「『蕃』與『繁』古字通。」「白羽」亦矢名。

（2）選徒命士，威興竭作

章樵注：《周禮·小司徒》：「凡起徒役，唯田與追胥竭作。」

錢熙祚曰：「威興，《類聚》作「咸與」。

按：威興竭作，宋廿一卷本同；宋九卷本作「威興揭作」，宋刊《初學記》引同（古香齋本作「咸與竭作」）；《類聚》引作「咸與竭作」。「咸與」是「威興」形譌。「揭」當作「竭」。威興，猶言發威。「興」與「作」同義。竭，盡也。

（3）山川於是乎搖蕩，草木為之摧落

按：摧落，《初學記》引同，宋刊《類聚》引作「榷撥」（四庫本作「摧撥」）。「榷」當作「摧」。撥，折斷，亦通。

（4）禽獸振駭，魂亡氣奪

按：魂亡氣奪，宋刊《初學記》引作「魂亡氣畢」（古香齋本、四庫本作「魂忘氣奪」），宋刊《類聚》引作「魂亡氛奪」（四庫本作「魂亡氣奪」）。「氛」當作「氣」，「忘」當作「亡」。「奪」、「奪」都是「奪」俗字。P.3906《碎金》：「相戲奪：測緘反。」P.3694V《箋注本切韻》：「奪，徒活反。」都作俗字「奪」。

（5）舉首觸絲，搖尾遇撻

按：舉首觸絲，宋九卷本、廿一卷本、明本同，四庫本作「舉首觸網」，《類聚》引作「興頭觸系」，宋刊《初學記》引脫作「首觸絲」（古香齋本、四庫本作「舉首觸網」）。尾，宋九卷本、廿一卷本、四庫本作「足」，《類聚》、《初學記》引同。撻，《初學記》引同，《類聚》引作「樋」，借字。

（6）陷心裂胃，潰頸破頯

章樵注：頯，《棨集》作「頰」，音遏。

錢熙祚曰：「《類聚》「頯」作「顙」，然並不合韻。《初學記》又作「頰」。

按：注「頰」，明本同，即「頰」俗字；宋廿一卷本作「顊」。宋九卷本、廿一卷本、明本、龍谿本、墨海本作「頯」，四庫本作「頰」。宋刊《初學記》

引作「潰腦破頯」(古香齋本、四庫本「頯」作「頟」),《類聚》引作「潰腦破頯」。「頸」、「腦」俱通,未知孰是。「頯」同「俯」,見《汗簡》卷中,非其誼,當是誤字。「頯」俗字「頯」,是「頯」形譌,宋廿一卷本作「顒」,是異體字。《說文》:「頯,鼻莖也。」桂馥曰:「王粲《羽獵賦》:『潰頸破頯。』頯音遏,當即此『頯』。」〔註357〕此文「頯(顒)」疑同音借作頟,俗作額。《說文》:「頟,顙也。」故《類聚》引作「顙」字。胡文英曰:「頯,音光。王粲《羽獵賦》:『潰(音沃)頸破頯。』案:潰,擊也。頯,耳後骨也。吳中掌人耳曰耳,擊人頸曰潰頸拳。潰字從水,似從上沃下之捷;從賣,象頁被擊而連口叫呼也。」〔註358〕其說全無根據。二宋本及《初學記》、《類聚》引皆作「潰」,獨明本作「潰」,胡氏所據乃誤本耳。《正字通》已指出「潰,潰字之譌」,《康熙字典》採其說。《字彙》:「潰,音義不詳。」此則失考。

(7)**下鞲窮繰,搏肉噬肌**

按:宋九卷本脫此二句。搏,宋廿一卷本、龍谿本、墨海本、四庫本同;明本作「榑」,宋刊《類聚》引作「搏」(四庫本作「搏」)。作「搏」是,猶言攫取。「搏噬」是古人成語,《玄應音義》卷3引《蒼頡訓詁》:「豺似狗,白色,爪牙迅快,善搏噬也。」又卷11、24引同,唯「迅快」作「迅捷」。《列子·黃帝》:「異類雜居,不相搏噬也。」《論衡·遭虎》:「遭虎搏噬之時,稟性狂勃。」下鞲,讓鷹從臂套中飛出出擊。《御覽》卷926引《東觀漢記》:「桓虞歎曰:『善吏如使良鷹,下鞲即中。』」窮繰,讀作「縱繰」,釋放繫獵犬的繩索,謂放而逐獸。《新序·雜事五》:「昔者齊有良兔曰東郭㕙,蓋一旦而走五百里;於是齊有良狗曰韓盧,亦一旦而走五百里,使之遙見而指屬,則雖韓盧不及眾兔之塵,若躡迹而縱繰,則雖東郭㕙亦不能離。」

王粲《柳賦》校補

《類聚》卷89、《初學記》卷28引此文。

(1)**昔我君之定武,致天屆而徂征**

按:致,宋廿一卷本同,《類聚》引誤作「改」。《詩·閟宮》:「致天之屆,

〔註357〕桂馥《說文解字義證》,齊魯書社1987年版,第755頁。
〔註358〕胡文英《吳下方言考》卷2,收入《續修四庫全書》第195冊,上海古籍出版社2002年版,第20頁。

於牧之野。」鄭玄箋：「屆，極。」「極」同「殛」，誅罰也。《逸周書·商誓》「武王曰：『予惟甲子，克致天之大罰。』」《書·湯誓》：「爾尚輔予一人，致天之罰。」又《多方》：「我則致天之罰。」又《多士》：「予亦致天之罰於爾躬。」晉陸雲《大將軍宴會被命作此詩》：「致天之屆，於河之沂。」亦是用《詩》。《全後漢文》卷 90 從誤文作「改」，失於採擇矣。

（2）覽茲樹之豐茂，紛旖旎以脩長

按：茲，《初學記》、《類聚》引同，宋九卷本、廿一卷本誤作「竝」。旖旎，音轉又作「婀娜」、「猗那」、「阿郍（那）」。

（3）枝扶疏而覆布，莖槮梢以奮揚

按：疏，宋九卷本、廿一卷本作「踈」，《初學記》引同。槮梢，宋廿一卷本同，宋九卷本作「摻捎」，宋刊《初學記》引亦作「摻捎」（古香齋本、四庫本作「森梢」），《類聚》引作「森梢」。扶疏，也作「枎疏」、「扶疎」，音轉又作「扶於」、「扶輿」、「扶與」、「扶蘇」、「扶胥」、「扶姝」、「扶疋」、「搏疋」等形，另詳卷 4 楊雄《蜀都賦》校補。伏俊璉曰：「槮梢，即『櫹槮』、『蔪蔘』、『蕭森』、『森梢』，樹幹高大上聳的樣子。《楚辭·九辨》：『蔪櫹槮之可哀兮，形銷鑠而瘀傷。』《漢書》司馬相如《上林賦》：『紛溶蔪蔘，猗柅從風。』」字也作「挐參」、「蕭蔘」、「櫹槮」，《慧琳音義》卷 57：「蕭森：今作槮，同。」《上林賦》之「蔪蔘」，《史記》作「蕭蔘」，《文選》作「箾蔘」。《周禮·考工記》鄭司農注：「挐讀為紛容挐參之挐。」鄭氏所引即是《上林賦》文。

（4）人情感於舊物，心惆悵以增慮

按：感，宋廿一卷本同，《初學記》引亦同，宋九卷本誤作「藏」。

（5）嘉甘棠之不伐，畏敢累於此樹

按：敢，當從《漢魏六朝百三家集》卷 29、《全後漢文》卷 90 作「取」。《初學記》引亦誤。梁張纘《南征賦》「憂取累於長纆」，文例同。

陸機《思親賦》校補

《類聚》卷 20、《初學記》卷 17 引此文。

（1）指南雲以寄欽，望歸風而效誠

　　錢熙祚曰：「欽」當依《類聚》作「款」。

　　按：宋廿一卷本作「欽」，翻宋本《陸士衡文集》卷1同（影宋鈔本《陸集》作「欵」）；《類聚》引作「款」，《初學記》引作「欵」。「欵」是「款」俗字。作「款」義長，款亦誠也。

（2）迴颷肅以長赴，零雲紛其下積

　　錢熙祚曰：「雲」當依《初學記》作「雪」。

　　按：颷，宋廿一卷本作「飇」，《初學記》、《類聚》引同。「飇」是俗譌字。宋刊《初學記》仍作「雲」，《類聚》引作「雪」，《陸士衡文集》卷1同。字當作「雪」，錢說是也。陸機《上留田行》：「零雪霏霏集宇，悲風徘徊入襟。」

（3）羨纖枝之在榦，悼落葉之去枝

　　錢熙祚曰：《類聚》「枝」作「枚」。

　　按：《初學記》引作「枝」，《陸士衡文集》卷1同。「枚」是形譌，四庫本《類聚》已改「枝」字。晉傅玄《昔思君》：「君與我兮音響相和，今君與我兮落葉去柯。」柯亦枝也。

左思《白髮賦》校補

　　《類聚》卷17、《御覽》卷373、《事文類聚》後集卷20、劉克莊《後村詩話》卷7、《文選補遺》卷33引此文。

（1）將拔將鑷，好爵是縻

　　按：將拔將鑷，《類聚》引同，《御覽》引作「將鑷將拔」。

（2）弱冠求仕，童髫獻謨

　　按：求，宋九卷本、廿一卷本同，《後村詩話》、《文選補遺》引同，《類聚》、《御覽》、《事文類聚》引誤作「來」。髫，《類聚》、《詩話》、《事文類聚》、《文選補遺》引同，《御覽》引作「髦」。「髦」通「髫」，童髮至眉也，亦通。

（3）甘羅乘軫，子奇剖符

　　章樵注：《史記》：「甘羅年十二，秦以車五乘遣使趙，還為上卿。」《說苑》：「子奇十八，齊使為東阿宰，有善績。」

錢熙祚曰：《御覽》「軯」作「軒」。

按：《史記》出《甘茂列傳》。《意林》卷 3 引《說苑》：「子奇年十六，齊君使治阿，既而君悔之，遣使追。追者反曰：『子奇必能治阿，共載皆白首也。』子奇至阿，鑄庫兵以作耕器，魏聞童子治邑，庫無兵，倉無粟，乃起兵擊之。阿人父率子，兄率弟，以私兵戰，遂敗魏師。」《後漢書·順帝紀》李賢注、《御覽》268 引作《新序》，今本《說苑》佚。軯，宋九卷本、廿一卷本同，宋刊《類聚》引作「軿」（四庫本作「軯」）。「軿」是「軯」俗字。

（4）白髮臨拔，瞋目號呼：「何我之冤，何子之娛？」

錢熙祚曰：娛，當依《御覽》作「愚」。

按：宋九卷本、廿一卷本作「娛」，《後村詩話》引同，《類聚》、《事文類聚》、《文選補遺》引作「誤」。不煩改字，「娛」、「誤」皆「愚」借字。臨，《御覽》引同，《類聚》引「臨」下有「欲」字。

（5）咨爾白髮，事故有以

按：故，《類聚》引同，《御覽》引作「各」。故，讀為固，本來。

（6）曩貴耆老，今薄舊齒

按：貴，《類聚》、《事文類聚》引同，《御覽》引作「尊」。老，《類聚》、《御覽》引作「耋」。

（7）隨時之變，見歎孔子

錢熙祚《校勘記》：《御覽》「變」作「宜」。

按：宋九卷本、廿一卷本作「變」，《類聚》、《後村詩話》、《文選補遺》引同。

庾信《枯樹賦》校補

《類聚》卷 88、《文苑英華》卷 143 引此文。

（1）根柢盤魄

按：柢，宋九卷本、廿一卷本作「柲」，俗字。《類聚》引誤作「祇」。

（2）熊彪顧盼，魚龍起伏

按：彪，《文苑英華》作「虎」，注：「一作彪。」盼，《寶真齋法書贊》

卷 8 褚遂良《枯樹賦帖》同，宋九卷本、廿一卷本作「眄」，明本作「盼」，《庾子山集》卷 1 亦作「盼」，《文苑英華》作「眄」。「眄」字是。

（3）雕鐫始就，剞劂仍加

按：始，《寶真齋法書贊》卷 8 褚遂良《枯樹賦帖》誤作「如」。剞，宋九卷本作「剙」，廿一卷本作「剖」。「剙」是「剞」俗字，形近脫誤作「剖」。

（4）橫洞口而欹臥，頓山要而半折

按：頓，宋九卷本、廿一卷本同，《文苑英華》亦同，《類聚》引作「頎」。「頎」是「頓」形誤，上文「低垂於霜露，撼頓於風煙」，《類聚》引「頓」亦誤作「頎」，宋九卷本誤作「損」。要，《文苑英華》作「膂」，俗字。欹臥，身體斜臥，傾身而臥，也作「倚臥」、「猗臥」、「敲臥」，又稱作「偭臥」、「亞臥」、「偭息」，杜詩「嬌兒惡臥踏裏裂」，則作「惡臥」。

（5）木魅睗睒，山精妖孽

章樵注：睗，施隻反。睒，失冉反。疾視貌。

按：睗，宋九卷本、廿一卷本同，九卷本注：「睗，一作睅。」《類聚》引作「睅」；《文苑英華》作「瞤」。「睅」誤。「瞤」當是「睒」異體字，《玄應音義》卷 1、19 并云：「覘電：又作睒，同。經文作閃。」是其比。《英華》作「瞤睒」，旁注異文，而又脫「睗」字。也倒作「睒睗」，雙聲連語。蔣斧印本《唐韻殘卷》：「睗，睒睗，急視。」《玄應音義》卷 20：「睒睗，暫窺視不定也。」《文選·吳都賦》：「忘其所以睒睗，失其所以去就。」李善注：「《說文》曰：『睒，暫視也。』式冉切。『睗，疾視也。』式亦切。」

（6）今看搖落，悽愴江潭

按：《朝野僉載》卷 4 載蘇頲避裴談諱，誦《枯樹賦》易其韻，作「江潯」，《太平廣記》卷 169 引《廣人物志》同。潭、潯一聲之轉，乃避裴談諱臨時而改，非有異文也。

謝朓《遊後園賦》校補

《類聚》卷 65 引此文。朓，宋廿一卷本同，《類聚》引亦同，宋九卷本作「眺」，字當據《南齊書》、《南史》作「朓」為正，月見西方曰朓，與字玄暉相應。

（1）上蕪蕪兮蔭景，下田田兮被谷

　　按：田田，茂盛貌。《廣雅》：「闐闐，盛也。」王念孫曰：「凡盛貌謂之闐闐，盛聲亦謂之闐闐。《說文》：『闐，盛皃也。』又云『嗔，盛氣也』，引《小雅·采芑篇》『振旅嗔嗔』，今本作『闐闐』。《爾雅》注云：『闐闐，群行聲。』左思《魏都賦》云：『振旅輷輷，反旆悠悠。』《問喪》云：『殷殷田田，如壞牆然。』《楚辭·九歌》云：『靁填填兮雨冥冥。』《漢書·禮樂志》《郊祀歌》：『泛泛滇滇從高斿。』應劭注云：『滇滇，盛貌也。』《易林·賁之蹇》云：『轙轙填填，火燒山根。』郭璞《江賦》『汗汗沺沺』，《廣韻》引《字林》云：『沺沺，水勢廣大無際之皃。』是凡言闐闐者，皆盛之義也。」〔註359〕王說是也，眾車聲亦作「軥軥」，鼓聲曰「鼖鼖」，喜動貌曰「韸韸」，其義一也。

（2）左蕙峫兮彌望，右芝原兮寫目

　　錢熙祚曰：「峫」當作「畹」，九卷本尚不誤。

　　按：宋廿一卷本、四庫本作「畹」，《類聚》引同，《謝宣城集》卷1亦同。彌望，遠望。寫目，猶言舒目。《水經注·湘水》：「城之西北有故市，北對臨湘縣之新治縣，治西北有北津城，縣北有吳芮冢，廣踰六十八丈，登臨寫目，為廛郭之佳憩也。」

（3）山霞起而削成，水積明以經復

　　按：伏俊璉曰：「經復，同『徑復』，曲折盤旋。《楚辭·招魂》：『川谷徑復，流潺湲些。』」也作「巡復」，《文選·從斤竹澗越嶺溪行》李善注引《楚辭》作「巡復」。《水經注·渠水》：「而川渠巡復，交錯畛陌，無以辨之。」

（4）惠氣湛兮帷殿肅，清陰起兮池館涼

　　按：湛，讀為沈，俗作沉。

〔註359〕王念孫《廣雅疏證》，收入徐復主編《廣雅詁林》，江蘇古籍出版社1992年版，第473頁。